国家社科基金一般项目"'枫桥经验'视域下的基层社会治理绩效评价研究"（批准号：18BSH017）成果

"枫桥经验"视域下的基层社会治理绩效评价研究

Research on the Performance Evaluation of Grassroots Social
Governance from the Perspective of the Fengqiao Experience

董少平 著

WUHAN UNIVERSITY PRESS
武汉大学出版社

图书在版编目(CIP)数据

"枫桥经验"视域下的基层社会治理绩效评价研究／董少平著.
武汉：武汉大学出版社,2025.6. -- ISBN 978-7-307-24978-3

Ⅰ. D63

中国国家版本馆 CIP 数据核字第 2025A3M466 号

责任编辑:陈　帆　　　责任校对:鄢春梅　　　版式设计:马　佳

出版发行:**武汉大学出版社**　(430072　武昌　珞珈山)

(电子邮箱:cbs22@ whu.edu.cn　网址:www.wdp. com.cn)

印刷:湖北云景数字印刷有限公司

开本:720×1000　1/16　印张:17　字数:274 千字　插页:1

版次:2025 年 6 月第 1 版　　2025 年 6 月第 1 次印刷

ISBN 978-7-307-24978-3　　定价:88.00 元

目 录

导　论

　　"枫桥经验"起源于20世纪的浙江省诸暨市枫桥镇，它最初是当地化解矛盾纠纷的具体实践。随着实务工作者和理论工作者的不断总结，这一经验的核心被提炼为：在发动和依靠群众的基础上，坚持矛盾不上交，实现矛盾就地化解。"枫桥经验"在基层矛盾化解中取得显著成效——"捕人少、治安好"，因此得到毛泽东同志的认可和批示，主张经过仿效与试点之后推广至全国各地，从此，"枫桥经验"成了全国政法系统在处理矛盾纠纷时的重要参考。随着时代的发展、进步以及社会矛盾呈现出的多样性与复杂性，"枫桥经验"得到了理论界与实务界的进一步创新与发展。它从最初的"动员和依靠群众、坚持矛盾不上交、就地解决"，发展成为与群众路线紧密结合的"新枫桥经验"。这一新经验强调党政机关的主动参与，团结和依靠群众，预防和化解矛盾纠纷，维护社会稳定，促进社会发展，成为具有时代特色的"专群结合"的社会治理典范。

　　"枫桥经验"作为一个跨越世纪的、历史与现实相结合的成果，不仅没有被时代淘汰，反而在传承、创新和发展中变得更加丰富和坚固。它成了社会治理，尤其是基层治理的宝贵财富。这得益于其内在精髓，也得益于从中央到地方各级政府的肯定和重视。习近平总书记对"枫桥经验"给予了高度评价，认为它是群众路线的突出实践，并强调要通过坚持和发展"枫桥经验"，不断创新群众工作方法，寻求更多的经验和智慧。党的十九届四中全会也明确提出，全国各地要坚持和发展新时代"枫桥经验"，并结合实际不断创新。但在推广这一经验之前，需要明确如何学习、如何应用以及如何评估其效果。我们主张在考察其重要地位、发展历程和参与要素的基础上，总结各地的实践经验，明确其价值选择，并通过建立一个全面完善的指标体系来评估其效果，同时分析和回应评价体系运作中可能存在的问题。具体来说，要以党的领导为核心，以基层政府为主导，吸纳社会组织、企事业单位、社会公众等多方治理主体，共同参与对基层社会公共事务处理效果的评估。评估将涵盖投入和产出、规范性和标准性建设、回应和满意度等多个指标，对治理主体的作用发挥和不同要素的建设情况进行评价，为基层社会治理的成效提供参考。

一、选题依据和研究逻辑

我国改革开放的深入推进极大地激发了国内经济的活力。在党和政府的引领下，中国在不到七十年的时间里一跃成为世界第二大经济体。然而，与经济的迅猛发展相比，国家制度、政策法律、公众文化和道德素养等方面的进步显得相对滞后，导致了与社会现实脱节的问题。经济的快速增长与社会体制机制不健全之间的矛盾，催生了许多新型、复杂且难以解决的社会问题。

在民生领域，国内人口的大规模、跨区域流动对流入城市的户籍制度、社会保障和利益分配机制造成了强烈冲击。在生态环境领域，水污染、大气污染和垃圾污染等问题日益严重，生态赤字不断扩大，对当前的治理能力提出了迫切的要求。在农民最关心的土地资源问题上，低效能已不适应中国农村的现阶段发展，导致经济资源分散、统分结合失衡、管理效力低下，难以满足农民日益增长的需求。面对这些制约基层社会治理的难题，党中央多次强调加强和创新社会治理、完善治理体系、提高治理能力，并特别强调坚持和发展新时代的"枫桥经验"。这一经验作为一种广泛传播的基层治理方法，具有以下鲜明的特点。

首先，从治理主体的角度看，新时代的"枫桥经验"强调多元主体共同参与治理，充分发挥党委领导，政府主导，村委会、社会组织、村民等多方平等参与、协商共治的优势，以快速有效地化解矛盾。其次，从治理方式来看，"枫桥经验"融合了自治、法治与德治，形成了全面的基层综合治理体系。它坚持以自治为基础，动员和利用基层群众组织，完善乡村村规民约与城市居民公约，实施民主决策制度；坚持以法治为根本，努力优先调解，在调解的过程中审判，同时也在审判的过程中调解；以德治为先，发挥中华民族优秀传统美德的影响力，动员乡村贤能参与基层事务处理，进而实现德法并重的治理格局。最后，从治理目标和实现目的来看，"枫桥经验"追求的是将内部矛盾内部化解，注重源头治理，建立预防预警机制，将矛盾化解关口前移，健全矛盾纠纷排查机制，努力将矛盾纠纷扼杀在萌芽状态，从而达到人民满意的化解效果。目前，"枫桥经验"已成为我国政法部门综治战线的一面高高飘扬的旗帜，也是基层治理的一张金色名片。

（一）选题依据

"枫桥经验"是"生于斯，长于斯"的枫桥人民结合当地风土人情并贡献自身聪明才智所形成的有效工作方法，具有鲜明的地方特色。在我国基层社会治理领域，"枫桥经验"不仅具有广泛的适用性，还提供了宝贵的借鉴价值。各地在借鉴这一经验时，结合自身的实际情况，进行了必要的调整和创新，形成了既具有普遍性又富有地方特色的治理模式。这些模式旨在促进当地经济的发展，缓解社会矛盾。随着国家的积极推广，众多地区开始模仿枫桥镇的治理方法以应对自身的治理挑战。那么，这些地区在吸收"枫桥经验"后，其治理效果究竟如何？是否真正加快了经济发展的步伐？社会矛盾是否得到了有效的缓解？治理能力是否得到了显著的提升？为了回答这些问题，我们需要建立一个全面的绩效评价体系来衡量各地借鉴"枫桥经验"后的社会治理效能。这样的评价体系不仅有助于深化对"枫桥经验"理论框架的理解，促进对其作全面和客观的认识，而且有助于识别在全国范围内推广"枫桥经验"时的优势和挑战，及时调整和解决与地方特色不匹配的问题。通过提升各地区的治理能力，我们不仅能够推动"枫桥经验"的完善和发展，还能进一步促进其在全国的普及和应用。

首先，一个相对完整严密的治理网络是基层社会治理实践顺利开展的基石，它同样是"枫桥经验"得以融合、创新和发展的关键组成部分。在诸暨市枫桥镇的长期发展中，已经构建了一个由党委、政府、社会组织以及公众等多方共同参与的治理网络。这个网络通过充分发挥民众、社区和社群的作用，有效地及时解决基层矛盾。然而，在一些地区，党政机关之间、政府与社会组织之间、社会组织与民众之间的互动尚未成熟，社会资本的积累不足，价值选择也相对模糊。这些问题导致了矛盾和纠纷的频繁出现，各主体之间缺乏有效的信息交流，难以实现对矛盾的预防和及时解决。为了提升治理效能，需要加强各主体间的沟通与协作，增强社会资本的积累，明确价值选择，以确保信息的畅通和矛盾的有效预防。通过这些措施，可以进一步优化治理网络，使其更加适应现代社会的需求，从而更有效地促进社会和谐与稳定。

其次，价值选择在"枫桥经验"中扮演着指挥棒的角色，它不仅是我们工作的总遵循，也是整个基层社会治理体系的灵魂。这一经验强调了社会安全、秩序稳定、邻里和谐以及人际互信，它在促进社会和谐与稳定方面起到了潜移默化的作用。然而，在实际操作中，不同价值追求之间的冲突在所难免。因此，我们不应僵化地追求单一价值，而应在各种价值之间进行优化组合，并在必要时作出明智的取舍，以实现社会效益的最大化。同时，价值选择也是我们工作中的调和剂，它提醒我们要不忘初心、牢记使命。在宏观政策的指导下，确保我们的工作重心不偏离、不走样，通过多样化且符合当地实际的具体工作方式来化解矛盾、完成任务，维护社会稳定。

再次，衡量治理效用是评判各地运用"枫桥经验"进行治理所取得成效的重要环节，同时也是检验"枫桥经验"本土化成功与否的关键标准。本书旨在从主体和内容两大维度对各地的治理成效进行评估。在治理主体方面，评估将涵盖党委在法规和决策制定、工作监督及问责等方面的执行力度，政府的执法质量和效率，以及社会组织、普通民众和第三方机构的参与程度。这些维度共同构成了治理主体的评价框架，以确保全面考察各治理主体的表现和贡献。治理内容的评估，应以党的十九大报告、十九届四中全会和十九届五中全会精神以及党的二十大报告为指导，从治理服务体系、矛盾化解体系、安全风险防控体系、执法体系等关键领域进行综合考量。这一评估旨在科学、全面地评判基层治理的成效，确保治理工作能够真正满足人民群众的需求，促进社会和谐稳定。通过这种主体与内容并重的评估机制，可以更加精准地把握"枫桥经验"在不同地区的实施效果，为进一步优化治理策略提供有力的参考和依据。

在基层社会治理中，策略的选择至关重要，它往往决定了治理的成败。枫桥镇作为诸暨市的一个缩影，几十年来积累了丰富的治理经验，并在多个领域建立了完善的运行机制。然而，由于不同地区面临的实际情况各异，因此有必要对"枫桥经验"下的治理策略进行审慎筛选，以确保策略的针对性和有效性，从而推动本地区的基层治理实现质的飞跃。通过对"枫桥经验"的研究成果、理论基础和制度实践进行深入梳理，我们可以评估当地实施的各种治理制度之间的协调性、可行性以及它们之间的融合程度。在此基础上，我们可以提出优化基层治理机制和实践发展策略的关键改革点，以"枫桥经验"为指导，进一步深化和完善治理实践。最终，通过对这些策略的评估，我们可以发现不同地区在基层社会治理方面的成效，并据此提出进一步的优化策略，以实现更加高效和适应性强的基层治理模式。

(二)研究逻辑和框架

本书采取"问题提出—背景分析—实践回顾—机理分析—问题剖析—对策设计"的逻辑思路演进。通过学术发展状况和实践要求来提出问题，通过背景分析和实践回顾来印证问题，通过机理分析和问题剖析来拆解问题，通过接地气的对策设计来解决问题。本书针对以下七大亟待解决的问题展开讨论，并据此设计本书框架。

第一章主要回答了如何认识基层社会治理在国家治理体系中的地位问题。本章对治理论域中常常涉及的国家治理、政党治理、政府治理、不同层面的社会治理以及基层治理等概念进行了细致的区分，并分析了它们各自的价值取向及其相互之间的联系。通过阐述基层治理是"党的领导"的实现路径，是"国家政策"的落地媒介，是"政府治理"的现实归宿，是"市域治理"的重要基础，从而进一步阐明基层治理是国家治理的核心内容。此外，本章还结合了"枫桥经验"的历史发展、时代意义和独特智慧，论证了基层社会治理在国家治理体系中不可或缺的地位。

第二章提炼了基层社会治理的地方模式。通过介绍不同地区围绕矛盾纠纷调处、群防群治群众路线、网格化社会治理等方面展开的实践模式，介绍湖北宜都的基层治理模式，展示"枫桥经验"的有效运用必须结合当地实际情况，因地制宜，因时制宜，将"枫桥经验"本土化、当地化，将"枫桥经验"的精髓推广至更多基层治理领域，特别是那些迫切需要提升治理效能的地区。

第三章分析了"枫桥经验"视域下，基层社会治理应有的价值追求与选择。本章为宏观性、方向性的指导内容，目的是明晰"枫桥经验"所遵循的宗旨、所体现的价值。通过价值选择来建构和引领基层社会治理主客体评价指标的主要方向与基本维度。本章还探讨了"枫桥经验"的价值整合及其整合后所展现的独特特质。通过这一过程，我们不仅将"枫桥经验"所倡导的价值观念转化为行动者和实践者的行为规范和内在准则，还将其深化为个人行为的价值导向。这种价值的内化，使得"枫桥经验"的精神不是仅停留在理论层面，而是真正融入每个人的日常行动中，从而在基层治理实践中产生更加积极和深远的影响。

第四章设计了基层社会治理主体绩效评价的指标体系。根据基层社会治理主体评价的基本原则，结合党的十九大、十九届四中全会、十九届五中全会决议及党的二十大报告中关于社会治理的相关内容，本研究设计了基层社会治理主体评价的四个一级指标，并细化到二级、三级指标，旨在使绩效评价指标体系更具科学性与可操作性。

第五章设计了基层社会治理客体绩效评价的指标体系。根据基层社会治理客体评价的基本原则，结合党的十九大、十九届四中全会、十九届五中全会决议及党的二十大报告中关于社会治理的相关内容，本研究设计了基层社会治理客体评价的七个一级指标，并细化到二级、三级指标，旨在使绩效评价指标体系更具科学性与可操作性。

第六章分析基层社会治理绩效评价体系运作中可能存在的困难和问题。通过梳理基层社会治理绩效评价体系运作中存在的问题，为解决基层社会治理绩效评价体系问题提供解决的思路，进而从执行力、决策力、组织力三个方面对基层社会治理绩效评估的预期效果进行探讨。

第七章提出了新时代基层社会治理绩效评价科学化的实现路径。以主体维度、客体维度、时空维度、方法维度为着眼点，分析社会治理绩效评估的价值基准、量化评估的进路、研究的逻辑及本土化反思，关注如何赋权增能，以此来提升公众参与的积极性，提升社会治理的获得感。

二、研究综述

(一)国内研究现状

对该选题的研究，国内学者主要集中在以下几个方面。

1. 关于"枫桥经验"的研究

(1) 对"枫桥经验"定义的研究

一般认为,"枫桥经验"是指 20 世纪 60 年代初,浙江省诸暨市枫桥镇的干部群众创造性总结出依靠和发动群众,坚持矛盾不上交,就地解决,实现捕人少、治安好的基层管理经验与社会矛盾解决经验。但在学术研究的过程中,学者们则从多元化的视角对"枫桥经验"的深层含义和核心要义进行更深入的解读与明确的界定。卢芳霞(2014)将发动和依靠群众视为"枫桥经验"的根本遵循,同时也将法治视为其必须坚守的原则。文章主要突出了"枫桥经验"对群众路线与法治思想的重视与实践。也有学者从历史本体论的角度出发,用历史的、发展的眼光看待和理解"枫桥经验"。如汪世荣(2019)通过考究历史长河中所留存的可以窥见"枫桥经验"内涵的优秀文化,从而总结出其蕴含着"礼乐刑政,综合为治"的中国传统法律文化。董青梅(2018)则认为相信和依靠群众的内涵与实质在时代变换中得到了完整的保留和应有的传承。

(2) 对"枫桥经验"发展阶段的研究

"枫桥经验"作为具有跨时代意义的基层社会治理经验,其形成、发展的经历也是学者们普遍关注的问题。大部分学者倾向于采用三阶段划分法来梳理这一经验的历史脉络,并将每个阶段的具体内容进行总结和概括。如汪世荣(2008)将第一阶段概括为政治斗争与社会改造时期的经验,将第二阶段概括为社会治安综合治理的经验,将第三阶段概括为以村民自治与基层民主法治建设为核心的经验。卢芳霞(2013)在明确时间阶段的基础上对相应的内容进行了划分,将第一阶段概括为 20 世纪 60 年代初到 70 年代末,并将这一时期的经验总结为以改造"四类分子"为主的经验;将第二阶段概括为 20 世纪 80 年代初到 21 世纪前 10 年,具体内容为实施社会治安综合治理方略的具体实践;将第三阶段概括为 2010 年之后,"枫桥经验"发展成为社会治安治理的宝贵财富,并得到不断推广创新的时期。杨燮蛟(2015)也持三阶段划分的观点,并且将具体划分建立在既有成果的基础之上,对第二阶段所包含的具体内容进行丰富,并将第三阶段归纳为新时期基层社会民主法治建设阶段。李芳(2018)对第一阶段的总结划分与大部分学者一致,将党的十八大作为划分第二阶段与第三阶段的节点。

部分学者将"枫桥经验"发展历程划分为四个阶段，如史济锡（2006）把"枫桥经验"发展具体划分为诞生、前进、发展与深化四个阶段。在具体时间节点的划分上，他将1998年之后的时间定为深化阶段。由于该观点的提出相对较早，具有一定的时代特征，但也可将其视为更为详细的划分置于当前的发展背景之下。王秋杰、刘子川（2013）将"枫桥经验"发展历程划分为诞生阶段、推广阶段、发展阶段、创新阶段四个阶段。潘如新、朱蔚等（2019）将"枫桥经验"发展历程划分为教育改造"四类分子"阶段、社会治安综合治理阶段、平安建设阶段、社会治理阶段。刘磊（2019）则将"枫桥经验"发展历程划分为更为详细的五个阶段。

（3）"枫桥经验"在实践运用中的研究

"枫桥经验"应用于基层社会治理方面的研究：郭星华、任建通（2014）主要以乡土社会为视角，强调了乡土精英所扮演的重要角色，同时在具体实践中，主张发挥第三方纠纷解决主体的作用，充分依靠当地多元力量，将"枫桥经验"的核心内容与精神融入基层治理中各种矛盾的化解和问题的解决，共同营造良好和谐的治安秩序。毛启蒙（2015）主张通过对"枫桥经验"核心内涵的把握，将其贯穿于推进基层社会治理"标准化"建设的过程之中，与此同时，在"枫桥经验"的指导之下探索基层社会治理"一张网"工程，将社会组织等社会力量融入其中，构建协同治理、软法与硬法相结合的法制机制。冯卫国、苟震（2019）认为，弘扬"枫桥经验"，积极利用信息技术发展带来的强大动能，从理念、制度和操作多个层面发力，持续推进信息治理能力建设，不断提升社会治理的专业化、信息化水平，应是信息时代我国基层社会治理发展的重要方向。

"枫桥经验"应用于大调解机制方面的研究：王秋杰、刘子川（2013）主张将"枫桥经验"在矛盾疏通调解中的方法运用于大调解机制构建，在把握"枫桥经验"核心要义的基础上，通过完善和创新调解办法、畅通调解主体间的衔接机制，成立专业化调解组织和队伍，提高调解的专业化水平，推动大调解机制的完善与良性运转。尹华广（2013）认为在农村社会治理的实践中，也应将"大调解"与"枫桥经验"完美融合，通过构建完整的调解网络与完备的"大调解"平台及机制，建立依托调解人的专业调解中心。冯卫国（2018）主张在充分重视、理性认识人民调解的地位和作用的基础上，实现多元价值平衡是"大调解"建设的基本要求，完善社会治理是预防、减少矛盾纠纷的根本路径，促成各种调解纠纷手段互动互补是"大调解"建设的关键所在。文章提出打造官民协力、开放多元的工作格局是"大调解"发展的活力之源,科技发展是推进社会治理与法治建设不断进步的强大动力。

"枫桥经验"应用于制度化与法治化建设方面的研究:戴雨薇(2013)从对"枫桥经验"所蕴含法治理论的阐释与解读视角出发,主张在这一过程中应注重实现公权力与私权利的平衡,并构建矛盾纠纷多元化解机制。马永定、戴大新(2014)主张以全面依法治国方略的实施为背景,注重对相关工作人员法治思维的培养,依托法治精神与法治理念,运用法治方法,构建矛盾化解长效机制,稳定、持久、有效地化解基层矛盾纠纷。周望(2014)则主要强调群众路线的法治化,将群众路线与法治思想相结合,因为"枫桥经验"是群众路线的生动实践与体现。罗新阳、彭新华(2017)直接将"枫桥经验"与新时期检察部门的司法工作相结合,提出对接与融合"枫桥经验"是新时期检察机关司法工作透明化、高效化的重要依托,并将文化传承视为二者融合的逻辑起点,将法治与德治的兼顾与融合视为二者融合的思想基础,将制度构建视为二者融合的重要保障,最后将综合治理视为实现二者融合的具体实践路径。于浩(2019)则以基层的司法治理为视角,主张基层司法治理将程序作为吸收多元司法资源和推进普遍信任机制的重要手段。

(4)创新和发展"枫桥经验"的路径研究

打造共建、共治、共享的社会治理体系方面:部分学者提出,应通过推动治理主体的多元化和提升服务专业化水平来创新和发展"枫桥经验"。他们主张构建一个与当前社会背景相适应的协同参与和成果共享的治理格局。如张乐天(2013)主张通过价值观念由传统向现代的转型以及调解模式与服务格局由单一主体向多元主体的转型,实现"枫桥经验"的创新。刘翔(2013)在既有观点的基础上,进一步提出基本目标与服务重点的转变,如基本目标从对治安与稳定的追求转向对平安与法治的追求。潘益民(2018)将新时代创新和发展"枫桥经验"的重点集中于融合共建、多元共治、全民共享与机制共商四大方面,以此将基层力量的动员、公安效能的提升与科学技术相结合,构建全域保障的新治理体系。刘树枝(2018)提出必须完善基层社会治理模式,而且在具体模式的构建运行方面重点强调"三治融合"与"四防并举"。徐汉明(2019)从较为宏观的层面对新时期发展"枫桥经验"应注意的问题进行了阐述,提出应更加注重联动融合、开放共治,并认为应当始终坚持群众路线,让人民群众切实品尝到改革与发展的甜蜜果实,同时也强调了法治、大数据与基础性制度建设的重要性。

与互联网、大数据等相结合方面:学者们逐渐意识到随着大数据的运用与发展,与互联网、大数据等密切结合,紧跟科技发展步伐是"枫桥经验"创新发展的内在要求。杨燮蛟、劳纯丽(2017)主张通过将大数据技术与警务模式创新相结合,充分发挥大数据的优势,深化风险预防机制,构筑群防群治的组织网络。朱颂泽(2018)提出面对新形势,应在把握新时代"枫桥经验"价值内涵的基础上,注重实现其数据化、网络化与智能化发展。王者洁、刘心蕊(2019)通过调研总结"枫桥经验"在各地的推广实施情况,提出应将党的领导放在首位,同时倡导多元主体协同联动,并依托法治保障、网格化管理等机制化解基层矛盾,最终维护人民群众利益。

与乡贤调解相结合方面:有学者提出充分发挥乡贤的影响力和智慧,调解人民内部矛盾和化解纠纷。王斌通(2017)认为乡贤调解作为创新"枫桥经验"及基层社会治理体系和能力现代化的传统文化资源,坚持将德治与法治有效结合,是乡贤调解的主要选择。首先,他认为可以将乡贤调解视为人民调解的一种补充性矛盾调解方式,并主张将其纳入多元纠纷化解机制之中;其次,应该将乡贤调解及其结果融入"诉调对接"机制中;最后,在基层民主自治中也应重视乡贤的独特作用。在此基础上,王斌通(2018)提出了新乡贤之于"枫桥经验"的意义,主张与新时代相对应的新乡贤群体参与基层治理,是对早期乡贤治理的继承与发展。同时,也厘清了新乡贤作为治理主体在参与过程中与其他主体间的联系,新乡贤与传统乡贤之间既具有区别又相互联系,是新时代基层善治的典范。

与情感治理相结合方面:有学者通过对人们心理与情感的研究和把握,将利用人的情感进行治理的方式融入"枫桥经验"的发展中。汪勇、周延东(2018)认为,"枫桥经验"的情感治理模式是深深根植于共产党"群众路线"这一优良传统基础上发展壮大起来的,对于如何做好群众工作,总结出了一系列基本思路和具体实践路径,具体落实到公安工作上,就是要在警察与社区之间建立亲密的协作关系,实现"公安一元打击与社会多元预防""程序正义与效果效率""民众满意与国家安全""基本公共安全产品与选择性安全产品"四大新关系的协调统一,不断使居民群众从内心感到满意、安全和幸福。姬艳涛、李宥成(2020)将自治、德治与技治相结合，在进一步数据挖掘和质性研究的基础上，建议探索优化社区"情感联结"，拓展延伸"情感治安"治理体系，同时主张通过完善大数据与情感治理相结合的制度性规范来实现治安实践的创新，并通过进一步加强基层治安法治化建设来建立健全"法治治安"治理体系，进而在"情感—技术—法治"框架下，构建兼具"秩序性"和"动力性"的"枫桥式"基层治安治理模式。

（5）已有研究成果的评述

通过关键词检索，可以发现当前与"枫桥经验"相关的研究成果极为丰富，涵盖了"枫桥经验"的本体、发展、应用以及创新等多个维度。研究者们从不同的角度对"枫桥经验"进行了深入的解读和界定，形成了一条逻辑上逐渐深入的演进路径。具体来看，这些研究从对"枫桥经验"本质的探讨开始，逐步过渡到对其发展路径的探索，再到实践中的具体运用，最终汇聚到对"枫桥经验"创新的思考。总体上，这些研究不仅在学术领域形成了一系列具有代表性和影响力的理论观点，而且在实务操作中也提供了重要的参考和指导。

然而，尽管已有的研究成果为我们提供了宝贵的知识财富，但在某些方面仍存在不足。

第一，虽然当前十分鼓励"枫桥经验"的推广、学习以及借鉴，在此背景下也带动了许多优秀研究成果的诞生，但是也不得不客观地承认部分以"枫桥经验"之名的研究，其理论性与学术性甚至科学性都有待加强。在当前的学术研究中，虽然许多文献在标题中提及了"枫桥经验"，或将其作为研究的一部分，看似深入探讨了这一主题，但部分研究的实际内容与"枫桥经验"的实质联系并不紧密。这种现象可能源于对"枫桥经验"概念的表层理解，或是在研究过程中未能充分挖掘其深层次的内涵和实践价值。有的学者可能只是形式化地引用"枫桥经验"，而没有将其核心理念和方法论应用到实际的研究议题中去，这在一定程度上限制了研究成果的深度和广度。同时也存在蹭热度的不良现象，没有经过深入的可行性分析便将一些问题与"枫桥经验"生硬结合。

第二，对"枫桥经验"相关理论支撑方面的研究有待进一步提高。大部分学者在研究过程中十分注重研究"枫桥经验"的运用与推广，并致力于通过研究为我们提供社会治理、矛盾纠纷化解、正义实现等方面的宝贵经验，这对"枫桥经验"本身而言，不但有助于其价值实现，也有助于构建更多符合实际情况的"枫桥式"治理模式。但是总体上仍然缺乏坚实的理论支撑，难以实现"枫桥经验"的整体提升与再发展。

第三，部分研究成果的学术性有待提高。在关于"枫桥经验"的学术研究中，来自公安机关、检察院、法院等实务部门的部分工作者，其研究方法往往较为单一，主要侧重于个案研究，且多基于实践经验的总结。虽然这些来自一线的实践经验极为宝贵，具有较强的借鉴意义和实用价值，但在理论的深度和思辨性方面存在一定的局限性。此外，这些研究在遵循学术规范方面仍有待加强，需通过完善学术规范执行，进一步提升研究的严谨性和学术影响力。

第四，在学术界对"枫桥经验"的研究中，确实存在一种不平衡现象，即研究热情和积极性在不同时间段有显著的波动。通过检索可以发现，与"枫桥经验"相关的研究成果往往集中在特定的纪念年份，如五周年、十周年等具有纪念意义的年份。在这些年份，相关研究文献的数量会激增，而在其他时间数量则相对较少。这种现象在一定程度上表明，学界对"枫桥经验"的研究可能受到了特定时间节点的影响，而非持续性的深入探索。与此同时，在中央或国家层面甚至相对重要的部门对"枫桥经验"予以强调之后，也会刺激与之相关的研究成果的形成。其实"枫桥经验"作为本土化历久弥新的特殊财富，永远值得我们以开阔的视野从多角度深入挖掘，所以对"枫桥经验"的研究应实现常态化。

2. 有关社会治理的研究

(1) 与社会治理相关概念的研究

在社会治理的研究领域，对相关概念的界定与厘清是一项基本且关键的工作。虽然不同的研究者可能会从各自的学科背景和研究视角出发，对社会治理的概念进行不同的解读，但总体而言，学术界对社会治理的核心要素和基本原则在一定程度上达成了共识。燕继荣(2017)认为社会治理是具有中国特色的一个概念，主要将社会治理置于不同体制与机制之中进行对比理解，如与政府管理进行比较，明确其之于政府治理的角色地位，也如将其置于国家治理视域中明确其定位与价值，将其与公司、市场、环境等相对具体化的治理进行比较，通过诸多比较，有助于形成对社会治理更加全面的理解和把握。俞可平(2013)将社会治理分解为社会管理和社会自治，即认为社会管理与社会自治共同构成了社会治理，且这二者体现了不同的社会治理形式，与社会治理之间是"一体两翼"的关系。郑杭生（2014）将社会治理与善治、良治这一对治理目标或治理方式相结合，并进行对比。他认为三者的共同之处在于将国家正式力量与社会非正式力量相结合，确保两种不同性质的力量平等参与社会治理并共同发挥各自的作用。但社会治理不应当等同于良治或善治，良治与善治是我们在社会治理过程中应当持有的某种态度或者追求的目标之一。刘旺洪（2016）、马全中（2017）等学者对社会治理创新的概念进行了辨析，提出了不同的主体在不同的环境要素以及社会发展规律下，通过对制度机制、行为方式等一系列社会活动进行组织、激励、管理、融合，最终达到社会和谐运转，从而形成"善治"。

（2）基层社会治理中存在的问题及对策研究

在基层社会治理的研究领域，大部分学者将关注焦点集中在政府角色的塑造及其职能的有效执行上，并深入探讨了政府在基层治理中应如何适度下放权力以促进社会力量的积极参与和发挥作用。付建军、张春满（2017）则转换视角，提出了社会力量对国家正式力量的依赖性问题，认为对此应当调整社会力量与国家力量间在诸多方面所呈现的不平衡状态，更加注重民主与协商，逐步改善既有的治理模式。有的学者从多方面、多角度提出了基层社会治理中存在的问题与不足，并研究了相应对策。李万钧（2017）认为，基层社会治理仍然存在压力传导错位、体制机制僵化、权责不对等等突出问题。燕继荣（2019）分析我国国家治理的历史形态，认为我国特有的政党制度具有高度的领导力、动员力、执行力以及协调力，这一制度在具有独特优势的同时也难免存在不足之处，使得上下层间的制度水平差异过于明显，党政系统与社会系统之间存在脱节的风险。

（3）基层社会治理体制机制研究

在治理要素结构和运行机制方面，大多数学者认为治理转型的重要特征是转变政府的单边管理格局，形成多元主体协商合作的新型治理网络和运行机制。张振波（2015）在坚持社会治理重要性的同时引入了社会组织，主张将二者均放在重要位置，加强各主体的协同合作，实现各治理主体的自我管理，为长效性协同治理机制的构建保驾护航。范逢春、尤佳（2014）主张将社会组织的触角延伸至社会治理的各个体系，并为实现一体化设置完整的方案和规划，进一步理顺各种主体之间的关系。李德（2016）认为，改革与创新基层社会治理运行机制，需要调动社会各方的力量，从整体上进行推进。

在社区治理的运行机制方面，田毅鹏、薛文龙（2015）认为网格化管理的边界可能不断扩大甚至使网格与社区二者间的边界日益重合，同时也肯定了社区之于基层治理的重要性。孙肖远（2016）以社区这一集体为社会基层治理的主要研究对象，认为当前社区为"一核多元"的运行模式，即围绕社区党组织和社区多元主体进行机制设计，实施以善治为目标、以法治为基础的系统性构建。基于社区党组织的特殊地位，构建多元主体共享机制、生活共同体机制和基层社会服务管理机制。何晓斌、李政毅（2020）等认为基层社区治理的重点在于对治理单元的调整、对资源的优化配置等，提出应当从政府与居民间的互动关系出发，以所在社区社会资本含量、资源优化配置能力为基础，对大数据运用后的治理模式进行分析。

在基层党组织的创建和运行机制方面，孙柏瑛、邓顺平（2014）认为改革开放以来，我国社会结构与以往呈现出明显的差异性，基层出现了诸如党的基层组织被边缘化与无根化的问题，对此主张将各基层治理网络中的各要素团结在党组织周围，重新构建了以党为领导核心的基层治理体制，以期从根本上提升基层治理能力。蒋源（2016）从党组织作为社会建设领导者与实践者的视角出发，提出通过"吸纳式服务"实现党与社会的良性互动。主要通过国家意志的有效贯彻，吸纳社会力量并转变其角色定位，使其在成为社会治理成果享有者的同时，也成为社会治理的积极参与者和创造者。宗世法（2017）引入西方多元治理的思想，认为我国形成了特有的"政府—市场—社会"逻辑关系框架，因此政府应当通过赋权赋能进一步增强社会主体的治理参与能力。

（4）基层社会治理运用大数据的研究

在大数据得到广泛运用的时代，学者们也积极将其运用于基层社会治理的研究中，以求碰撞出与时俱进的新方案，便于更好地指导实践。张海波（2015）主张通过大数据的特点，以及在开发利用过程中所产生的一系列效应，来促进社会治理的智慧化、精准化水平。孟天广、赵娟（2018）主张在数据、信息、平台（参与）、协作、安全五要素联动的协同机制下，通过构建兼具民情收集与民意汇聚、风险评估与积极回应功能的智能化社会治理体系。王振兴、韩伊静、李云新（2019）提出，应从协同治理与数据共享并进、制度建设与技术创新同步、技术应用与风险防控并举、价值引领与技术治理融合等方面推进社会治理现代化。曲甜、张小劲（2020）主要从大数据对政府治理影响的视角出发，认识到了大数据在政府治理与决策中运用的优势，并详细阐述了大数据对政府决策及治理带来的正向影响，以此来推断大数据同样适用于基层社会治理，并主张二者的巧妙结合。

（5）基层社会治理引入"枫桥经验"的研究

随着"枫桥经验"这一概念被越来越多的人所认知和理解，众多基层地区和单位也开始积极学习和借鉴这一经验。在这样的背景下，学术界对"枫桥经验"的研究也呈现出了新的特点，即更加注重将理论与实践相结合。研究者们不仅深入探讨"枫桥经验"的内涵和本质，而且紧密围绕其在基层社会治理中的应用，探索在"枫桥经验"启示下形成的新型基层治理模式。徐汉明（2019）充分肯定了"枫桥经验"的理论实践价值，认为其作为打造基层社会共建共治共享格局的典型样本，值得被深入挖掘。任建通、冯景（2016）提出，"枫桥经验"的整体联动性预示着现代社会治理需构建动态监测型，以人为本、和谐至上型，多元化社会规范型，以及多方协同、平等参与型的社会治理机制。李霞（2019）强调新时代要推进基层治理法治化，必须保持正确的政治方向，约束和规范公权力，激发基层社会活力，在具体实践中应该对"枫桥经验"实施过程、行之有效的具体方法进行总结概括，发挥基层党组织的重要作用。

（6）已有研究成果评述

通过梳理基层社会治理方面的现有文献，不难发现国内对基层社会治理非常重视并进行了大量的研究。这些研究成果不仅全面，还紧跟时代发展的步伐，体现了学术界对基层社会治理的深刻洞察和前瞻性思考。学者们不仅从多维角度分析了基层社会治理面临的挑战，还研究并提出了一系列对策和措施，旨在优化和完善基层社会治理的方案和策略。此外，研究者们积极构建基层社会治理的多元主体参与机制，强调了政府、市场、社会三方的互动和协作。他们紧跟科技发展的新趋势，将基层社会治理与互联网、大数据等现代技术紧密结合，推动了理论研究和实践应用的新进展。然而，尽管已有研究取得了显著成就，但在如何更有效地使多元治理主体在政府主导下利用大数据实现基层社会治理的智能化、现代化，并确保这些方案能在实践中得到广泛应用方面，仍需进行更深入的研究和探索。这表明，虽然学术界对社会治理的概念已有较为统一的认识，但在具体操作层面，如何将理论与实践紧密结合，如何突破技术与应用的瓶颈，仍是未来研究需要重点关注的问题。

3. 基层社会治理绩效评估体系相关研究

(1)基层社会治理绩效评估体系研究综述

基层社会治理绩效评估体系基本上围绕主客体评价、经济效益评价、价值评价等方面进行设计与完善。孙建华(2014)认为，对社区服务的绩效评估体系研究应当围绕经济价值、社会价值与人本价值这三种不同的价值取向与价值选择层面展开。汤柏生等(2012)在"社会治理"尚未得到普遍认识与研究的时期，主要针对社会管理创新水平设计了相应的评估指标体系。在这一过程中，他们提出了主客观相结合的评估指标体系设计方案，即从总体上讲，评估指标分为主观与客观两个大类，再对主观与客观所包含的下一级指标进行细化分解，最终形成 7 大客观指标共 43 项，4 大主观指标共 34 项。在社会治理绩效评估研究中也有学者意识到当前评估体系建设中存在的问题并对其进行了总结。孙涛(2015)认为，我国社会治理领域中的评估体系建设、评估工作开展的发展较为滞后，存在许多有待完善与提升的部分，如评估理念传统单一、制度建设不完善、评估参与者不全面等问题。此外，评估指标的精确性与科学性有待提高，评估方法的适用性与多样性有待改善，评估保障机制建设也需重视。基于以上问题，我们需要对症下药，从各个方面同时入手，多个主体同时发力，共同建立和完善社会治理绩效评价体系。

(2)基层社会治理绩效评估方法与指标设计

在社会治理绩效评估的研究过程中，学者们也积极探索了适用于不同场景、对不同主体和不同客体进行评估的具体方法的研究。如赫扬扬(2009)在早期的研究中，采用了应用层次分析法(AHP)对社会服务的整体绩效进行评估。在构建评价指标体系时，作者将指标设计为两个主要层级，这样的分层设计有助于清晰地识别和量化评估过程中的关键因素。在具体到对社区公共服务绩效进行评估的研究中，有学者学习借鉴了国外学者较早使用的平衡计分卡、AHP、DEA 等多种技术和方法。朱正威(2011)在学习和借鉴平衡计分卡法的基础上，深入剖析社区实际，并结合具体情况对具体方法与指标设计进行了调整。在具体的指标设计中，章晓懿、梅强(2012)强调效率、效果与公平性，并且分别对其所强调的公平性、效果与效率进行了具体阐述。周长强(2007)的评价指标设计主要针对社区卫生服务展开，这些指标涵盖多个关键领域，包括资源配置的科学性与合理性、费用控制的制度方案设计是否完备、病人流向的合理性、服务提供的效率和效果等方面。朱正威(2011)对社区公共安全绩效评估研究的指标设计主要从客户感知、财务管理与分配、内部相关流程以及学习成长四个方面设计了11项指标。

(3)已有研究成果评述

与基层政府绩效评估体系及其建设相关的研究成果相对有限，且主要集中在绩效评估体系、绩效评估方法与指标设计等方面。我国当前研究内容主要集中在理论方面，实证性方面的研究相对滞后。虽然近年与之相关的研究成果呈增加态势，研究人员数量也在不断上升，但是，我们也必须认识到，现有的研究成果之间存在明显的差异性。需要持续推进那些认同度高、可行性强、相对完善的研究，并促进形成更加规范和完善的研究范式。另外，既有的绩效评估研究主要停留在技术路径和体系建设方面，而对于评估的具体可操作性、科学性、全面性评价，以及如何规避潜在或现实存在的问题等方面的探讨还不够深入。在既有研究中，对基层社会治理绩效评估体系的研究基本能按照不同维度构建出适宜特定环境的评估体系，但仍然不够系统和成熟；对绩效评估方法的研究大多是对国外著名评估方法的参考借鉴，在借鉴的同时还没有充分考虑本地基本情况，注重本土化差异；在基层社会治理绩效评估指标设计中，分别针对社区养老服务、卫生服务、公共安全等方面设计了相应的指标，但缺乏全面性与系统性。此外，既有的研究成果对政府绩效的评估依据、评估内容、评估者或评估主体以及评估方式等方面都存在不同理解，因此也缺乏一个包含这些要素的系统性研究，以及对理论困惑与现实困惑进行充分论证与解答的研究。

(二)国外研究现状

1. 有关治理理论的研究

(1)多中心治理理论
多中心治理理论是美国印第安纳大学的埃莉诺·奥斯特罗姆与文森特·奥斯

特罗姆(1992)共同创立的公共管理理论。在该理论的形成过程中，尽管综合运用了多种相关的社会方法，但仍然能把握其核心，即注重自主治理，强调民主，反对集权，认为健康良性的社会治理模式应当是由多个不同的权力或中心共同构成，实现了宏观与微观的自然衔接。迈克尔·博兰尼(2002)认为，"多中心"意味着一种秩序，而且是相对于指挥的秩序而存在的。在这种秩序的背景下，一方面，各个行为单位独立自由地追求自身的利益；另一方面，这些行为主体也要受到秩序的约束并相互调试，从而实现相互关系的系统整合。

(2)政策网络理论

"政策网络"一词最早由卡赞斯坦(2007)提出。随后，英国学者洛德·罗茨(R. A. W. Rhodes)对政策网络进行了细化和深入的研究，并将其按照行动者成员资格、相互依赖性、资源等维度划分了五种类型。荷兰学者佛朗斯·范瓦登(Frans Van Warrden)则从不同角度确定了行动者的数量和类型、行为准则、行动者战略等七个维度，区分了十一种不同关系形式的政策网络。政策网络学者普遍认为，网络结构对政策结果具有重要影响。通过分析网络结构及其特征，可以有效预测政策结果。大卫·马什(David Marsh)(2006)认为，政策网络的根本用途在于对政策后果的作出解释。

(3)新公共服务理论

新公共服务理论由罗伯特·B. 登哈特(1999)等人提出，该理论最大的特点在于突出公民的主体地位，要求政府部门在履行公共管理职能期间切实维护公民权利，保障公民利益，扮演好服务者角色。同时也强调政府与人民之间的交流对话，通过掌握民意优化政府工作方向与策略，从而形成治理合力，最终实现治理目标。在新公共服务的管理方面，美国学者戴维·奥斯本(David Osborne)和特德·盖布勒(Ted Gaebler)(2006)提出了传统官僚制的改革应当遵循政府授权社区、以效果为导向、以竞争机制提高效率等十项原则。美国学者保罗·C. 莱特(Paul C. Light)(2014)提出了新公共服务的三个主要特征，认为部门之间人员的变换多是从政府内部变换到私人部门或者非营利部门中去。

(4)社会资本理论

市场会失灵，政府也会失灵。基于这种背景，人们将目光转向此类问题频发的地方——社区。皮埃尔·布迪厄(Pierre Bourdieu)(1980)认为，"场域"是由各种要素构成的关系网络,它是个动态变化的过程,而社会资本正是整个关系网变化的动力。他将资本分为经济资本、文化资本与社会资本。詹姆斯·科尔曼(James S. Coleman)(1999)将资本分为社会资本、物质资本与人力资本,且认为这三者之间并无绝对的界限,可以相互转化。罗伯特·帕特南(Robert D. Putnam)(2001)提出,在一个人们相互熟知、关系密切的社区中,十分容易组成紧密的关系网络,而这个网络中所包含的公民及其相关产品就是社会资本。弗雷德·鲍威尔(Fred Powell)(2000)在《国家、福利与公民社会》中考察"后现代"时期社会与个人主义的含义,探讨了社会资本和公民自愿活动观念如何取代传统福利主义政策以实现集体福利,并分析了在信任已成为主导范式的时代家庭福利性质的变化。

2. 有关基层社会治理绩效指标体系的研究

在西方,绩效体系研究包含了组织行为方面、产出和结果方面以及竞争力方面等多个指标。国外学者较为重视绩效评估,马克·G. 波波维奇(2002)通过将评估系统形象地比作"飞机上的仪表盘"来阐释评估系统之于整个运行系统的重要性。Carl(2003)也提出了自己的思路,认为绩效评估可以分别从人力管理角度、技术层面以及财务角度入手展开研究。美国政府曾从多个维度对绩效评估作用进行概括,如认为绩效评估可以强化组织内成员的沟通和成员与组织外利益相关者的交流;可以增强成员的成本意识,调整项目的成本,以最优的成本实现目标;可以强化政府工作人员的责任意识;绩效评估可以提升政府机构的服务质量和顾客满意度,等等。

在与政府绩效评估相关的研究方面,学者们较早围绕评估的基本原则和依据、评估的方法以及相对完善的评估指标体系建设等内容展开研究。Flynn(1997)提出了融合经济(economy)、效率(efficiency)、公平(equity)与效能(effectiveness)四个维度的绩效评估原则,并将其简化成"4E"原则。Ingraham(2000)认为政府绩效评估通过科学的方法对政府主体的管理过程与管理能力进行测度与评价。基于此,他将组织行为学的相关理论知识融入对政府绩效的评估,并从相对宏观的角度提出,通过提升资源投入与产出的转化水平,以增强政府整体绩效。瑞士洛桑国际管理发展学院(TMD)与日内瓦世界经济论坛(WEF)从国家经济实力与竞争力的角度出发，分别构建了由不同要素构成的政府绩效评估体系。TMD 主要围绕财政支出与管理水平、国家相关财政政策、相关法律法规、组织机构自身以及教育水平等，并将其设为二级指标，以此为基础进行更加详细的划分，最终形成了 80 余项具体指标。而 WEF 也在重视经济发展水平的基础上，从经济发展的角度出发，将政府质量与治理效能视为影响经济竞争力的重要因素。美国坎贝尔研究所则从对财政、人事、信息、领导目标以及基础设施的管理等维度出发进行更细化的指标设计，并被美国各地政府普遍运用，同时这一方法所构建的评估指标体系在治理中也取得了明显的成效。

在绩效评估方法方面，国外较早研究出了当前评估研究中所熟知并被广泛使用的一系列评估方法，主要有平衡计分卡方法、参与评估方法、满意度测评法、数据包络分析方法、模糊综合评估方法等。适用范围广且使用较为普遍的平衡计分卡方法，由罗伯·特卡普兰和诺顿于 1992 年共同提出，同时，这一绩效评估方法对绩效评估也具有开创性意义。也有研究团队如乔治梅森大学市场研究中心（2001）在绩效评估过程中，研究并使用了绩效管理与评估的模型——GPP（Government Performance Project）绩效管理模型。Judi（1995）提出了参与评估方法。美国学者 Saich（2006）使用的评估方法为满意度测评法这一主观性相对较强或易受主观因素影响的评估方法。运筹学家 A. Charnes 和 W. W. Cooper 等（1978）通过数字系统及估算方面的理论预实验，得出了数据包络分析方法（Data Envelopment Analysis，DEA），同样为绩效评估实践提供了参照。查德（L. A. Zadeh）则于 1965 年经过诸多方面的细致研究创建了模糊综合评估方法。

3. 既有研究成果的特点

由于社会性质、历史文化等方面的差异，国外对基层社会治理绩效评估的研究相对较少，总体上呈现空白状态。然而，国外的研究在社会治理与绩效评估方面成果颇丰，具有一定的借鉴价值。国外社会治理方面的理论主要存在于公共管理领域，且随着社会背景与社会需求的变化不断发展变化。国外对绩效评估的研究也十分重视，经历了从企业到政府的跨越发展。绩效评估方法的研究成果丰富多样，同时也具有一定的科学性，可以经过适当调整，广泛运用于多个领域和国家。

(三)总体研究评述

学界有关"枫桥经验"研究的方向与重点呈现出随"枫桥经验"在实践中的推广、发展而发生相对同步变化的趋势。既有研究成果从解释"枫桥经验"的本质,到探讨其发展路径,再到分析其在实践中的应用,以及对其创新的研究,整体上呈现出逻辑上的深化和演进。学术界与实务部门在这些领域都进行了积极的探讨,形成了一系列有影响力的主张和观点。这些观点在推动"枫桥经验"在不同地区、不同层级的推广和应用中,发挥了重要的理论与实践指导作用。"枫桥经验"所展现的中国基层社会治理模式,因其广泛的适用性,对各地治理现状具有重要的参考价值。以"枫桥经验"为蓝本的基层社会治理绩效研究,同样具有显著的理论意义。这种理论价值不仅丰富了新时代社会治理的理论框架,而且有助于推动基层社会治理理论体系的完善和标准化建设。"枫桥经验"作为跨越时代变换而不曾衰竭的时代财富,形成了一套相对完整的基层治理理论体系,如以社会治安综合治理为主要内容的理论、以矛盾纠纷多元化解为主要内容的理论、以乡村文化建设为主要内容的理论等。重视多元主体之间的协商谈判、人民调解、仲裁、行政裁决、诉讼解决矛盾纠纷,做到小事依规、大事依法、知良树德,就地化解矛盾,调解了社会发展速度与立法速度不同步带来的法律真空问题。通过标语、口号等潜移默化的宣传功能,在传承优秀传统文化的基础上,着眼平安和谐,强调民主参与,同时注重发挥新乡贤的作用,打造文化礼堂,传承家训家规,构建和谐的民风、村风、家风。

"枫桥经验"在不断的创新、融合与发展中已形成了多样化的、适应时代发展的治理模式,涵盖了村民自治、协商共治、乡贤参与、"互联网+"等多个方面。这些模式都有效化解了基层社会现存的治理矛盾,治理成效显著,形成了一套完整的治理流程,即从设计治理目标、生成治理结构、建立治理机制、决策行动方案、监督治理过程,最终达到善治的目标。然而,在"枫桥经验"向全国推广的同时,对其治理效能的评价却相对被忽视。目前的治理效果评价体系主要依赖民众的主观判断,在综合性、全面性、科学性以及说服力方面有待加强。一方面,考虑到我国各地有其特有的地域文化、自然环境,以及不同地方存在的治理难题,应在共性的基础上,结合当地实际情况,在合理范围内作出适当调整。政府不仅要时刻保持谦虚谨慎的态度，积极借鉴枫桥镇的先进经验，还要对其治理效果进行科学的评判，以及时发现问题所在，并回应社会。另一方面，需构建基层社会治理标准化工作机制。绩效评判工作应避免评判的绝对性、单方性和模糊性，基层社会治理评判会考虑治理主体网络构建的密切性、价值选择的正确性、各治理领域具体内容的可操作性、治理策略的完备性等方面来进行全面评判。基层政府可针对量化的评价体系建立相应的治理策略，从而推动基层治理标准化理论的建设。

基层社会治理绩效评估方面的研究是一个融合各种不同学科的复合研究领域，需要将法学、政治学、社会学、经济学、管理学等相关学科的知识与方法综合起来投入研究。而目前根据已有文献可以发现，大多数学者对基层社会治理绩效评估往往从单一学科范围展开，未与其他学科融合起来研究，这难免会使研究广度受到限制。而社会问题纷繁复杂，作为评估社会治理绩效的研究更应全面覆盖各类问题，使所设计的绩效评价体系具有普适性。在国内现有的相关文献资料中，有关基层社会治理绩效评估的文献较少，在仅有的文献中，对基层社会治理绩效评估方面的研究主要集中在基层社会治理绩效评估体系、基层社会治理绩效评估技术方法与指标设计及存在的问题方面。其中，对基层社会治理绩效评估体系的研究基本能按照不同维度构建出适宜特定环境的评估体系，但仍然不够系统和成熟；对绩效评估方法的研究大多是对国外著名评估方法的机械借鉴，在借鉴的同时应该充分考虑本地基本情况，注重本土化差异；在基层社会治理绩效评估指标设计中，分别针对社区养老服务、卫生服务、公共安全等方面设计相应的指标，但缺乏全面性与系统性。

本书以基层社会治理在国家治理中的定位、"枫桥经验"的当代价值以及实践模式为视角，对"枫桥经验"视域下的基层社会治理绩效进行研究，具有一定的现实价值。构建一个全面、合理、可量化的基层社会治理研究体系尤为重要。一方面，通过对基层社会治理的绩效研究，政府部门能够及时发现并解决问题，调整和优化工作策略，确保治理工作的有效执行。此外，可量化的绩效结果作为考核政府工作人员的依据，从而实施奖惩制度，这不仅能够激发工作人员的积极性，提升行政工作效率，还能推动服务型政府的建设。另一方面，通过对党委、政府、其他社会组织的网络考核、对基层社会治理的价值选择、策略选择的评价，公众可以更好地了解"枫桥经验"的治理模式、主体、内容和方式等。这不仅可以监督政府的治理工作，评析本地方的治理缺陷和治理优势，还能加强政府与公众的联系，提升公众参与度，减轻政府工作压力，打造适应时代发展需求的基层社会治理模式。

因此，鉴于基层社会治理绩效研究相对匮乏的局面，本书的突破性和创新性显得尤为重要。研究的逻辑起点在于构建一个全面的基层社会治理绩效体系，旨在弥补现有研究的不足，并解决国家在社会治理效能方面所面临的挑战。通过这一体系的建立，我们期望能够为提升社会治理的整体效能提供有力的支持和指导。

三、研究意义

党和国家层面的诸多重要政策文件中多次强调了社会治理以及基层治理的重要性，同时也提出了全民参与、全民共建、全民共享的社会治理思路。基层地区作为社会结构的重要基础，也必然成为社会治理实践高度重视的区域。而"枫桥经验"作为我国基层矛盾化解的宝贵财富，其重要性与可挖掘性已经被诸多实践成果所证实。因此，基于这一背景，将"枫桥经验"的理论与做法运用于基层社会治理的情况进行科学、系统的分析，从实际运用的角度出发，找准开展工作的发力点，丰富基层社会治理的措施，并利用"枫桥经验"提供评价参考，对于体系化构建"枫桥经验"提供参考案例和有价值的指导，显得尤为重要。提出新时代背景下"枫桥经验"在基层社会治理绩效评价中的运作机理和实现路径，不仅具有深远的理论价值，也符合紧迫的现实需求，是一个具有广阔研究前景的时代命题。

（一）理论意义

总体而言，本书通过进一步阐明"枫桥经验"的内涵与价值定位，梳理"枫桥经验"的形成与发展历史，明确基层社会治理网络的构成要素，并构建一个全面的评估体系，该体系涵盖基层治理网络中的多个关键要素，为评价基层社会治理绩效提供一套科学的指标。这一体系不仅有助于从宏观层面丰富基层社会治理以及整个国家治理与社会治理的理论内容，也有助于为后续具体方面的深入研究提供可以参考的理论基础。同时，在"枫桥经验"与基层社会治理绩效评估相结合的研究领域，本书阐明了基层社会治理网络中不同层级治理间的相互作用及其在国家治理中的重要地位。同时，研究强调了基层社会治理对于国家和政府治理的意义与重要性，为不同视域下的社会治理提供了理论参考。通过"枫桥经验"的价值整合，为新时代在学习、推广和创新"枫桥经验"过程中所应当遵循的价值作出了方向选择方面的重要指引。针对以往基层社会治理上存在的治理主体"定位不准、责任不明晰"、治理绩效"评价指标体系不完善、评价机制不科学"等缺陷，提出了基层社会治理绩效评价系统、有效的解决方案，能够为后续的深化研究奠定必要的理论基础。以上诸多方面的研究成果与意义最终也将有助于"枫桥经验"理论的丰富，推动"枫桥制度"乃至"枫桥文化"的构建。

(二)现实意义

基层社会治理绩效评价研究是一个实践性与应用性较强的研究范畴，其中所包含的不同层级治理间的相互关系及其在国家治理中的地位、"枫桥经验"视域下基层社会治理主体和客体指标体系等内容，有助于丰富当前我国国家治理体系、治理能力现代化的理论内涵，并为基层社会治理实践尤其是各地各部门展开绩效评估提供重要的理论指导。当前学界对我国国家治理体系的研究大多集中在"治理能力""治理水平"之上，而对于党的十九届四中全会提出的全体治理主体，及其整个治理行为过程的研究比较有限，通过对当前我国基层社会治理绩效评价指标体系内容的深入研讨，可弥补这方面研究的不足。此外，本书还基于党的十八届四中全会提出的治理现代化理论研究视角，运用了多中心治理理论、政策网络理论、福利国家理论等来解释基层社会治理各主体治理绩效评价的影响因素。不仅从我国具体实际国情出发，同时也充分考虑当今世界范围内全球治理发展的客观环境，有助于促使我国国家治理能力现代化得到更加充分的发展与完善，同时也有助于促进社会整体治理水平实现质的飞跃。

在构建指标体系的过程中，对影响我国基层社会治理的多方面因素进行了全面、多视角的评估与考量，尽可能科学、客观地分析了各因素的合理性及现实依据，从而得出能够较为准确、可行的评价基层社会治理绩效的综合指标体系。然而，目前国内对于基层社会治理主客体的量化指标评价尚缺乏一个明确有效的理论依据。研究主要依赖对反映法治水平的部分指标的定性分析，大多数研究成果在评价标准科学性、评述方式客观性以及评价结果现实性方面存在不足。这些问题导致我国基层社会治理绩效评价面临"定位不准确、责任不清晰"和"评价指标体系不完善、评价机制不科学"的双重困境。本书对基层社会治理绩效评价指标体系构建的最终目的就是对我国基层社会治理效果的衡量提出一项科学合理的理论依据，使基层社会治理"优质、高效"，从而大大节约基层社会治理资源，提高基层社会治理效率。

第一章　如何认识基层社会治理在国家治理体系中的地位

基层治理是国家治理体系的基石，是国家治理能力现代化的重要组成部分。党的十九大以来，国家、政府、社会与民众的关系逐步转向平等互信、多元合作，这为各要素激发动力提供了新的互动载体，塑造了基层治理中多元主体的思维方式与行为选择。国家治理建立在有限政府的合理行政和现代化的国家运行体制与机制能力的基础之上，通过政府与社会、市场与国家、民众与社会之间相互分工合作、功能互补，进而推动国家治理效能的提升以及民众满意度的增强。①社会治理与国家治理是彼此相依的统一体，而基层社会的有效治理是社会治理的核心内容。基层治理是在我国城市街居、农村乡镇及农村构成的管理层级中，党、政府、辖区单位、社会组织及社区居民，围绕本区域的公共事务与公共服务，通过民主协商、共建共治的方式实现公共福利最大化。

一、厘清国家治理、政党治理、政府治理、基层治理与社会治理的关系

习近平总书记曾多次强调："基层是一切工作的落脚点，社会治理的重心必须落实到城乡、社区。"②可见，实现对基层社会的科学、有效治理是优化整个社会治理水平、提升整个国家治理体系和治理能力的重要基石。社会治理方略的具

---

① 薛澜，张帆，武沐瑶. 国家治理体系与治理能力研究：回顾与前瞻[J]. 公共管理学报，2015，12(3).

② 习近平. 社会治理的重心必须落实到城乡、社区[R/OL]. (2016-03-05)[2021-04-16]. http：//politics. people. com. cn/n1/2016/0305/c1024-28174494. html.

体落实与基层社会治理的实践都离不开其基本构成要素作用的发挥，而构成基层社会治理这一庞大治理网络关系的要素主要包括各级政党、政府、各社会化组织以及人民群众等。在论及基层社会治理问题时，必须优先明晰治理主体间的相互关系和运作机制——统筹于国家治理政策之下的党委领导、政府负责、民主协商、社会协同、公众参与的相互协作、有机衔接的总体路径。

（一）国家治理——宏观统揽

我国政治制度发展的重要表现是国家在宏观统揽社会治理形态的变迁的同时，探索地方治理制度创新，从而塑造了中国政治制度的独特形态。在不同时期，不同政治、文化、地理环境下，基层社会治理的理念、理论、实践、方式及目标均具有传承性与差异性，也具有革新性与阶段性。基层社会治理既是一个适应不同时期社会主要矛盾变化以及党和国家主要工作任务变化的过程，又是一个在不断总结、反思基础上的发展和创新过程。基层社会治理不仅是国家治理的一种方式，还是治理能力现代化的实践样态，它的产生、发展和变迁有其内在逻辑，是制度化的实践形态。通过对党的十八大以来国家有关社会治理政策的梳理（见表1-1），能够清晰把握国家对基层社会治理的宏观统揽逻辑。

表1-1　　　　　　党的十八大以来国家有关社会治理政策的梳理

1. 2012—2017 年：从社会管理体制到社会治理体系

时间	背　景	内　容	评　价
2012年11月	党的十八大召开	提出建立健全"党委领导、政府负责、社会协同、公众参与、法治保障的社会管理体制"；强调社会管理的重点在于"充分发挥群众参与社会管理的基础作用"；提出并实施了一系列加强基层社会管理的举措	形成了党委领导、政府负责、多元主体协作管理、管理方式法治化、管理手段多样化的新型社会管理模式，自此，基层社会治理呈现多元化、复杂化；作为整个治理体系的基础，基层社会治理水平直接影响国家法治进程

续表

时间	背　景	内　容	评　价
2013年11月	党的十八届三中全会召开	首次提出"国家治理现代化"的政治术语及"社会治理"的概念；明确全面深化改革的总目标是："完善和发展中国特色社会主义制度，推进国家治理体系和治理能力现代化"，"加快形成科学有效的社会治理体制"	社会治理的相关表述更加精细化和科学化；多元参与的基本格局也更为充实和全面；不再是前一时期的被动管理，而更强调多元参与基础上的权利与责任的统一；更加重视基层管理，强调服务和管理的结合
2014年3月	习近平总书记参加十二届全国人大二次会议上海代表团的审议	"社会治理的重心必须落到城乡社区，社区服务和管理能力强了，社会治理的基础就实了。"	提出加强和创新社会治理，关键在体制创新，核心是人，只有人与人和谐相处，社会才会安定有序，社会治理的重心必须落到城乡社区，社区服务和管理能力是社会治理的基础
2014年10月	党的十八届四中全会召开，全会通过《中共中央关于全面推进依法治国若干重大问题的决定》	"推进多层次多领域依法治理……发挥市民公约、乡规民约、行业规章、团体章程等社会规范在社会治理中的积极作用。"《决定》中明确提出"提高社会治理法治化水平"的战略要求	首次提出"多层次多领域依法治理"，将"市民公约、乡规民约、行业规章、团体章程等社会规范"纳入"社会主义法治体系"的范畴；将社会主体依民间习惯的"自治"提升至国家"法治"的层次，在理论上论证了社会习俗自治与依法治国的内在统一性
2015年6月	习近平总书记在贵州考察	习近平总书记指出："党的工作最坚实的力量支撑在基层，经济社会发展和民生最突出的矛盾和问题也在基层，必须把抓基层打基础作为长远之计和固本之策，丝毫不能放松。"	强调基层建设对党的重要性；基层社会治理是国家治理的基础，是整个社会治理的核心，是推动国家治理体系和治理能力现代化的内生动力

续表

时间	背　　景	内　　容	评　　价
2015 年 7 月	中共中央办公厅、国务院办公厅印发《关于加强城乡社区协商的意见》	该文件的指导思想包括"以扩大有序参与、推进信息公开、加强议事协商、强化权力监督为重点"，"以健全基层党组织领导的充满活力的基层群众自治机制为目标"	明确了基层党组织在协商内容、协商程序上的领导地位；强调城乡社区协商是基层群众自治的生动实践，是基层群众自治框架内的制度安排
2015 年 10 月	党的十八届五中全会	提出"加强和创新社会治理，推进社会治理精细化，构建全民共建共享的社会治理格局"	强调加强和创新社会治理，并作了全面部署，对推进国家治理体系和治理能力现代化具有重要意义
2017 年 5 月	中共中央办公厅、国务院办公厅印发《关于深入推进农村社区建设试点工作的指导意见》	该文件提出"完善在村党组织领导下、以村民自治为基础的农村社区治理机制"。"坚持村党组织领导、村民委员会牵头，以村民自治为根本途径和有效手段，发动农村居民参与，同时不改变村民自治机制，不增加农村基层管理层级。"	中央高度重视农村基层社会管理和服务工作，对推进农村社区建设提出明确要求；明确强调了农村社区建设的根本途径和有效手段，这充分体现了党的十八届四中全会提出的重大改革于法有据的法治精神
2017 年 6 月	中共中央、国务院专门印发《关于加强和完善城乡社区治理的意见》	提出到 2020 年，"基本形成基层党组织领导、基层政府主导的多方参与、共同治理的城乡社区治理体系"的工作目标	明确了城乡社区治理的政治方向以及治理的出发点和落脚点，确定了加强和完善城乡社区治理的发展思路和推进策略，对破解城乡社区治理难题、推进国家治理体系和治理能力现代化建设具有极为重要的意义

续表

2. 2017—2019 年："共建共治共享的社会治理新格局"的提出

时间	背景	内容	评价
2017 年10 月	党的十九大召开	党的十九大报告在判断目前社会主要矛盾变化的基础上提出打造"共建共治共享的社会治理格局"；提出"完善党委领导、政府负责、社会协同、公众参与、法治保障的社会治理体制，提高社会治理社会化、法治化、智能化、专业化水平"	党的十九大根据中国特色社会主义进入新时代的时代特征，对社会治理的格局、体制、目标等方面提出了新的要求，这一阶段的社会治理依然强调其社会稳定的功能；社会问题与社会矛盾的日益激化倒逼基层社会治理改革创新
2018 年2 月	党的十九届三中全会	全会提出，"深化党和国家机构改革的目标是，构建系统完备、科学规范、运行高效的党和国家机构职能体系，形成总揽全局、协调各方的党的领导体系，职责明确、依法行政的政府治理体系……"	党的十九届三中全会要求明确发挥中央和地方积极性，推进国家治理现代化的深刻变革；治理好我们这样的大国，要理顺中央和地方的职责关系，更好地发挥中央和地方积极性

3. 2019 年至今：开辟"中国之治"新境界

时间	背景	内容	评价
2019 年10 月	党的十九届四中全会召开，通过了《中共中央关于坚持和完善中国特色社会主义制度、推进国家治理体系和治理能力现代化若干重大问题的决定》	全会提出，"坚持和完善党的领导制度体系，提高党科学执政、民主执政、依法执政水平"；"完善党委领导、政府负责、民主协商、社会协同、公众参与、法治保障、科技支撑的社会治理体系，建设人人有责、人人尽责、人人享有的社会治理共同体"	这不仅标志着社会治理已经上升到国家制度体系的新高度，也体现出推进社会治理体系和治理能力现代化建设已成为我国新时代的重大发展战略，为新时代加强和创新社会治理提供了根本遵循，更为新时代政法工作高质量发展指明了方向

续表

时间	背　　景	内　　容	评　　价
2020年5月	十三届全国人大三次会议召开，李克强总理在《政府工作报告》中提出要求	"加强和创新社会治理"，完善社区服务功能	强调社区服务功能在基层社会治理中的关键作用
2020年1月	中央政法工作会议	强调"把基层社会治理现代化作为固本之举，推动新时代'枫桥经验'制度化，建立重心下移、力量下沉、保障下倾的体制机制，努力把一般性矛盾问题解决在基层、化解在萌芽"	坚持把加快推进社会治理现代化作为这一阶段政法工作的主轴，召开平安中国建设工作会议，以社会治理现代化夯实"中国之治"的基石；要求抓好矛盾风险源头防控达到社会治理的最佳效果，就是将矛盾消解于未然，将风险化解于无形
2020年10月	党的十九届五中全会	提出了"十四五"时期经济社会发展主要目标："国家治理效能得到新提升，社会主义民主法治更加健全，社会公平正义进一步彰显，国家行政体系更加完善，政府作用更好发挥，行政效率和公信力显著提升，社会治理特别是基层治理水平明显提高……"	党的十九届五中全会对加强和创新社会治理提出了新要求，这是党中央从统筹国内国际两个大局、办好发展安全两件大事、推进国家治理体系和治理能力现代化的战略高度提出的一项重大任务，以社会治理现代化夯实"中国之治"的基石的题中之义
2020年12月	中共中央印发《法治社会建设实施纲要（2020—2025年）》	明确指出完善社会治理体制机制需要"引领和推动社会力量参与社会治理，建设人人有责、人人尽责、人人享有的社会治理共同体，确保社会治理过程人民参与、成效人民评判、成果人民共享"	要求社会治理法治化水平显著提高，形成符合国情、体现时代特征、人民群众满意的法治社会建设生动局面，为2035年基本建成法治社会奠定坚实的基础

续表

时间	背　景	内　容	评　价
2021 年 1 月	中央政法工作会议	"推进基层社会治理体系建设，努力把矛盾纠纷化解在基层。坚持和发展新时代'枫桥经验'；完善'综治中心+网格化+信息化'的基层社会治理体系……"	这一阶段制定关于推进市域社会治理现代化的意见、试点工作方案和工作指引，启动全国市域社会治理现代化试点工作，积极探索具有鲜明时代特色、彰显市域个性的社会治理新模式

除却上述对党和国家层面大政方针的梳理，全国各地方政府以及各个政府部门都出台了相应的政策、规范性文件与办法等来推动全国范围和本地区基层社会治理的发展，完善基层社会治理体系的各种规定见于诸多政策文本以及规范性文件与办法之中，既有整体宏观层面的规定与指导，为各地进行基层社会治理提供相应政策支撑，又有细化规定，对各治理主体参与基层社会治理的原则、条件、要求、程序、保障措施等方面进行规范，在很大程度上促进了基层社会治理体系的发展与完善，使得各级地方政府能够从地区实际出发，创新工作方法，注重发挥自身及其他社会组织在基层治理过程中的重要作用，从人力、物力、财力等方面保障基层社会治理的有序推进

(二)政党治理——党委领导

在基层社会治理系统中，明确不同治理主体所扮演的角色与职能定位是顺利开展基层治理的基础。"政党治理"的过程是追求政治合法性（political legitimacy）[①]和治理现代化[②]的过程，是政党不断调整自身、提升治理手段、明确治理内容，从而达到治理体系中不同主体之间运作机制的完善、组织制度的健全以及配合协作能力的提升，实现主观与客观、理论与实践、治理能力与治理制度

---

①　"政治合法性"是一个学术化(政治哲学)的概念，也是一个现实性很强的术语。有人把它解释为正当性、正统性、合理性，说明政府实施统治在多大程度上被公民视为合理的和符合道义的。也有人把它定义为"认受性"，即认可、认同并接受的意思，反映统治者(政府当局)与被统治者(公民)在观念和价值追求上的一致性(共识)。

②　"现代化"概念最初来自经济领域，指经济上落后的国家通过提高技术水平，使传统制度适应于各种功能性变化。政党治理现代化从经济领域延伸而来，其本质就是现代化，要求把现代化视为衡量政党治理的标准。

之间的相互契合。① 党的各项会议、通过的文件，都在不同程度和方面体现了"政党治理"的关键。

1. 党委领导的表现

党的领导通过各级党组织渗透到基层，再通过各基层党组织将党的领导全方位覆盖，辐射至各地，形成党建引领基层社会治理的样态。基层社会治理论域中，基层行政区域包括县级及以下。因此，参与基层社会治理的党委与政府部门也应包括县级及以下的组织和部门以及对应区域内行政机关、企事业单位、社会组织中成立的组织。自中央到地方再到基层，党的领导权力都呈现出"条块结合"的特点。就党对基层的领导而言，基层党组织主要负责对党的重大决策部署及方针政策的执行和落实，以及对所在基层地区各单位工作人员的监督和当地民主自治的维护。不同基层机关要突出政治功能和组织力，完善基层组织体系，打破行政壁垒，强化系统建设，将各街道及其所辖范围内的社区网格员、党员及各党组织的作用联合起来，使各单位部门、行业领域及其党组织与广大群众之间形成合力，建成各主体间相互协同、整体联动的共建共治共享的共同治理新格局。

2. 党委领导的内容

中国共产党自建立以来，带领中华民族和中国人民取得了举世瞩目的伟大成就，也带领中国社会不断走向现代化。具体而言，中国共产党的领导主要包括党对政治组织的领导、党对国家政权的领导及党对社会力量的领导等。

（1）党对政治组织的领导

随着国家治理体系和治理能力现代化的不断推进，党的权力构造也在不断丰富和完善。党的中央领导机构已经由中华人民共和国成立初期的个别部门发展成为兼具政治、组织、宣传等多项权力的十个部门。党的政治领导主要体现在党对国家的基本政治路线、所应遵守的纲领准则、重大决策部署等予以制定的权力；同时也运用于党对自身领导地位与权威的捍卫。在实践中，由党的各级代表大会与各级党委会负责行使党的政治领导权。在党的政治领导中，主要强调党的各项

---

① 王长江. 政党现代化论[M]. 南京：江苏人民出版社，2004：29.

权力行使须在党的政治路线内并主动及时服务于党的政治路线、思想路线等重要方针路线，维护党中央的权威性，同时确保党执政角色扮演的合法性、科学性、先进性与纯洁性。在明确方向与前进道路的条件下，突出党的核心作用，推进党的各项事业发展。

党的政治路线集中体现了党的政治领导权，但党的政治路线如何制定、依据如何是另一个值得思考的问题。在实践中，党的政治路线往往以一种外化的形式表现出来为人们学习和遵循，但在政治路线的背后所蕴含的是党最为核心的思想、理念与宗旨。思想、文化与理念这些看似无形的事物实则具有无比强大的影响力，而且思想文化的领导不但能够决定政权的掌握者，也能够控制社会的整体意识，从而真正掌握主动权。自中国共产党建立至今，一直都十分重视思想理念的宣扬与传播，党的宣传部门与宣传工作自始至终都是我党各项工作开展的重要依托。而宣传工作的核心便在于将执政党的思想理念以多样、巧妙的方式烙进民众心里，通过统一广大民众的思想意识来实现精神意识层面的领导。

党的组织领导权从某种程度上决定着党组织的人员构成，因此党的组织领导权也是党选贤用人的权力。而我党长期所呈现出的组织权力运行模式主要是由党对干部进行管理。具体而言，首先，党对干部、人才选用的方针、政策、具体标准、要求都必须明确，并对相关程序与资格限制作出说明；其次，由各党组织对自己的干部进行直接管理，同时党内干部的推荐权与提名权必须由党组织自身掌握；再次，党内干部入职、晋升及调动等流程均由党组织自己负责，且强调对实践能力强的干部的重视；最后，通过组织领导权的行使进一步贯彻落实党的方针政策。

（2）党对国家政权的领导

党对国家政权的领导首先表现为党对人大的领导。党对人大的领导是党对国家政权进行领导最突出的体现，党与人大间的领导关系也是党与政府间关系的集中体现。全国人大由全国各地区、各阶层、各民族、各团体选举的代表组成，代表着全国最广大人民群众的根本利益。党对人大的领导一般主要表现为党委对人大的领导，尤其是党委对人大常委会党组的领导。但在不同情况下也会运用除此之外的领导方式，如对直接领导与间接领导的分别运用。一般通过由某人同时身兼党的领导者与国家机构领导者的方式实现直接领导，而间接领导则不同于此，一般对地方各级人大的领导属于间接领导。

其次是党对政府的领导。由于一般情况下政党能够直接管理和约束的只有属于政党的成员。在我国，共产党能够直接领导与管理的便是共产党员，但党员的数量是有限的，并非全体民众都是党员，也并非人人都可以成为党员。同时，党对党员的发展也有严格要求和完整的程序。因此，便需要一支能够更加紧密地连接起党与人民群众之间关系的力量，这支力量便是政府。通过这支中间力量，能够使党的意志得到执行，也能够使全体民众都得到党的领导和管理。

最后是党对司法机关的领导。公检法司各机关是实现社会公平正义、维护社会安全有序的重要力量，是全面依法治国的核心组成部分。因此，党对于司法机关的领导更多体现在思想和政治上的领导，而不涉及具体业务上的领导，司法需要保证相对的独立性，这样才能实现公平公正地审判，避免出现领导专断或个人擅断的情形出现，从而维护广大人民的根本利益，实现民众对司法裁决的充分信服。但各司法机关的党组必须发挥好党的领导核心作用，带领本单位学习、贯彻、落实党的方针政策。

（3）党对社会力量的领导

人民群众是历史的创造者，也是推动社会前进、实现社会变革的决定性力量。但不论是个体或群体都难免存在其自身的缺陷与不足，尤其是当群体意志与个体意识相比较时，群体意志便会应然地取得优势，进而个体意志便会被选择性忽略。长期以来，我国以经济效益作为考核地方党政干部的治理绩效评价标准，导致地方政府在进行政策选择时往往以自身偏好为动力机制，选择性实现相关政策、制度，其权力实现的科学性、合理性直接关系到基层民众的权利实现和发展程度。针对这种不足之处，民众也积极寻求和探索解决的方案，但都收效甚微。而党的领导可以更好地解决政府有限理性背景下选择性履行职能的困境。党通过国家的重大方针政策，采用民主集中制的组织和决策形式，将人民的意志上升为国家意志，进而通过政策指引予以落实，实现对政府有限理性的纠偏和对社会广大人民利益的维护。坚持"以人民为中心"的立场是习近平治国理政思想的出发点和归宿，人民不仅是地方治理的参与者和实践者，更是地方治理的价值主体。现代治理以追求"善治"为内在灵魂，始终恪守以增进人民福祉、让地方发展成果由人民共享的根本目标。

(三)政府治理——政府负责

人类社会较早对与政府相关的现象展开了研究。早在古希腊时期,就有学者提出"政治正义"学说,虽然长久以来学界展开的相关研究直接促进了国家发展与社会进步,但学者们对"政府"的定义并未达成共识。当前学者们对政府定义所作的研究主要可以分为广义与狭义两种。广义的政府包括国家立法机关、行政机关、司法机关,是一个国家行使国家权力的全部主体。该理论主要源于"国家与社会""权力与权利"二元对立的思想,将一切行使公权力的机关均视为政府机关。因此,便应然地包括立法、执法、司法以及行政管理的权力。狭义的政府是指行使国家行政权力的组织体系,主要指国家行政机关。以上两种政府的定义都体现了国家与政府之间密不可分的关系。换言之,政府是国家的代理机构,是国家意志的具体执行者。但鉴于司法权属性的被动性、独立性和立法权属性的专门性、独立性,与行政权力的非独立性存在明显的区别,因此,本书所提出的我国基层社会治理中政府部门主要指政府行政机关这一单一主体。

1. 基层社会治理中的政府

我国对行政区域所进行的不同级别划分是国家实行分级管理的具体体现。本书基层社会治理论域中的基层主要是指狭义上的基层,开展基层社会治理的行政区域也主要指市级以下的行政区域,与之对应的基层社会治理中的政府也主要指县(区)级、乡(镇)级政府。需要强调的是基层村委会与居委会不属于基层政府,是我国民众进行自我管理、自我教育、自我服务的基层群众性组织。在我国政府体制中,县政府是衔接上级政府与基层乡(镇)政府的重要一级,其组织结构、职权范围与上一级政府基本相对应。在国家与社会的发展过程中,县政府承担着落实中央政策与农村政策的具体任务,同时也在很大程度上决定着该县域的经济发展。乡(镇)一级的政府包括乡、民族乡、镇的人民政府,是国家最基层的政权组织。乡(镇)政府作为相对直接与民众产生正面交流的基层政府,往往承担着解决各种民众与政府之间的矛盾和问题,民众对各项工作的不满、对政策落实的质疑、对公共服务的新需求等都需要乡(镇)政府出面调解和解决。

2. 政府负责理念的落实途径

政府治理系统之所以被称为"治理系统",并不意味着在该治理系统中只有政府主体的单独存在与运转。在政府治理系统中,我们想要更加强调和突出的是政府的职能与作用。政府所扮演的不仅仅是一个单纯的参与者,在整个系统当中,也承担着责任者的角色。政府对国家与社会发展中的具体事宜负责且承担起自己应尽的职责,政府治理系统的良性运转同样离不开与其他要素的良性互动。近年来,国家环境安全、生产安全、生物安全等方面的威胁与问题更加复杂,新的挑战和问题不断出现,各级政府也在解决各类问题中积极承担责任、扮演不同的角色,通过对不同角色的扮演承担基层社会治理中的政府责任。

(1)政府治理系统中的"管理者"

虽然近年来"社会管理"实现了向"社会治理"的转变,但这只是就社会治理模式而言,并不等同于对"管理"的全面否定和抛弃,政府在某种程度上仍然承担着"管理者"的角色。但随着社会的进步与发展,政府所扮演的"管理者"角色早已不是传统意义上的管理者。尤其是在社会非正式力量发展起来之后,社会自治体系的构建进一步促使政府对其管理者的角色进行调整和转变,要求政府要以崭新的面貌和状态重新扮演其"管理者"的角色。

当前基层社会治理中的各级政府积极响应国家"放管服"的改革政策,逐步将原本自身行使的权力下放至基层和社区,明确了其新的管理职责。与此同时,基层社会治理中的相关政府部门紧跟国家治理现代化建设步伐,将基层社会治理中的重点、难点等核心问题与挑战集中起来解决,并进行更加精细化的分工安排,从而提高在基层社会的公共安全保障、主体诚信问题和流动人口问题等方面的治理水平。但随着政府职权的下放,基层政府难免将压力转移至基层社区,随之也容易造成基层社区的"行政化"。基层政府在履行管理职责的过程中也在平衡其与服务职能间的关系,即管理与服务的关系。政府通过创新基层社会治理的方式,将管理与服务相结合,将"管理"寓于"服务"之中;通过推进与其他主体的合作治理,依托基层组织、社会组织、社会团体、志愿者等完善基层社会治理网络;通过重视政务公开、尊重群众权利和意见,推进基层民主的实现。此外,在基层社会治理中的突发事件应对治理中,政府也积极发挥其职能作用,通过科学、动态、多样的应对方法化解矛盾。

（2）政府治理系统中的"服务者"

在政府治理系统中，政府扮演的角色是多样的。其中，服务者也是其经常扮演的角色之一。基层社会治理效能和水平也会从侧面反映出政府的能力，影响政府在居民群众心目中的地位，也影响群众对幸福的感知以及对政府能力的评价。实践中，政府往往需要从多个方面和不同层次努力扮演好服务者角色，履行服务职能。一方面，基层政府对基本的公共服务供给要有所保障，通过与市场合作、购买服务以满足民众的公共服务需求，提高服务质量；另一方面，基层政府要通过丰富公共服务的内容，创新公共服务提供的方式，在了解基层民众现实需求的基础上，提供有针对性、精细化的服务。而且，在基层社区，农村与城市的公共服务水平、公共服务需求都呈现出不同的特点，不同地区的农村与城市社区又各自呈现出不同的特点，因此，政府在提供公共服务的过程中，也在尽力考虑这一差异，满足民众多样化的需求。此外，政府在基层社会治理的服务职能履行过程中，也在通过自身能力为多元主体的协作创造条件、提供保障。政府虽然也只是构成多元治理体系的主体之一，但因其职能与构成不同于其他社会主体，且享有资源配置的特殊能力，因此，政府承担的责任也不同。

（3）政府治理系统中的"引导者"

政府治理系统中，基层社会治理的"引导者"也是政府所扮演的又一重要角色。其实，从某种程度上讲，"引导者"是相对于之前的"主导者"而言的。因为曾经在"社会管理"阶段甚至更早，都将政府视为社会管理中的"主导者"角色。但是随着治理理论的深入与现实需求的变化，政府不再以"主导者"的身份参与社会治理，"引导者"更为适合当前的治理体系建设和社会需求。政府在发挥引导作用的过程中，将自身的各种职能综合起来，共同为多元主体的协同行动提供支持和保障。同时也需要政府走在规则制定的前列，以相关制度和规则为引导，规范基层社会治理的各个方面。如针对基层选举中的问题制定出相应的解决办法，完善相关规则。此外，政府作为"引导者"，对社会非正式力量的引导是其最重要的任务。一般情况下，我们将党委、国家机关和政府部门等都称为国家正式力量，此类主体内部都具有系统的约束和规范，而社会非正式力量是一个相当庞大的群体，组织结构也十分复杂，具有很大的不稳定性，而且社会力量群体中的能力与水平参差不齐,思想意识也具有差异,因此亟须政府正面、积极、及时的引导。

(4)政府治理系统中的"保障者"

政府在社会治理中除了管理、服务与引导之外,另一个基本角色是"保障者"的角色。正如"保障者"这个角色所表达的意思一样,政府对这一角色的扮演和责任的承担是保障政府治理系统正常运行的基础。党的十九届四中全会提出,坚持和完善共建共治共享的社会治理制度,保持社会稳定,维护国家安全。而政府是政策措施的形成者与具体实施者,通过制度制定和实施对基层治理主体的行为进行规范也是促进有效治理的保障之一。以基层社区治理为例,在社区中虽然存在开展居民自治的居民自治组织,而且在居民的自我管理与日常生活中发挥重要作用,但作为社会自治组织,并不具有资源配置、统筹发展的能力与资格,也不具备制定规则的资格。因此,基层社会的发展落实、方向确定以及制度选择都需要政府出面并发挥实际效用。同样,与社会力量相比,政府具有稳定的资源优势与相对充足的经费支持,不但能够满足政府部门的日常运转需求,也能够对社会力量予以扶持,提高社会自治能力和水平。最后,政府在技术水平与技术资源方面也具有相当的优势,但基层社会力量的水平参差不齐,技术保障难以实现,而政府则能够用其特有的技术资源帮助民众等社会力量提高自己的能力和水平,助力于社会治理的实践。

(四)社会治理(一)——社会力量

基层社会治理是一种"以人民为中心"的治理方式。① 在一定程度上,其治理方式已经突破了传统的管理模式,强调多元主体参与、注重人民价值利益的实现,不断通过改革实践创新推动治理效能的实现。回顾党的十八届三中全会上关于社会治理体制的重要表述,除了保留党的十八大关于党委领导的提法以外,其他都有了新变化。通过融入多元主体、加强科技支撑,确立不同主体的地位和运作体制机制,注重社会治理的全面性等内容,极大地丰富和提升了我国基层社会

---

① 程竹汝,任军锋.当代中国政党政治的功能性价值[J].政治学研究,2000(4):30-35.

治理的制度体系和治理效能。当前我国社会体制改革的目标就是努力提升社会治理效能，将制度优势转化为治理效能，实现国家治理体系和治理能力现代化。在多元主体共同构建的基层社会治理网络中，各种社会化组织机构也是其中的重要组成部分。而且，随着其独特作用的凸显，实践中对社会化组织功能发挥的需求不断增加，随之也要求完善社会化组织的管理支持体系。

1. 社会组织及其作用发挥

近年来，"社会组织"一词经常被频繁使用于各个行业、领域及场合，但在不同情况下，使用者对"社会组织"一词所赋予的含义或其所指代的主体范围并不完全一致。社会组织的内涵和管理机制等内容经历了诸多变化，直到党的十六届三中全会才正式使用"社会组织"这一名词，并在党的十七大后得到了进一步明确和认可。社会组织主要分为广义与狭义两种理解。在广义层面，主要强调社会组织服务于社会领域的特点，将社会组织界定为在政府与企业之外，向社会某个领域提供社会服务，并具有非营利性、非政府性、志愿公益性或互益性特点的组织机构。① 这一界定首先对社会组织的存在形式进行了肯定，认为社会组织也是一种组织机构，并且明确认识到了社会组织的基本特点，将社会组织与政府机关及一般的企业进行了明确区分，具有一定的合理性。也有观点认为，社会组织是指活跃于社会领域，相对独立于国家系统和执政党系统、市场系统，以分享社会权力、协调社会关系、提供社会服务为主要职能的组织机构。② 将社会组织与党、政府等国家正式力量区分开来，同时也肯定了其在社会治理中的作用。

在狭义的层面，社会组织是指为实现公益目标，在社会领域通过志愿而结成，具有正式结构，从事特定领域工作的自治性合法组织。③ 这一视角下的社会组织更突出和强调公益性，同时也强调了其存在形式的合法性，对社会组织有了更为严格的界定。因此，综合以上既有的关于社会组织的界定，我们可以将我国

① 王名. 社会组织概论[M]. 北京：中国社会出版社，2010：6.
② 邓亦林. 制度环境演化与中国特色社会组织发展研究[M]. 北京：中国社会科学出版社，2017：36.
③ 陆明远. 培育与规制：中国政府的社会管理模式研究[M]. 天津：天津人民出版社，2010：68.

的社会组织界定为一种提供社会公共服务、行业监管等服务的非营利性民间组织。当前，我国的社会组织种类数量逐步增加，其中，社会团体、非企业的民办组织、基金会等都属于社会组织的范畴。但我国社会组织的产生较晚，在角色定位、功能发挥等方面尚有很大的发展和进步空间。

2. 社区及其作用发挥

当前社会中对"社区"一词的使用也十分频繁，社区是基层社会的重要组成单位，基层社会基本可以分解为对不同社区的治理。社区是一个区域化和群体化的概念，因而具有较为普遍的适用性和广泛性，契合了国家以地区为单位划分的国家治理模式，也契合了当前科技支撑背景下，基层社会治理网络化、精准化的发展趋势。而且，不论在实践还是在理论研究中都有"农村社区""城市社区"的区分与说法。但是，以上表达中所指"社区"的内涵是否相同，实践中是否对"社区"的外延和边界作出明确区分，对"社区"一词的使用是否过于泛化是值得探讨和思考的问题。

在德国著名社会学家费迪南德·滕尼斯的论述中，"社区"是一种社会共同体类型，是一种高度"人口同质性"的群体，拥有相近价值取向，表现为"亲密无间""守望相助"的人际关系，它不是社会文化建构的结果，更多的是由地域、血缘、风俗、习惯等自然原因造就的。① 在社区与社会之间的区别呈现中，可以发现社区更为强调血缘、地域、习俗等因素，并且认为同一社区中的个体在价值偏好方面具有一定的相似性；而社会则更为强调民族性、文化性，这一论述中的社区与乡村之间具有许多的共性。农村由于受到地域、血缘等方面的影响，同村村民之间大多有不同程度的亲缘关系，彼此之间相互照应、比较熟悉与亲密。而大部分城市社区并非如此，聚集在不同城市社区中的个体则受收入水平、价值观念等诸多因素的影响，与农村相比，亲缘关系的影响极弱，彼此之间的交流较少，是诸多不同的独立小群体。

因此，当前我们对社区内涵和外延的界定也应当从多个方面入手，与不同的

① 童星，赵夕荣."社区"及其相关概念辨析[J].南京大学学报(哲学·人文科学·社会科学版)，2006(2)：67-74.

参照主体相比，其自身的含义就有所不同。与整体的社会相比，社区是社会的构成要素，也可以称之为小的社会；与社会团体相比，构成社区的个体在职业技能方面并无统一要求；与政府相比，社区是在一定地域中所生活的居民组成的自治组织，接受党和政府的领导。

3. 社区工作者及其作用发挥

社会治理强调多元主体通过协商、协作的方式实现对社会事务的合作管理。在多元主体共同参与的基层社会治理体系中，除了各级党委的领导与政府部门职能作用的发挥，还有广大社会力量发挥着重要作用。因此，在社会治理系统中，更加突出的是社会力量的协同参与。"社会协同"的社会资源，并不仅仅指"社会组织"或"民间社会组织"，它包括市场化的保安力量与社会化的治安防范组织，也包括志愿者、社区工作者、普通民众等。

(1) 社会化的治安防范组织

保安人员作为社会治安防控体系的重要组成部分，协同公安机关与其他社会力量对社会"由治达安"的实现发挥着相当重要的作用。保安服务公司是公安机关监管下的一支市场化的社会治安防范力量，在协助公安机关维护社会治安、建立新形势下的治安防控体系中有着极其重要的作用，是维护社会稳定、维护公共安全和治安秩序的重要治安社会力量和辅助警察力量，是群众路线在立体化社会治安防控体系中的具体应用。2019年修订的《保安员国家职业技能标准》根据《中华人民共和国职业分类大典（2015年版）》的相关内容，进一步将保安人员界定为"受聘于保安公司，对一定的对象和目标施以保护，提供安全服务的人员"。[1] 而参与社区治安防控工作的保安人员不仅包括受聘于保安服务公司者，也包括直接受聘于物业公司和各单位者。具体而言，安保人员既包括物业管理公司、各机关、团体、企事业单位自行聘请，与物业管理公司、各单位之间建立劳动关系的保安人员，还包括由物业管理公司与保安服务公司之间建立劳务派遣协议，由保

---

① 在《中华人民共和国职业分类大典（2015年版）》中，保安员职业是第四大类"社会生产和生活服务人员"中"租赁和商务服务人员"中类、"安全保护服务人员"小类中的职业细类，代码是4-07-05-01。参见国家职业分类大典修订工作委员会. 中华人民共和国职业分类大典（2015年版）[M]. 北京：中国劳动社会保障出版社，2015：47-194.

安服务公司负责派遣的保安人员。马克思认为，安全是公民社会至高无上的概念，① 而保安人员正是维护公民日常生产生活安全的重要力量。虽然以上两种保安人员所属单位有所不同，但都是在为基层提供有偿的安全服务。

（2）社区工作者

我国民政部曾从政府层面对社区工作者作出比较宽泛的定义，将除职业化的社区专职工作人员之外的社会中介组织与社区志愿者都纳入了社区工作者的范围。随着社会工作学界的重视与探讨的不断深入，研究者逐渐对社会工作者作出了更加专业的定义。本书所涉及的参与基层社会治理的社区工作者与上述研究者给出的界定具有一定相似性，社区工作者不属于国家公职人员，与基层街道（乡镇）是聘用或雇佣关系，即指经过一定程序和条件的选拔后，由各街道（乡镇）所聘用的，在各社区党组织、居委会、社区服务站为社区居民提供相应服务的专职工作人员。

（3）志愿者组织

王浦劬认为："从我国协商治理的实践经验来看，从意见协调、利益整合到共识达成、矛盾化解，尤其需要以信任为核心的社会资本和以理性协商为基础的公共精神，社会资本和公共理性构成协商治理的文化基础。"②志愿者群体作为这样一支蓬勃发展的社会力量，理性负责地参与治安防控，对实现社会"由治达安"具有积极的促进作用。我国最新修订的《中国注册志愿者管理办法》中，将志愿者定义为："不以物质报酬为目的，利用自己的时间、技能等资源，自愿为国家、社会和他人提供服务的人。"③这是对志愿者广泛意义上的界定，其中包括了在共青团组织及其授权的志愿者组织注册登记、参加服务活动的注册志愿者。但参与基层社会治理的志愿者，既包括在共青团组织及其授权的志愿者组织注册登记后参加服务活动的志愿者，也包括一些临时性的、在紧急时刻通过发挥自身专长而自愿参与基层治理的志愿者。我国大部分志愿者组织的成员也主要"来源于

---

① 特雷弗·琼斯，蒂姆·纽伯恩．私人安保与公共警务［M］．南京：南京出版社，2013：35.

② 王浦劬．中国的协商治理与人权实现［J］．北京大学学报（哲学社会科学版），2012（6）.

③ 共青团中央．中国注册志愿者管理办法［Z］，2013：11.

社区，服务于社区"，以满足社区安全秩序等需求为主要服务内容，同时也由社区内不同职业、不同年龄的居民组成。著名心理学家马斯洛把人的需要分为五个层次，其中处于最高层次的自我实现需要，强调人的价值观、责任感、示范带头作用等，鼓励实现人的自我潜能和自我价值。① 而争做志愿者、积极参与志愿服务活动正是对自我实现需要的一种追求，自我实现需要也必将为志愿服务提供最持久的动力。与此同时，通过从事志愿服务满足自我实现需要也是对安全需要和其他需要的一种升华。

（五）社会治理（二）——公民参与

社会公众的角色具有多样化。公民参与理论的先驱谢尔·阿斯汀认为："公民参与是一种公民权力的运用，是一种权力的再分配，使目前在政治、经济等活动中无法掌握权力的民众，其意见在未来能有计划地被列入考虑。"②此观点之中的公民参与也是为了保障大多数或者更多民众的权利得到实现，同时，这对公民参与的理解与对民主的追求和实现达成了共识。

1. 公民参与基层社会治理的保障

公民参与兴起的起点源于对公民认识的深化和公民自身意识的崛起。因此，公民作为社会治理的重要力量，其参与程度很大程度上取决于对公民权利的明晰和公民社会文化氛围的营造。就公民权利的概念本身而言，同大部分基础性概念一样，都经历了产生、发展、完善、丰富的过程。早在古希腊时期，城邦尚未产生公民权利的概念，但产生了较为强烈和突出的权利意识，公民在国家各项事务中都扮演着重要角色，是国家事务开展的主体。③ 在这一公民的概念界定中十分强调公民的政治权利，而且公民的这一政治权利在国家的运行中发挥着重要作

① 马斯洛的需求层次理论把人的需求分为生理需要、安全需要、归属和爱的需要、自尊需要、自我实现需要五个层次，其中生理需要是最基础的需要，其他需要都比前一个层次的需要高一级，自我实现需要是最高级的需要。他们都是人的基本需要。参见［美］亚伯拉罕·马斯洛. 动机与人格［M］. 许金生，等，译. 北京：中国人民大学出版社，2007：67.

② Arnstein, Sherry "Aladderof Citizen Participation", Journal of American Institute of Planers, 1969, Vol. 35.

③ 馨元. 公民概念之演变［J］. 当代法学，2004（4）：72-83.

用。随着公民概念的发展，近现代的公民有权利选出代表各自意志和利益需求的代表，并由自己所选出的代表统一行使国家权力。这也体现了公民权利与国家权力之间的相互作用与联系，即国家权力的行使是对公民权利实现的保障，对公民权利的保障也能够进一步推动国家权力的运行。在我国，一般将公民的权利理解为该公民在国家法律范围内所拥有的、由政府予以保障的权利，主要是指由宪法、法律所规定的公民的基本权利。我国宪法与其他法律对我国公民的基本权利与特殊权利进行了详尽规定。

2. 公民参与基层社会治理的途径

在社会中，社会公众除去公民这一国家身份之外，每个人都在自己的工作岗位上扮演着各自另外的角色，可能是国家机关工作人员、企事业单位工作人员、自由职业者，当然也会是保安人员以及上文提到的社区工作者、志愿者等。但在公众治理系统中，我们在不否定以其他第二甚至第三身份参与治理并发挥作用的同时，更加突出以社会公众这一第一角色或者总体角色参与基层社会治理，即社会自治的作用发挥。社会自治主要有村民自治、社区自治和社会组织自治三种形式，社会自治的形式丰富了社会自治的内容，使社会自治得以具体落实。具体形式的社会自治若要得到贯彻落实，需要一些具体的、可操作的制度来辅助其运作。民主选举、民主决策、民主管理、民主监督就是具体的社会自治活动，社会自治主体就是通过一系列自治活动来行使社会自治权，践行社会自治制度。

民主选举指一定自治范围内的全体社会自治主体通过全体会议的形式，依据法律法规规定的选举规则和程序进行民主选举的活动。民主选举实行普遍原则、平等原则、差额原则、无记名投票原则、公开计票原则等。民主选举主要是选举社会自治组织的组成人员，以使社会自治组织正常工作，行使社会管理与服务的职能。民主选举具有自由、竞争、公开的特点。

民主决策指全体社会自治主体组成的全体会议及社会自治组织的决策机构按照科学的决策程序，采纳各方意见与建议后由全体决策者集体作出表决。民主决策的科学性、合理性、合法性取决于决策的方式和参与的主体。决策的方式直接决定决策的科学性，科学合理的决策必然经过广泛的讨论、科学的论证和广泛的民主投票来决定，其中少数服从多数或绝对多数表决成为程序上决定决策科学性的重要方式。另外，民主决策的实质科学性取决于民众的权利意识和责任意识，当投票成为一种手段，滥用投票权则可能成为大多数人的暴政。因此，对于科学决策还应当不断唤醒民众的理性判断能力和意识，使其自觉抵制跟风，对自己的决定负责，进而推动民主决策的实质科学性和合理性。同时，也可以建立决策纠偏和监督机制，防止民主决策的异化。

民主管理指社会自治主体通过全体会议、社会自治组织的决策机构、社会自治事务与活动公开等形式参与社会自治活动。国家治理并不能渗入到社会的各个角落，这就要求社会具有一定治理能力，从而缓解国家治理的压力。改革开放以来，整个社会被卷入一个开放的、流动的、分工的社会化体系中去，这为社会发挥协同治理的功用提供了可能性。国家一方面要允许社会有一定的民主管理权利，这是对社会事务进行自我管理的前提，给社会充分的自主权；另一方面在社会内部，各个社会自治组织内部要充分民主化，使得公众积极参与社会自治活动。具体来说，一是要建立完善的法律体系为社会自治主体参与社会管理与服务提供法律保障。二是要健全社会自治组织，降低社会自治组织的成立条件，使更多的社会自治组织成立且服务于社会自治活动。三是不断完善民主管理的内容，扩大民主管理的范围，丰富民主管理的形式。

民主监督指社会自治主体通过提出建议和批评、设立社会自治监督机构等形式，监督社会自治组织改进工作作风，提高工作效率，克服官僚主义，从而有助于社会自治活动更好地展开。加强民主监督是社会自治活动的必然要求，社会自治组织掌握着社会群体内的公共资源，关乎社会自治群体的共同利益，为了使社会自治群体成员真正得到实惠，就必须加强对社会自治组织的监督。一是要建立较为完善、体系严密的民主监督制度，相关自治主体也可以效仿村务公开制度而建立相应的财务制度，从而对自治组织的经济情况进行较为全面的监督。二是要完善民主监督机构，例如村民代表会议的民主监督功能、村务监督委员会的监督功能等。由于村民自治在我国实行的时间相对较长，因而可以成为其他自治形式效仿的对象，其他自治组织可以在组织结构上对村民自治进行效仿。三是监督内容上的完善，不断扩大监督范围、监督力度和监督内容，形成内外部监督、上下级监督、巡回监督、舆论监督等全方位、多样化监督体系。

（六）基层治理——政策落地

基层治理相较于其他治理方式的边界并无统一认识，原因在于"基层"的概念具有相对性，对基层社会的理解，不仅从行政管理系统入手，还要从社会架构和组织性质入手，全面准确地对基层社会进行界定。例如，在行政管理体系下，市级较于中央政府属于基层，但对于市级，县乡、街道、社区、行政村属于基层单位。因此，基层社会治理的逻辑起点和实效终点最终还是要落实到区县、城市社区和乡村。基层社会治理行为的完成主要由相关干部、群众本着民主、公正的原则进行治理，强调对公民群众公平和正义利益的维护，能够使矛盾问题化解在基层，实现基层社会的善治。

1. 构建基层社会治理的制度保障机制

基层社会治理制度保障体系随着中国特色的法律体系基本形成而逐步完备。国家制定的法律法规相继出台，结合地方立法权，形成基层社会治理领域的法律依据。宏观层面有法可依是保障基层社会治理有序推进的现实依据，达到基层社会治理法治化是实现经济社会各领域健康有序发展的前提。因此，当前我国形成一套全方位、多层次的法律法规，使得基层社会治理组织机制、权责架构、运作程序、监督反馈等全方位、多层次得到保障。《关于在全国推进城市社区建设的意见》《关于深入推进农村社区建设试点工作的指导意见》《民法典》等政策文件、法律法规均对基层社会治理相关工作进行规定。基层社会治理的主要实现路径包括城市居民自治、农村村民自治、民众的基本权利义务、服务型政府的权力义务、民众监督权、结社权、言论自由权等规定得到保障。同时，《民法典》也赋予群众性自治组织特别法人资格，解决了自治组织的民事法律地位问题，进而提升了其社会活动的参与性和能动性，对自治水平和效能的促进起到重要作用。此外，基层社会治理相关法律制度的重要功能就是规范政府部门的行为，限定其权力边界，保障基层自治主体的合法权益。因此，在治理路径和治理方式的选择等方面，要以限制公权力、保障私权利为出发点与归宿。

在基层社会治理实践过程中，需要不断完善相关制度性依据，实现基层社会治理的系统化、体系化、机制化，也要不断契合本地的实践，实现基层社会治理的地方化、特色化发展，上接中央大政方针，下对基层贯彻落实，对基层社会治理开展更进一步的探索和实践。设区的市政府拥有立法权，区一级的市及以下地方不具备立法权，但能够在国家、省、市法律政策框架下，结合地方实际，制定规范性文件，从制度和政策上支撑和支持基层社会治理。地方性法规、政府规章、文件相继出台，用于指导本地区基层治理工作。在此过程中以实体化、实战化服务基层法律建设为指导，坚持用制度规范约束行为主体，为基层矛盾纠纷化解和基层事务具体落实搭建公平公正的协商平台和制度框架。

2. 完善基层社会治理的组织协调机制

基层社会治理的有序推进，不仅依赖党委、政府机构主体起主导作用，还需要充分发挥社会组织成员的作用，构建基层治理协同发展机制。基层治理中矛盾问题复杂的情况，决定了基层治理中要整体谋划、统筹推进。一是坚持党委、政府的领导作用。二是各个职能部门要切实担负起责任，严格按照法定职权和程序，执法严明。完善行政执法岗位责任制和责任追究机制，严防权力乱用和滥用。三是积极推动群众自治。通过健全群防群治机制，积极推进基层自治组织的自我管理、教育、服务和监督；通过加大社会力量的协同机制，努力实现民事民议、民事民办；通过动员各方面的社会力量，包括社区工作者、义工、群防群治队伍等，参与基层治理，实现多元主体共同治理的良好局面。建立完善基层社会治理工作联动协调机制，整合现有专业治理队伍力量，包括乡镇综合治理机构、村民委员会、居民委员会基层组织、社会组织等多元力量，构建多元化综合治理力量。探索建立起高效运行机制，包括信息共享、信息联动和报警等机制，确保这支治理力量发挥作用。利用科技手段增添新的治理力量，如利用网络、微信公众号、抖音等新兴媒体平台，把与群众利益相关的法律条款、具有典型代表意义的案例展现在公众面前。

3. 健全基层社会治理的监督反馈机制

我国已经建立起较完备的监督体系，基本实现了对权力的全方位监控，包括人大监督、司法监督、内部监督、监察监督以及社会团体、基层群众和舆论监督等方式。多主体、多阶段、多层次的监督体系可以有效化解以往政府内部监督的弊端，形成全社会共同监督的合力。健全监督机制，一是加强党内监督，纪委监委对各级贯彻落实党的政策、方针及执行、遵守国家法律法规的情况进行常态化的监督和专门性的监督，对各级领导班子、党员、干部开展谈心谈话、教育、考核等。二是加强人大、政协的监督，人大、政协对社会事务进行监督要注重实效，不流于形式。人大运用执法检查、工作评议和专题询问的方式；政协把监督运用到民主协商中，提升基层社会治理决策的科学化、民主化水平。三是加强媒体监督，利用报纸、广播、电视、网络等各种传媒的力量对基层社会治理中的违法违纪行为，发挥舆论的作用进行披露和报道。此外在程序上严格把控，将监督的关口前移，加强事前与事中监督，提前主动与领导干部、党员集体谈话、单独谈心，提前发现问题，实现源头治理，监督履职情况，督促他们工作由"管理"向"服务"的转变，督促他们会干事、能干事，主动担当作为，更好地服务社会公众，进行社会事务的治理。

打造共建共治共享的基层社会治理格局，构建行为共同体、利益共同体和命运共同体是其核心要义。基层社会治理作为一项系统性工程，需要对其内部各要素、不同要素之间的关系、权利责任（权利义务）职能、运行体制机制等内容进行明晰和判断，这既是一项构建性工程，又是一项因应性工程。通过以上分析，基层社会治理明显是一个多方协作、相互配合、分工明确、运转有序的系统性工程，其中需要较为明确的领导和价值引导。当前阶段，对于基层社会治理仍然是构建性的，仍然需要不断完善相关制度体系，党对基层社会治理的价值进行引领，政府对基层社会治理的各项制度和服务工作予以落实，引导不同主体进行有序参与。国家也通过多种途径加大向基层的资源投入力度，如政策导向聚焦"三农"问题、实施乡村振兴战略，在城市聚焦智慧城市、平安城市建设，为基层社会治理指明方向，并不断加强资源倾斜。在一定程度上，基层社会治理也逐步向因应性转变，即解决当前基层社会中存在的重大现实问题，着力提升治理效能。但这些仍然是自发性的，即通过外在制度创设，使得不同主体不得不遵循。而真正的基层社会治理实现，需要从自发性向自觉性转化，将治理理念内化，使民众能够自觉参与基层社会治理，实现治理主体与治理客体的统一，进而真正提升治理的效能。

二、基层社会治理是国家治理体系的基础

基层社会治理作为国家治理体系的一部分，其具有非同寻常的意义、地位。① 首先，基层领域贴近群众生活，覆盖面广，治理中的大部分问题体现在基层，体现在群众生活中。所以，如何落实到基层，如何切实关心群众生活，是国家治理体系的重中之重。此外，社会治理如何做到治理面广，层次深，其重心和关键也在基层。只有将基层治理落实到位，社会治理水平才能得到提升。这是诸如"枫桥经验"等具有中国特色的治理模式总结出来的经验。这些特色化经验之所以被当作模范加以学习和提倡，正是由于对基层社会与基层社会治理的重视。可见，唯有在基层治理上下功夫，才能提高国家治理体系现代化水平。基层社会治理能力的高低主要体现在基层社会治理的运行机制上，体现在国家重大方针政策的落实上，体现在多元主体的协同能力上，体现在国家事务和社会公共事务的公众参与上。基层社会治理直接将政府与民众、制度建构与制度落实进行有效对接，成为国家治理的核心媒介和国家治理成效的核心窗口。党和国家之所以如此重视基层社会治理，原因在于其承载着社会治理的核心，基层领域治理的成效最终将凝聚成国家治理体系的成效。

（一）基层社会治理是"党的领导"的实现路径

党的领导在基层社会治理中起着关键作用，在党的领导下，基层社会治理才有保证，才能在和谐、顺利的环境下平稳运行。党的领导体现在构建基层社会治理的顶层设计层面，而基层社会治理所做的各项工作中运用的方式、策略、技术、手段均表现出"党的领导"的具体化和现实化。在基层社会治理的各环节、

①　基层社会治理是国家治理的基础，是整个社会治理的核心，是推动国家治理体系和治理能力现代化的内生动力。基层社会治理涉及面广，不仅密切关系到党和国家大政方针的贯彻落实，也对群众切身利益和城乡社区的和谐稳定有着重要影响。基层是国家治理的"神经末梢"，是公共服务供给的"最后一公里"。社会治理的重心在基层，社会矛盾问题大量集聚在基层。因此，解决好基层社会治理中存在的诸多问题，直接关系到民众的满意度和幸福感，直接关系到我国基层社会的长治久安。同时，基层社会治理是国家治理体系和治理能力现代化的重要组成部分和重要衡量标准。

全过程均体现出党的引领作用，如基层的脱贫攻坚，党员干部冲在一线，以身作则，乐于奉献，真正将自己投身于基层治理建设当中；扩大基层社会治理的覆盖范围，应进行网格化管理，每一网格都由党员干部管理，细节化、精细化、紧凑化，使得每一居民的矛盾都能够被重视，每家每户的问题都得以解决；将党的路线、指导方针、政策等宣传到人民群众当中，但不能只喊口号，而应注重实施，将路线、指导方针、政策等落实到位，使得人民群众得以从中受惠，提高其满意度、信赖度等指标。

人民群众地位之重要性在党和国家治理社会的过程中得到了全面的体现。人民福祉、群众利益是始终不能忘记的重点。无论是社会建设还是社会治理，都要以人民群众为中心。即使基层社会治理过程困难重重，也要迎难而上，以具体有效的措施为群众服务。解决了老百姓的生活问题，百姓自然会更加信赖党，对党的各项方针、政策满意，这是一条由实践得来的重要经验。① 党对国家的领导主要是思想领导和组织领导，其中，思想领导主要表现在基层社会治理的最小组织单位均建立了党组织，包括社区和社群，均会定期开展党的方针政策、党的理论等内容的学习讨论，进一步深化对基层社会中党员群众的思想引领。而组织领导主要表现在基层社会的主要领导干部很大一部分是党员，主要目的在于使其能够具有党员的先进性和为民服务意识，进而能够在党的领导下实现基层社会的有效治理。因此，党通过组织领导和思想领导实现对基层社会治理的领导，而基层社会治理也是党的领导的实现路径。

（二）基层社会治理是"国家政策"的落地媒介

改革创新的政策来自基层实践的发现、习得。长期以来，我们党在出台重要方针政策、作出重大决策部署前，都要深入基层调查研究，了解和掌握第一手材料，坚持群众路线，从而使我们的各项决策和工作部署集中民智，体现民意，反映民情。而基层社会治理作为各项政策体系最末端的触手，是政策实现的具体方

---

① 党和国家在社会治理过程中，坚定不移的价值立场便是"人民至上"，保障人民当家作主。党的领导通过基层社会治理得以落实，党以人民为中心的价值立场也通过基层社会治理得以彰显。基层社会治理作为国家治理的组成细胞，是党领导人民实现中国特色社会主义国家建设目标的重要抓手。

法和工具,是达成国家治理的直接手段。基层社会治理体系通过政策等一系列制度性安排,对治理工作进行确认与推进,直接促进并实现国家政策的落地。如近年来出台实施的"扫黑除恶"专项运动、"绿色发展"理念、"服务三农"等政策构筑起基层社会治理的公共政策体系。运动的展开和公共政策体系的构建最终会发挥其应有的作用,即影响社会治理尤其是基层社会治理的成效,以其独特的功能为社会治理、国家治理贡献力量。基层社会治理的一系列政策安排和措施保障的展开,绝不是纸上谈兵,而是通过诸如以上的具体措施展开,使得国家政策真正落实到群众生活当中,群众切实通过国家政策手段获益,解决矛盾,感受并反馈党的政策的成效,这才是基层社会治理的关键所在。

国家对扫黑除恶的打击从未停息,① 只因其关系到社会安定,更关系到基层社会治理的成效。基层社会中存在的群众矛盾,属于生活层面的内部矛盾,其影响范围小,多是基于对象之间,所以在处理时也较为简单。如安排相关人员进行调解,化解纠纷,操作过程由党员干部或法律服务工作者负责,通过网格化等手段,解决起来往往简单且群众也比较配合。但扫黑除恶与之不同,黑恶势力所产生的矛盾极为复杂,其受自身利益、恶性的驱使,为非作歹,称霸一方,且往往与当地官员勾结,解决起来相当困难,而且国家下达的普通政策难以落实,唯有靠强制。但扫黑除恶所影响的又是大范围的社会秩序稳定,在社会治理的过程中更是不可规避。国家治理水平要提高,基层治理要完善,必须坚决扫除黑恶势

---

① 2018 年 1 月 11 日,中共中央、国务院下发《关于开展扫黑除恶专项斗争的通知》(以下简称《通知》),扫黑除恶专项斗争正式在全国范围启动。《通知》强调,各地区各部门要进一步提高政治站位,切实增强"四个意识",充分认识开展扫黑除恶专项斗争的重大意义,坚决打赢扫黑除恶专项斗争这场攻坚仗。该《通知》仍然将"扫黑除恶"作为一项政治运动开展,与先前不同的是从中共中央层面提出扫黑除恶,并明确提出严打"保护伞"、打早打小、除恶务尽、深挖彻查等要求,作为对于黑恶势力威胁基层政权稳定的现实回应。在《通知》中强调注重政治效果、社会效果、法律效果的统一,实现了现实、政治与法治三驾马车同向而行的效果。以党中央和国务院的名义发出通知,注重了政治站位,更有利于统合各方力量,共同实现对黑恶势力的治理,高站位也有助于保障治理效果。《通知》强调要聚焦全面落实中共中央、国务院 2018 年公布的《通知》精神和"两高一部"制定的《指导意见》,从统一执法,提高执法效能等方面入手,充分发挥各职能部门的职能作用,密切配合,相互支持,相互制约,形成打击合力;保持和发扬群众路线,发挥充分发动群众、依靠群众的优良传统,充分发挥全社会的力量,动员全社会积极主动参与,全方位监督,形成全民行动的良好社会氛围,进而建立扫黑除恶的长效机制。

力。扫黑除恶不同于群众间纠纷解决，其顽固性强，盘根错节，在扫除和打击时必须采用特殊的方式和手段，必要时更要动用政治力量。这是扫黑除恶在基层社会治理中的重要性，绝不能忽视和懈怠。作为社会治理的专项任务，扫黑除恶专项斗争这一社会综合治理举措实现了政策执行的有效落地，附带了较强的政策性和政治性。在基层社会治理领域，党的领导与行政统摄覆盖到基层，制度推进与政策执行在基层党组织、政府部门的日常工作中常态化，促进社会治理政策落实到基层社区，并获得优先地位与强劲执行力。这是基层社会治理制度执行的精准把控与政策有效落地过程中重要的组织机制和动力来源，最终实现将国家建构的制度体系转化成治理效能，实现国家良法善治和长治久安的目标。

（三）基层社会治理是"政府治理"的现实归宿

1. 政府治理是基层社会治理的重要方式

政府治理在基层社会治理中占据重要地位。党的十八届三中全会将传统的政府管理模式转向政府治理模式。传统的政府管理模式注重通过政府单一控制的方式对社会进行刚性管理，这种政府管控的方式在 20 世纪八九十年代取得较为明显的效果，一定程度上契合了改革开放初期各项制度尚未完善和社会的无序和混乱状况。在刑事司法活动中，尤其表现在公安机关的"严打"政策，对维护基层社会秩序的稳定起到了关键的作用。此时，政府管理不仅是基层社会治理的重要方式，更是主要方式。但造成的后果就是基层社会活性降低，国家日益陷入"全能政府"的资源黑洞，基层执法的负累不断加重。随着经济秩序和制度体系的不断完善，基层社会秩序逐渐稳定，政府管理模式的弊端逐渐显露。加之，西方治理理论的引入，促成我国政府管理模式的转型。

"全能政府"转向"有限政府"，政府成为"有所为有所不为"的服务主体。一方面，在国家大政方针的指引下，政府在法律授权之下从事各项社会服务工作，落实国家的政策，使政府真正成为便民利民的政府。政府不断提高服务效能，简化行政审批流程，在推进行政公开的同时，也在不断避免刚性的行政裁决和行政处罚，针对行政纠纷，通过柔性的行政调解方式化解纠纷，最大限度地修复社会关系，成为解决基层矛盾纠纷的重要方式。另一方面，政府也认识到自身资源的有限性，引入社会主体的力量，进行社会治理，如社会组织、公民参与等。同时，政府也通过购买服务来满足基层社会治理的需要。作为基层社会治理的主体，政府治理的重要作用就是培育其他治理主体的力量，进而弥补政府治理的有限性。多元的社会网络构造了多元的社会资本类型，而其中那些具有水平结构、弱关系、包容异质成员的连接性社会网络更加易于人们形成良好的人际关系、互助合作、彼此信任，进而借助情感链接凝练社会资本存量，提升社会资本质量，最终成为提高制度绩效的润滑剂。① 从政府治理转型来看，其目的就是转变思路，将基层社会作为重要的服务对象，引入多元力量更好地实现基层社会治理。因此，基层社会治理的重要实现方式为政府治理。

2. 基层社会治理是政府治理的出发点和落脚点

政府治理是国家治理体系的关键部分，而基层社会治理又是政府治理的出发点和落脚点。唯有将基层社会治理落实到位，政府治理才有了前进的动力和基础。在新时代的今天，社会治理之下的基层治理无疑占据了至关重要的地位，一次次的实践证明，只有将基层社会治理处理好，群众的问题才能从根本上得以解决，政府治理才能卓有成效，国家治理体系和水平才能完善和提高。政府治理要解决的正是基层社会治理中的问题，如政府简化审批程序，便是基于为基层营造良好的营商环境；政府推进环境政治，便是为了满足基层民众对于绿水青山的急切需求；政府开展扫黑除恶专项行动，便是为了巩固基层政权，打击违法犯罪，为基层社会的平稳运行营造良好的平安环境；政府推进行政公开，便是保障基层民众的知情权和监督权，将民众的宪法性权利通过现实制度和实践予以落实和贯彻。因此，基层民众的需求直接决定了政府的政策制定和执行。

政府治理作为国家和社会治理的重要方式，最终就是为了满足"人民日益增长的美好生活需要"。由此可见，基层民众生活需要领域拓展、层次提升。② 而政府治理能否满足民众的现实需求，其最终评价主体仍然在基层民众，基层社会

---

① 焦俊峰，李晓东. 网络恐怖主义犯罪的治理路径选择[J]. 重庆大学学报(社会科学版)，2020，26(6)：176-185.

② 参见论新时代我国社会主要矛盾的变化[R/OL]. [2021-05-25]. https：//baijiahao. baidu. com/s? id=1632751523652289465&wfr=spider&for=pc.

治理成效极大地反映着政府治理的实际效能。因此，之所以构建基层社会治理评价指标体系，是希望有效衡量政府作为社会治理的重要主体，其治理成效如何，进而使治理成效能够得到相对全面和准确的呈现。政府各项方针政策的落实，直接需要基层政府部门进行落实。基层政府所面临的"上面千条线，底下一根针"的困局能够打破，实现基层社会的有效治理，也是政府的职权收缩和执行机制不断改革所努力达到的目标。从这个角度而言，基层社会治理的成效直接反映政府治理的成效，基层社会治理是政府治理的落脚点。

（四）基层社会治理是"市域治理"的重要基础

1. 基层社会治理是"市域治理"的重要组成部分

基层社会治理从行政层级上看包括农村和城市的基层，其中所谓的"基层"包括街道一级和乡镇一级，自然而然，城市社区和农村社区也纳入基层社会治理的范畴。张文显教授认为，省域、市域、县域治理均属于地方治理范畴。地方治理与国家治理共同构成了一个有机整体，"市域"治理介于省域治理与县域治理之间，具有承上启下的枢纽作用。① 因此，市域治理应然地统合了县域治理，其主要是出于一种整体性考量，鉴于城市的资源富集，其公共决策能力和水平更高，进而更有助于实现资源的合理配置，以及经济、政治、社会、文化、环境等的综合治理和系统治理。

同时，基层社会治理作为其中的重要子系统对其他治理子系统起着基础性、保障性、关键性作用。② 不仅如此，"市域"社会治理，作为一种新概念，不能固守在"市区"这个特定的行政层级。市区既包括市区/城区，还包含本市区划内的县域、镇（乡）域和乡村。③ 从这个意义上讲，基层社会中的乡镇乃至城市和农村

① 参见龚廷泰."整体性法治"视域下市域社会治理的功能定位和实践机制[J].法学，2020(11)：125-138.

② 张文显.新时代中国社会治理的理论、制度和实践创新[J].法商研究，2020，37(2)：3-17.

③ 龚廷泰."整体性法治"视域下市域社会治理的功能定位和实践机制[J].法学，2020(11)：125-138.

社区应然地属于市域治理所关注的范畴。因此，市域治理既需要统筹全市的工作，做好市域与县域工作的衔接协调工作，又需要利用其资源优势，对各区县、街道乃至社区的资源进行合理调配。只有基层社会得到均衡发展，市域治理的成效才能更加显著，市域治理的最终目的才能实现。因此，基层是城市的组成细胞，不能将基层与城市天然割裂，城市的发展更需要统筹基层的发展，并确保基层活动相对均衡的发展活力，因而基层社会治理是城市社会治理的重要组成部分。

2. 基层社会治理是"市域治理"的重要实现方式

市域治理是国家治理和社会治理的重要内容，而基层社会治理是市域治理的重要实现方式，因为治理的重点在基层，基层社会治理又是市域治理的重要组成部分，也就是说城市治理的下位是基层治理。由此看来，解决好基层治理，城市治理也就得到了保障。所以，应明确基层治理在市域治理中的关键作用。

市域治理之所以成为国家治理和社会治理的重要内容，就在于市域治理实践可以更好地调配资源，实现对宏观社会环境的研判和对社会风险的预防，而基层社会治理作为国家治理的显微镜和放大镜，只有对基层安全风险加以有效预防，才能够实现市域治理的重要价值和目标。同时，良法善治是实现市域社会治理现代化的价值依归，城市掌握着地方立法权，而地方立法权的践行也需要从基层着手，其地方立法权的重要目的就是通过对基层的能动反映，进而实现社会所追求的公平正义、和谐有序。这与基层社会治理所追求的价值和目标是一致的，因而市域治理的实现路径仍然需要从基层着手，基层社会治理是"市域社会治理"的重要实现方式。

三、"枫桥经验"是新时代基层社会治理的标杆

"枫桥经验"起始于 1963 年，自 20 世纪 60 年代毛泽东同志亲自批示后经历改革开放至今，逐步发展成为社会治安综合治理的经验，成为不断与时俱进的先进典范。近年来，"枫桥经验"进一步演变为建设平安中国，打造共建共治共享社会治理格局的经验。"枫桥经验"蕴含着中华民族传统文化底蕴，从西周便初

现端倪。数百年来传承至今彰显了中国特色社会主义文化的优越性,我国向来提倡团结互助、和谐稳定、以人为本、和为贵等传统文化美德,而新时代"枫桥经验"中自然也包含中华民族优秀传统美德和文化,并将其应用于诸领域,基层社会治理中同样体现了中华优秀传统文化。

(一)"枫桥经验"的历史演进①

1. "枫桥经验"的历史溯源

通过对古代社会治理思想与经验的整理,本书从表现形式、内容宗旨与社会评价三个方面,梳理了古代蕴含"枫桥经验"思想的乡规民约与实践做法,如表1-2所示。

表1-2 　　　　　古代蕴含"枫桥经验"思想的乡规民约与实践做法梳理

时间	表现形式	内容宗旨	社会评价
宋代(熙宁九年)	形成以乡村道德教化与生活互助为宗旨的乡约组织与乡约规则《吕氏乡约》	"德业相劝,过失相规,礼俗相交,患难相恤"为其纲要,通过相关细目加以具体化,其内容涵盖乡村日常生活的方方面面	其"相恤"不限于约内之人,邻里之间如有患难,亦应予以救济。乡约作为我国农村绅士自治规则是"枫桥经验"的雏形
宋代(淳熙年间)	宋代绅士建立了诸如经济合作会社、民间救济组织、士绅武装、耆老会与文艺会社五大类社会组织	朱熹结合新的历史条件对《吕氏乡约》进行了"增损",史称《增损蓝田吕氏乡约》	宋代开创的这种农村绅士自治传统分别在农村社会的某一领域内实行自我管理、自我教育与自我服务,但从未形成全面、综合性的地方自治组织。这在明清得到了全面的继承与发展

---

① 最初的雏形包括中国农村社会中的乡贤士绅参与民间调解。参见浙江诸暨市史料、费孝通. 乡土中国[M]. 长沙:湖南人民出版社,2013:70.

续表

时间	表现形式	内容宗旨	社会评价
明朝（正统年间）	王阳明在赣州、福建龙岩、江西吉安、广东揭阳等地建立了乡约组织；提督广西学政黄佐还创立了一种将乡约、保甲、社学与社仓一体化的组织	潮州知府王源，刻"《蓝田吕氏乡约》，择民为约正、约副、约士，讲肆其中"	乡约在明朝以后颇受社会关注和推崇，多地出现了以《吕氏乡约》为范本的乡约文本；乡约出现了官办化趋向，属于集道德教化、文化教育、治安保卫、社会保障以及地方祭祀于一体的半自治组织，在山西、江西南安、赣州一带推行，取得了良好效果
明朝（正德年间至嘉靖年间）	山西潞州仇氏制定了《雄山乡约》并在当地推行；吕柟在嘉靖三年（1524）谪官山西解州时制定了《解州约》；王阳明制定了《南赣乡约》	《解州约》"仿取蓝田乡约，以教州之士民"，"以成解州之俗"；《南赣乡约》"参酌蓝田乡约，以协和南赣山谷之民"	
明朝（万历年间至顺治年间）	巡抚山西的都察院右佥都御史吕坤制定《乡甲约》，推行乡约与保甲一体化的乡甲约组织	"议准译书六谕，令五城各设公所，择善讲人员讲解开谕，以广教化，直省府州县亦皆举行乡约，该城司及各地方官责成乡约人等，于每月朔望日聚集公所宣讲"	乡约组织具有一定的自治性，但由于是官方督办，其性质更倾向于基层行政组织；此时的乡约组织已正式成为官方设立的机构，但其职能仅限于宣讲圣谕
清朝（顺治年间）	清政府通过编制保甲的办法将直隶一带11000多户逃避战乱的难民安置下来，从事生产，保甲组织也承担组织生产的任务	清朝乡约内容更为丰富，且在乡村治理实践中发挥了突出作用，清人贺瑞麟说："乡约法最关风化，务各力行。"近代曾国藩在《家训》里也引用《吕氏乡约》之"德业相劝、过失相规"等劝诫二子；康有为在《桂学答问》中亦告诫弟子：会讲"宜以《蓝田吕氏乡约为法》"；清朝补充发展出《圣谕十六条》，由清圣祖颁布并不断补充调整细节，最终由清世宗推广为乡约宣讲的范本	清朝乡约的权力逐渐扩张至乡村纠纷的调解乃至于其他行政事务，异化为与里甲、保甲并行的第三个半官方农村基层组织；以治安保警为主的保甲制度同时监理地方某些社会性公务，包括赋税的征收、徭役的金派，保甲制度的上述功能使其成为州县衙门之下维护基层统治必不可少的工具
清朝（乾隆年间）	保甲制度逐渐强化，编制逐渐扩大，内省各地人民、蒙古各地人民要编立保甲，连改土归流后西南山寨等边远地区也实行保甲制；保甲的内部组织也趋于严密		

续表

时间	表现形式	内容宗旨	社会评价
清朝（光绪年间）	地方基层的社会事务不断增长并超出官府监管民众和提供必需服务的能力，清政府一方面继续稳定正式文官数量，另一方面则容忍和默许低级胥吏、听差和有公务的私人仆役、私人幕僚人员的增加	1908年试图推行《城乡自治章程》规定：城镇乡均为地方自治体。乡设立议事会和乡董，实行议事与议政分立。乡议事会在本乡选民中选举产生，为议事机构	随着人口的不断增长和商业、城市的扩增，地方基层的社会事务和矛盾也不断增加，也必然要求调整地方和基层相应的政治权力，但保守的清政府却拒绝政治权力的再分配，而且阻挠地方和基层的政治表现与政治发展
宋至清代，豪强、绅士、宗族成为农村社会的三大结构性社会势力。豪强一方面是国家权力在农村基层的代表，另一方面也是国家权力秩序的破坏者；绅士的地位一方面是国家赋予的，同时也是国家的后备官员，另一方面也表达地方基层的社会需求，体现社会道德、文化与国家权力的相对独立性；宗族组织则既在一定程度上分割了政府权力，又在很大程度上补充了国家权力。三大结构性社会力量在国家权力的主导下相互制约、相互渗透，形成了稳定的农村社会治理秩序				
民国十七年（1928年）	南京国民政府建立后，为遵从孙中山的《建国大纲》、顺应晚清以来的自治思潮，在基层实行地方自治	国民政府公布《县组织法》，规定县为国家最基层的行政单位，下设区、村(里)、闾、邻四级自治组织	地方自治的实施效果并不理想。由于自治人员素质过低，对地方自治一知半解，政府制定的自治方案无法实施，自治法令流于形式，地方自治成了"官样文章"
民国二十三年（1934年）	在地方自治举步维艰时，蒋介石开始在"剿匪"省份设立保甲，并取得显著成效，"其他各省亦以环境需要，相率仿行"。行政院命令各省普遍推行保甲制度	"江苏、浙江、福建、陕西、甘肃、四川等省先后仿照推行，保甲成了组训民众与推行一切政令之骨干。"但这些省份的保甲与"剿匪"省份具有明显区别，"剿匪"内各县保甲根本目的在于"剿匪"，所以强调自治与自卫分开，先谋自卫之无成，再作自治之推进	晚清以来，随着科举制度的废除，乡村精英群体也丧失了向上层社会流动的机会，乡绅阶层逐步退出历史舞台，乡约所赖以维系的封闭、稳定的环境遭受破坏；乡村社会经历了由自治到保甲的演变，运用行政强制手段自上而下推行，把传统的乡村代理人培养成了政府的代理人

续表

时间	表现形式	内容宗旨	社会评价
中华人民共和国成立后（1950年）	中央人民政府颁布了《中华人民共和国土地改革法》	规定废除地主阶级封建剥削的土地所有制，实行农民土地所有制，摧毁了乡绅赖以生存的土地制度	党和国家提倡"政党下乡"，用基层行政体系取代了乡规民约的自治体系
1958年	全国人大常委会通过《中华人民共和国户口登记条例》之后，国家对社会的治理也进入新的历史阶段	国家通过户籍制度形成"城乡分治"的二元化治理格局，在城市通过单位制和街居制实现对城市居民的资源、身份、思想和福利的有效控制；在农村通过人民公社制，将人民的日常生活纳入了国家（政府）的行政化网络控制之中，农村社会结构呈现出高度集中化和组织化	随着计划经济体制下的城乡二元治理模式的形成和推进，国家很快实现了对全国范围内的经济资源、组织结构和社会关系的重组，较之中华人民共和国成立以前，无论在秩序性和合法性上，还是在社会动员力和组织力上，都表现出国家强大的社会整合力和控制力

中华人民共和国成立后，建立了统一的国家政治体系，逐步形成全体国民对国家的高度政治认同。计划体制时期的社会治理，政治与社会高度重合。在国家层面，通过空间上的城乡分治和身份上的政治标签，使民众日常生活空间中的个体意识和群体意识服务于阶级意识，打破了传统的建立在血缘和地缘基础上的小共同体边界，阶级意识超越了小共同体意识，成为社会动员和社会整合的情感动力，极大地强化了民众对国家的认同。从社会层面来看，由于缺乏社会成长的条件和环境，城乡之间的社会流动受阻，社会分化极其有限，社会阶层结构形式简单，从中华人民共和国成立初期的工人、农民、民族资产阶级、小资产阶级的"四个阶级"简化为工人、农民和知识分子的"两个阶级和一个阶层"。在不同区域内部，城乡社会都表现为较强的同质性

2. 现代以来我国"枫桥经验"的历史演进

现代以来，以不同历史时期的社会发展阶段为划分依据，从社会背景、具体做法及成就等方面对我国"枫桥经验"的历史演进进行梳理，见表1-3。

表 1-3　　　　　　　现代以来我国"枫桥经验"的历史演进

1. 1963—1978 年——社会管制阶段

时间	社会背景	阶段性做法/成就
1963 年	中共中央决定开展四清运动,包括在我国农村地区全面开展社教运动	社教运动要求对农村"四类分子"(即地主分子、富农分子、反革命分子和坏分子四类人,简称"地、富、反、坏(右)")进行社会主义改造,使之成为符合时代背景的新人
1963 年 7 月	浙江省委工作组来到枫桥,主张开展"逮捕一批,武斗一遍,矛盾上交"的斗争策略,严格处理"四类分子",后经过枫桥干部群众的集中讨论,决定发动广大群众参与,依靠群众来对"四类分子"进行改造	改造过程中,尊重和保障"四类分子"的基本权利,充分听取辩驳意见,开展说理斗争;在没有使用任何武力和强制性手段的情况下,将那些被认为是"顽固不化"抑或"非捕不可"的"四类分子"成功改造
1963— 1964 年	中共中央两次下文强调,要普遍宣扬学习"枫桥经验"	中央发文指出,"枫桥经验"对中央正确领导群众开展社会主义教育运动起到积极指导和示范作用
1965 年	国内经济形势紧张,城市人口开始疏散到农村,大量人口迁徙流动带来新的社会挑战,流窜犯罪率高成为当时社会管理的主要问题	枫桥干部群众积极寻求策略,致力于探寻解决办法;在就地改造经验的基础上,将本地区外出人员召集回乡,对其中的流窜犯进行正面引导和教育,利用社教运动时期积累的成功经验,有效地对本地区的流窜犯进行改造
20 世纪 70 年代 中期	由于社会秩序相对混乱,青少年违法犯罪成为新的社会问题	针对这种情况,枫桥干部群众在之前就地教育改造流窜犯和懒汉、"二流子"经验的基础上,探索出有效帮教失足青少年回归正途的经验
1978 年	召开党的十一届三中全会,确定我国开始实行改革开放政策,我国社会亦随之发生根本性巨变,这是一个转化消极因素为积极因素的时代,是一个从"身份"到"契约"的年代	特殊的时代背景要求需要更多可调用的力量来支持社会主义经济建设,枫桥干部群众在全国率先提出为改造成功且表现良好的"四类分子"摘帽,这一做法使得改造成功的"四类分子"更好地融入社会并为枫桥地区经济发展提供助力,这一经验也再次得到浙江省委、公安部的肯定

续表

2. 1978—2012 年——社会管理阶段

(1)社会治安管理与农村稳定阶段

时间	社会背景	阶段性做法/成就
1978 年	随着农村生产承包责任制的推行，乡镇企业、个体工商业的发展，社会关系和社会矛盾也变得更加复杂，民间纠纷、治安问题、违法犯罪增多成了突出的社会问题	首先，枫桥镇加强农村治安保卫组织建设，重视基层社会综合治理工作；其次，全面重视基层帮教工作，改造和教育违法犯罪人员，加强对公共复杂场所的治安管理工作；最后，推动基层调解工作的继续发展
1979 年 5 月	公安部调查组走访了枫桥的大部分乡村之后，在《公安工作简报》发表了《新形势下如何做好农村治保工作》一文	根据《新形势下如何做好农村治保工作》的指示，枫桥领导干部和群众认识到应及时把"枫桥经验"的着力点放到维护社会治安上，开始注重加强农村治保会建设，有效提高治保干部的业务素质，树立"治保会自己动手破案、依靠群众搞好安全防范"的好典型，引入"社群思想"，发挥群众主体作用，鼓励村民积极参与社群生活并不断发展自主管理模式
1981 年 3 月	这一时期人民调解制度是民主革命时期法治建设的重要创举，并被人民民主政权广泛采取；枫桥镇干部坚持依靠群众管治安，加强社会防范机制，归根到底是要提高人民群众的素质，增强群众自我管理的能力	诸暨县建立司法局，把人民调解工作作为主要任务之一，在乡镇与村之间形成了较好的工作衔接机制，就是凡是由村移送到乡调处的治安纠纷都必须具备四个条件：一是要有当事人要求上级调处的报告；二是要有村治会对纠纷的调查材料；三是要有村调解的初步意见；四是要有确实不能调处的理由。通过乡镇与村级调解衔接机制的建立，枫桥全区发生的治安纠纷一般在村、乡两级解决
1983 年	中共中央在转发公安部党组《关于给现有"四类分子"摘掉帽子的请示报告》时指出："给'四类分子'一律摘掉帽子，是我们党和政府依靠人民，把他们由坏人改造成为好人的结果。"	这一阶段"四类分子"问题的全面解决，大大激发了这部分公民的创业与工作积极性，他们为经济建设和社会发展作出了巨大贡献

续表

时间	社会背景	阶段性做法/成就
1986 年	商品经济的发展使得农村集镇的复杂场所随之增多,枫桥镇面对形势严峻的公共场所管理压力	枫桥镇政府牵头,成立了专门的综合治理领导小组,下设办公室,分治安调解、街道治安执勤、镇容镇貌管理和市场管理四个组,初步形成了公共复杂场所的治安管理体系,坚持"谁主管,谁负责"的原则,实现专业化、系统化管理,加强社会面的控制
1991 年 2 月	中共中央、国务院发布了《关于加强社会治安综合治理的决定》,该决定肯定了近十年来,各级政府在社会治安治理方面取得的成效,也肯定了大部分地区在维护地区稳定方面的工作	这一时期,党和政府对社会治安综合治理的高度重视,使得"枫桥经验"的重新推广和发展具备了良好的政治氛围和社会氛围
1998 年 8 月	浙江省公安厅、绍兴市委、诸暨市委联合组成调查组对"枫桥经验"进行总结	总结出了"党政动手,依靠群众,立足预防,化解矛盾,维护稳定,促进发展"的"枫桥经验",再次被浙江省、公安部、中央综治委肯定
1998 年 11 月	浙江省委书记张德江在省委批转"枫桥经验"的报告上批示:"维护农村稳定,促进农村发展,是一个重大课题,枫桥提供了好经验,应在全省大力宣传,全面推广。"	这一时期"枫桥经验"的内容开始从农村治安问题转向涉及面更广的"农村稳定问题",又紧紧抓住了时代的脉搏得到了浙江省干部群众的高度关注,并进一步坚持发展
1998 年 12 月	《人民日报》头版头条介绍了新时代"枫桥经验",并配发评论员文章《"枫桥经验"值得大力推广》,肯定了"枫桥经验"为农村稳定和发展创造的新路子	由此"枫桥经验"进入了一个崭新的历史发展时期
2000 年	"法轮功"事件爆发,维护社会稳定被提升到了空前的高度;基层党委政府的工作重点开始从重抓社会治安综合治理转变为综治、维稳齐头并进。"稳定压倒一切"成为各级党委政府的重要执政和行政理念	诸暨市按照中央精神,结合部门职能情况,开始设立维稳领导小组,并下设办公室具体负责。与此同时建立了市级社会稳定工作联席会议例会制度,建立领导牵头、部门联动、责任明确、配合密切的县市级维稳工作体系和运作机制

续表

(2)"枫桥经验"的法治建设阶段		
2004年5月	中共浙江省委通过了《关于建设"平安浙江",促进社会和谐稳定的决定》	在浙江全面加大平安建设的进程中,诸暨市对此项工作进行了全面推进,诸暨市委迅速作出了建设"平安诸暨"的决定。"平安诸暨"落实到了具体的村镇和部门,抽象的"平安"概念被分解为具体的工作事务,如进行平安村、平安社区、平安企业、平安校园、平安医院、平安市场、平安矿山和平安路段的八大创建活动
2008年	专家学者深入枫桥镇进行调研,配合陈家村对原有的村规民约作了一次系统的清理	按照"平等""民主""法治"的原则制定了一套体系庞大、内容多元的《陈家村村规民约》,为当地打造法治型新农村建设奠定了扎实的制度基础。尽管村规民约未必能够真正做到全面落实,但是其中的引导功能是不可忽视的

2013年诸暨迎来"枫桥经验"50周年纪念大会,习近平总书记作出了重要指示。"枫桥经验"继续保持与时俱进的态势,初步实现了与国家民主法治建设进程协调对接的目标。"枫桥经验"的主要内容开始由"综治"走向"法治",在贯彻"法治"的过程中要坚持做到如下几点:第一,以公正公开为导向,加强基层民主建设;第二,以制度建设为保障,增强村规民约的合法性;第三,以纠纷解决为突破口,坚持在基层依法化解矛盾

3. 2013年至今——社会治理阶段

2014年2月	习近平总书记做重要讲话,在"枫桥经验"的基础上总结出要发挥"五老"(老干部、老战士、老专家、老教师、老模范)的作用	枫桥成立了以杨光照、蔡娟等道德模范为核心的"老杨调解室""娟子工作室"等,还形成了以普通群众为主角的枫桥镇调解志愿者协会,"枫桥大妈"等民间调解组织都是"德治"机制建设的"枫桥经验"
2017年12月	中共中央政治局委员、中央政法委记郭声琨到浙江调研时,专门对诸暨进行了考察	在中央政法委座谈会上,郭声琨书记充分肯定诸暨市对新时代"枫桥经验"内涵的深入发展和研究,并指出要很好地总结提炼"枫桥经验",在社会主要矛盾转变后,需要提升和总结,把它的精华、核心内容和实质提炼出来,同时把毛泽东思想与习近平总书记的多次讲话精神领会、融合、贯通起来

从传统国家的封建专制统治,到近代国家多元政治格局下形成的碎片化治理,再到中华人民共和国成立后逐步形成的以中国共产党为核心的中国特色社会主义现代化治理新格局,我国社会治理始终以国家治理为前提和基础,国家治理和政党治理为中国特色社会主义社会治理体系建设和完善提供了根本政治条件和组织保障。改革开放以来的社会治理基本趋势呈现出在党和政府的主导下,积极回应市场和社会诉求,从计划体制下的行政管控到市场化时期的国家、市场和社会三大主体之间的合作,国家积极向市场和社会让渡了一定的空间和资源,国家对社会的控制方式实现从"统治"到"管理"、从"管理"到"治理"的转型和重塑,以"枫桥经验"为时代典型的治理模式形成,中国特色社会主义社会治理体系不断完善

(二)"枫桥经验"的时代价值

新时代"枫桥经验"针对的是基层社会治理中的难点问题,将挖掘优秀传统治理资源与引领创新相结合,融二者于一体,体现了特殊性与普遍性的有机统一,使得"枫桥经验"得以上升至省域经验乃至全国经验,为中国特色社会主义治理理论的丰富和发展贡献了自己的力量。在新时代背景下,"枫桥经验"彰显出一种前所未有的治理光辉,蕴含着这个时代的价值特点。于国内而言,新时代"枫桥经验"解决了共性难题,使其他地区可以效仿、学习、借鉴,推进基层社会治理体系和治理能力的现代化。于国际而言,新时代"枫桥经验"凝聚了中国人民的智慧,彰显了中国特色社会主义治理理论及其实践的优越性,向国际社会证明了中国智慧、中国力量,为同样是发展中国家的其他国家提供了基层社会治理的范本。

1. 理论价值层面

在理论价值层面,新时代"枫桥经验"蕴含了丰富的理论与思想。首先,党的领导是基层社会治理得以运行的根本保证。"枫桥经验"蕴含党的指导思想,并且是对马克思列宁主义、毛泽东思想、邓小平理论、习近平新时代中国特色社会主义思想在基层社会治理领域的创造性运用。新时代"枫桥经验"综合运用马克思主义基本原理,遵循"人民主体"的指导思想,变抽象为具象,进行社会治理领域的实践探索,在运用马克思主义基本原理的同时进行了自我发展和丰富。尤其在构建共建共治共享的社会治理格局时,符合历史唯物主义和辩证唯物主义,而成功的治理经验又印证了理论的可行性,并以此促进理论的丰富和发展。此外,"枫桥经验"在解决基层治理难题时,通过各种经验、样本等体现了理论指导时代进程的发展态势。对各理论或指导思想的运用集中体现在对规律性、指导性方法的落实,将其巧妙地应用于基层社会治理问题中,使之成为成熟且可复制推广的经验性知识,这是"枫桥经验"的理论价值所在。当前,学界逐渐重视对"枫桥经验"的研究,通过学理阐释、理论凝练而建构出了相关理论模型。①

---

① 中国法学会"枫桥经验"理论总结和经验提升课题组."枫桥经验"的理论建构[M].北京:法律出版社,2018:78.

2. 制度价值层面

新时代"枫桥经验"不仅具有理论价值，还具备一定的制度价值。具体体现在"枫桥经验"创新发展了我国基层社会治理新模式，也为其他地区提供了参照、模仿、学习、借鉴的范本。作为社会博弈规则的制度，包括正式制度与非正式制度，两者之间相辅相成，缺一不可。新时代"枫桥经验"是作为正式制度与非正式制度的高度融合的统一体，具有鲜明的实践面向、制度规范与行动牵引的特征。① 新时代"枫桥经验"始终遵循人民主体地位，确保群众切实参与矛盾化解、纠纷解决当中，为人民群众就地解决矛盾、以理服人开辟了实施路径。广大人民群众在贴近现实生活的社会治理制度设计中，从实际出发，以维护自身权益为目的，与他人展开以说理、调解为手段的非诉讼纠纷解决模式。枫桥在加快形成党委领导、政府负责、社会协同、公众参与、法治保障的社会治理体制，加快形成政府主导、覆盖城乡、可持续的基本公共服务体系，加快形成政社分开、权责明确、依法自治的现代社会组织体制，加快形成源头治理、动态管理、应急处置相结合的社会管理机制方面发挥了试点作用，为社会治理体制改革、发展和完善中国特色社会主义基层治理体系提供了实践依据与鲜活典型。同时，为那些发展中国家创新基层社会治理方案贡献了中国智慧，使得其得以学习、借鉴中国模式，开辟符合自身国情的社会治理体制。

3. 文化价值层面

"枫桥经验"蕴含着中华民族传统文化底蕴，彰显了中国特色社会主义文化的优越性。在文化观念层面，我国向来提倡团结互助、和谐稳定、以人为本、和为贵等传统文化美德，而新时代"枫桥经验"中自然也饱含中华民族优秀传统美德和文化，并将其应用于诸领域，基层社会治理中同样体现了中华优秀传统文化，这便是"枫桥经验"的文化价值所在。具体体现在，鼓励人民群众就地化解矛盾、以理服人、说理评事，不断发挥优秀传统文化在基层社会治理中的创新性

---

① 徐汉明，邵登辉．新时代枫桥经验的历史地位与时代价值[J]．法治研究，2019(3)：94-108.

应用，使得优秀传统文化、社会主义核心价值观等深入人心。促使人民群众在面对纠纷时能够有理有据、以和为贵，采用非诉讼方式解决矛盾，保持与他人和谐相处。在制度设计层面，新时代"枫桥经验"坚持党的领导与尊重人民首创精神相统一，在党的统一领导下创新基层社会治理体制，并将其应用于加速新型城镇化建设进程中。具体言之，不断推进基层社会治理体制发展，构建符合城镇化的基层社会治理体制，"三勤一不怕""四前四早"都是枫桥地区创新出来的社会治理示范制度，为我国其他地区提高社会治理水平贡献了宝贵的经验，起到了模范带头作用。在行为方式层面，以理服人、讲道理、注重调解等创新方式深入人心，结合中华优秀传统文化和社会主义核心价值观，指导枫桥人民就地化解矛盾、营造与他人的和谐关系，确保社会矛盾化解、社会成员关系和谐、矛盾双方心理舒适、政社合作便捷畅通等。新时代"枫桥经验"的可复制性使其上升为省域甚至全国经验，为我国中西部地区基层社会治理提供了可以借鉴的参考。物态成果层面，新时代"枫桥经验"衍生了一套实体化、可利用的物态成果，如公共交通设施、公共基础设施、公共文化产品等，不仅加速推进基层社会治理进程，而且在一定程度上宣传、发扬了"枫桥经验"。

4. 文明交流层面

新时代"枫桥经验"具有鲜明的时代价值，不仅在国内具有示范意义，而且在国际也具有其独特意义。新时代"枫桥经验"遵循马克思主义基本原理并对其加以运用，符合客观规律，兼顾人民主体地位，以人民群众根本利益为出发点，推进社会治理体系和治理能力现代化建设。此外，"枫桥经验"针对的是社会治理中的共性难题，对国际社会乃至整个人类都有适用意义。诸如网上纠纷解决平台、网上"枫桥经验"等创新点体现了中国人民的智慧，为发展中国家社会治理水平的提高贡献了中国力量。新时代"枫桥经验"将继续砥砺前行，在时代潮流中不断更新完善自身治理经验，努力为全球社会治理文明增添色彩。

(三)"枫桥经验"的东方智慧

从当代"枫桥经验"的成功实践中我们能够观察到对基层社会治理全方位、多维度的启发性做法。分析"枫桥经验"蕴含的劳动人民的智慧，探索其中的有益经验对推进国家治理体系和治理能力现代化，彰显中国特色社会主义治理道路自信、理论自信、制度自信、文化自信具有重要意义。总结"枫桥经验"实践的优越性，向其他地区分享"枫桥经验"，为世界上其他发展中国家提供基层社会治理的"中国模式"，彰显"中国智慧"。

1. 注重联动融合，增强治理活力

共建共治共享社会格局的形成，并非意味着各主体各种治理措施的加权计算，过去的各行其是、分割单干的思维模式和行为方法难以促成系统、合理、有效的体制机制的建成。统筹协调、遥相呼应、群策群力、同心协力、协调配合的范式是目前所追求的社会治理的效果。打破"头痛医头、脚痛医脚"的被动局面，摆脱过去"部门壁垒、条块分割、内部掣肘、各自为政、线上线下脱节、部门主义、协同困难"等问题的必由之路在枫桥地区的各职能部门协调运作中尤可得见。例如，枫桥地区在党委领导下，建立信息整合与共建机制，打通政府相互间、政府部门内部间、政府与市场、政府同公民之间的联通渠道，强化考核评价机制。尤其是对协同配合、责任分担程度进行考察，努力避免因治理主体多元化带来的"制度梗塞、机制不畅、程序阻隔"等风险。力图将专项治理与系统治理、综合治理、依法治理、源头治理有机融合，实现社会资源的优化整合、共享共用，实现对社会整体资源的有效利用，增强社会治理的系统性、整体性和协同性。

2. 注重开放共治，打造社会治理共同体

枫桥地区在打造共建共治共享社会治理格局的进程中，形成了多元主体治理结构，除了专业队伍，还建立治保会、治安联防队、调解会等群防群治组织，尤其重视人民群众的主体性作用和地位。枫桥地区在打造社会治理共同体、实现共建共治共享新格局方面的做法，为其他地区提供如下示范作用。在全面深化社会管理体制改革方面，具有"目标任务方案化""方式实施项目化""落实主体责任化""完成时间节点化""考核标准指标化"的特点，还有"三个转变"的实行，即摒弃"等级"观念，转变政府"单打独斗"方式，杜绝行政资源垄断的传统模式，转而秉持"平等合作"观念，开启"政社合作"新模式，政府开始向社会购买服务，优化整合社会资源。这"三个转变"贯彻落实了党的十八大以来社会管理体制改

革的各项政策。在开发多元治理主体方面，尤其表现在行业性、专业性社会组织的发展上。完善社会组织登记制度，直接登记管理的社会组织包括行业协会商会类、科技类、公益慈善类、城乡社区服务类等，以此促进社会组织健康发展，打造良好的社会环境和生存发展的空间。在推进社会治理方式创新方面，"三个善于"被有效应用，即善于运用市场思维、市场机制，善于运用利益引导、商业运作，善于通过购买服务、项目外包、保险等方式化解矛盾、防控风险。

3. 注重以人为本，增进成果普适性

以人为本，坚持人民主体地位是"枫桥经验"诞生、成长以及向纵深推进的一条生命线，是"枫桥经验"能够始终适应变化的社会情况从而保持生长态势的主要原因。党的十九大以来，我国社会主要矛盾转变为人民日益增长的美好生活需要和不平衡不充分的发展之间的矛盾，这一矛盾成为亟待推进社会治理创新的重要现实依据。基于此，坚持以人民为中心的发展理念，满足人民群众日益增长的美好生活需要，就需要创新和推进社会治理的整体布局，促成现代化的社会治理新格局形成，让改革发展成果更多更公平地惠及全体人民。枫桥地区为扎根人民、增进民生福祉不断作出努力：大力发展教育事业，重视乡村义务教育，缩小城乡差距，形成教育一体化；鼓励、支持、引导就业，制定积极就业政策，促进高质量就业，创业扶持政策、就业创业服务体系、就业失业统计指标体系等件件落地；开展精准扶贫工作，注重扶贫政策的完善、落地，健全脱贫攻坚组织模式、考评体系、制度机制等；建设、完善社会保障体系，以"覆盖全民、城乡统筹、权责清晰、保障适度、可持续、多层次"为标准，打造共建共治共享社会治理格局。枫桥地区这种在治理过程上深入群众，从中汲取智慧、力量的，以保障人民的人身财产权、人格权，使人民拥有获得感、幸福感、安全感为价值导向的做法，能够使社会治理成果更加充实、更有保障、更可持续。

4. 注重运用法治方式，提高社会治理法治化水平

法治作为推进社会治理创新的最优模式，具有权责明晰、程序公开、预期稳定的优势。在目前法治国家、法治政府、法治社会一体建设的大背景下，社会治理只有走上法治化的道路才能充分得到规范和保障，才能有效打通"政府—市

场—社会—公民"之间的联通渠道，促进多元主体之间的良性互动。法治化道路也是"枫桥经验"不断适应变化的社会情况，展现旺盛生命力的重要原因。多年来"枫桥经验"走过的法治道路被推广应用于国家治理、社会治理体系建设中，能在多方面提供有益经验。例如：如何运用法治经验在明晰政府权责，社会组织、个人的权利义务方面；如何形成完善制度化体系，推进依法执政、依法行政、依法自治；如何开展法治教育活动，促进尊法、学法、守法、用法等法治理念植根于群众心里；如何多项举措并存，"软法""硬法"兼施，法规、纪律、章程、民约共同构筑社会治理的规范体系；如何深入人民群众，引导群众依法行使权利、履行义务，运用法律的手段维护自身利益、解决矛盾纠纷，依法打击违法犯罪活动，保障《民法典》中规定的人身权、财产权、人格权等合法权益。坚持法治、德治、自治有机统一，使之统一于打造共建共治共享社会治理格局的具体实践，以缓解不断增长的法治需求和有限的法治资源之间的矛盾。

第二章　基层社会治理的地方探索

基层社会治理作为社会治理的核心领域，在新时代的今天被赋予了新的意义，体现在新时代"枫桥经验"当中。可以说，"枫桥经验"代表了新时代推进社会治理体系现代化的显著成果，同时，其愈加受到人们重视的原因还在于"枫桥经验"的持久性、创新性和普适性，使得其在保持传统性的基础上被不断加以创新，在新时代焕发出强大活力。"枫桥经验"作为基层社会治理的标杆被广泛学习和借鉴，如今，全国各地在学习、借鉴"枫桥经验"的基础上，创新发展具有自身特点的"特色枫桥经验"，逐步提升自身社会治理的水平，各种创新、富含社会治理智慧的措施由此诞生，"枫桥经验"在新时代显得愈加重要。"枫桥经验"贯穿不同学科体系，打破行业壁垒和地域限制，是化解矛盾纠纷、预防违法犯罪、治理社会的智慧结晶，是优秀社会治理范本。

一、治理实践典型模式

习近平总书记指出了构建社会治理体系的重要意义。[①] 首先，他明确提出社会治理并非简单地模仿、照搬，而是在他人基础上发展属于自己的特色治理模式。这与坚持和发展中国特色社会主义道路遥相呼应。其次，单纯地模仿往往效果欠佳，由于学习来的经验虽具有普遍性，但不能忽视事物自身还具有特殊性。普遍性与特殊性的统一决定着我们不可以盲目地照搬他人经验。简言之，固然"枫桥经验"具有普遍性的借鉴意义，但切不可完全照搬。此外，因为全国各地

---

① 习近平. 坚持走中国特色社会主义社会治理之路　确保人民安居乐业社会安定有序[R/OL]. [2021-05-30]. http://china. chinadaily. com. cn/2017-09/19/content_32213341. htm.

的实际情况、风土人情等存在差异，很难探索出一条统一的、具有普遍性的治理模式。在这种情况下，各地就需要因地制宜，具体情况具体分析。在符合当地实际的前提下，发挥各自优势，鼓励创新，发展出属于自己的、富含当地特色的基层治理模式，用灵活、巧妙的方法化解矛盾纠纷。在地区治理普遍性与特殊性结合的范例中，枫桥镇起到了模范作用，枫桥人民用自己勤劳的双手、智慧的头脑，探索出了许多符合当地风俗的治理经验，并为全国其他地区所学习和借鉴。当前，"枫桥经验"在实践应用中已形成多种模式，具体包括山西、福建矛盾纠纷调处，福建、北京群防群治群众路线，山东、湖北网格化社会治理，江苏、四川基层网络微治理、一站式政务服务，绍兴、舟山"海上枫桥""网上枫桥"模式等。

（一）模式一：矛盾纠纷调处

1."山西"模式

山西省矛盾纠纷调处模式主要是针对民间调解建立的综合平台。该模式采取诸多符合当地实际情况的手段和方式来完善排查调处工作长效新机制。该模式主要可以归纳为"严密调解网络，品牌活动引领，规范调解行为"。采取的手段措施有：其一，在市、县、乡、村四级层层建立领导小组，主要处理纠纷排查调处工作。例如，在乡镇/街道设置调解中心，形成分工明确的"三位一体"矛盾纠纷调解庭，达成"四级建组、市县设办、乡级建庭、村级建点、基层有站、衔接有序、协调有力"的调解组织网络。其二，创办了"矛盾纠纷调解年"特色活动，各地在规范排查调处运行机制、拓宽工作服务领域等方面进行创新与实践。其三，通过整顿、规范基层调解组织，实现了"六统一"①、"五有"②、"四落实"③。此外，各地还从工作实际出发，对在职调解工作人员和新增人员分批次、有重点地进行了法律知识和业务知识的专业培训，从人员自身着手，提高法律水平。

---

① "六统一"包括标牌、徽章、文书、统计、制度、程序的统一化。
② "五有"包括办公人员、办公场所、办公用具、公章、标识牌的齐全配置。
③ "四落实"包括组织、制度、工作、报酬的落地实施。

以山西省阳曲县为例,自从该县设置"一门通调"新机制,已经成功调处 130 多起矛盾纠纷。2020 年 7 月,阳曲县东北街社区网格员在工作中发现某小区业主之间发生邻里纠纷,起因是一方"养鸽子"造成的污染使事件双方发生争端,各执一词,互不相让。此类事件在各地均频繁发生,涉事小区人员众多,如若处理不当,容易引发集体诉讼或集体上访事件,造成事态扩大化。当地派出所工作人员通过社区网格员了解情况,主动介入双方的争端,引入当地律师事务所律师,连同社区及业主委员会一起就该矛盾纠纷进行调解。经历一次漫长的律师释法、民警劝解、民众调和的调解工作之后,双方各有让步,调解小组趁热打铁于几日后又组织了一次调解工作,双方最终尽释前嫌。通过此事可以看出,调解应当因地制宜,从实际情况着手。①

2. "福建"模式

福建模式从"调解"本身入手,在调解内涵、手段、意义上下功夫,取得了一定的成效。尤其从调解组织、相关立法方面着手,走出了一条新颖的社会治理之路。② 这样的创新之举为建立健全基层社会治理制度体系提供范本,在其他地区获得了推广。该模式可以归纳为"调解主体多元化,调解方式多样化,主体责任明晰化"。福建省建立以人民为中心的社会治理矛盾纠纷调处组织机构,采取的手段措施有:其一,赋予当事双方自主权,在选择纠纷解决方式上,鼓励、引导以非诉方法和平解决矛盾,在保留行使诉讼权利的同时,使解决方式多样化,如双方协商和解、民间机构参与调解、行政手段调解、申请仲裁委员会仲裁等。其二,细致规定了达成调解和解时,双方签订的协议、合同的性质,在必要时可以向法院申请支付令,赋予强制执行力。其三,进一步明晰政府的权责边界,对公安部门、工商部门、土地部门、房管部门等行政机关采取必要措施的情形进行明确说明,设置专门办公室处理职权范围内发生的纠纷,并采取过错问责制,以

---

① 参见陆祁国.山西阳曲探索矛盾纠纷"一门通调"百姓遇事只进一扇门[R/OL]. [2021-06-01]. http://news.hexun.com/2020-08-16/201880164.html.

② 福建省开创了以地方立法形式规范矛盾纠纷化解机制的先河,2005 年厦门市颁布的《关于完善多元化纠纷解决机制的决定》对形成多元化纠纷解决机制的福建地方特色模式具有重要意义。

此落实政府部门的责任。其四，发挥镇/街单位下至村委会、居委会调解组织，各行各业的专门性调解组织，团体、单位内部调解组织，律师、志愿者等基层法律服务人员在多元矛盾纠纷调解机制中的作用，整合优化各类矛盾调处资源。

福建省创新基层社会治理模式，背后离不开的是对"枫桥经验"的坚持和学习，在仔细研究、观察、总结"枫桥经验"的基础上，赋予了"枫桥经验"新的内容，即福建省当地的地域特色和人文情感，从而探索出了自己的纠纷解决方式。以武夷山五夫镇为例，家住澄溪村的村民肖某在乡村公路上发生了车祸，肖某驾驶的摩托车与一辆货车相撞，货车司机想要私下解决，支付 4000 元医药费了事，但肖某不同意。碍于地处偏僻，申诉难，此事一直未得到解决。直到在一次普法活动中，肖某得知公共法律服务站可以解决类似问题，于是向服务站提出了法律援助请求。在法律服务站专职调解员的指导和帮助下，肖某填写了法律援助申请表，递交了起诉状，最终顺利地解决了问题。事后肖某感叹："不出村也能享受法律服务了。"公共法律服务站的调解员都曾从事相关工作，具有丰富的法律实务经验和调解经验，同时又了解当地风土人情，他们比任何人都要适合担任法律调解人员的工作，除了设置公共法律服务站，他们还会不定期走访，进村进户，为村民解决实际问题。武夷山创新发展出的纠纷解决模式不仅解决了当地村民的实际问题，而且为其他地区提供了经验。①

(二)模式二：群防群治群众路线

社会治理乃至其他领域的工作开展，群众关系是关键。部分省域或地区采取的是在治理方式或纠纷解决方式上下功夫，用灵活的方式解决矛盾。而有的地区则从群众本身出发，发挥群众在社会治理中的作用，通过处理好与群众的关系，与群众团结合作，不仅探索了属于自己的社会治理模式，而且提高了治理的效率，因为群众本身就是基层社会治理的参与者和当事人，从群众身上更容易发现问题的根源，这是走群众路线最大的优势所在。

---

① 参见福建司法［R/OL］．［2021-06-01］．https：//mp．weixin．qq．com/s/kCi5mvnKqdL3P WP0Vmt8aA．

1."北京"模式

北京具有独特的政治地位和国家象征意义，其社会治理工作是协同协作、互动互补、相辅相成等关系的集大成者。① 该模式可以归纳为"群众组织细密化，群众活动品牌化，群众服务智能化"。具言之，北京市打造群防群治群众路线的社会治理模式所采取的措施具有鲜明特色：其一，北京市群防群治工作的"主战场"是以社区为中心，社区党支部和辖区派出所作为指挥力量，建立楼长、格长、户长等分级"管理层"，以志愿者为中坚力量的信息员队伍，覆盖面非常广泛。其二，北京市群防群治工作大力发挥人民群众自身优势，社区居民实名注册成为社区治安志愿者，企、事业单位员工实名注册成为行业治安志愿者；专业队伍日渐完善，保安员、巡防队员等主体构成职业力量；各方协助力量逐渐汇集，停车管理员、环卫员、交通引导员等大力支持群防群治工作。其三，长期群众路线形成的"朝阳群众"②"西城大妈"③"海淀网友""丰台劝导队""网警志愿者"等形象

---

① 张李斌. 北京社会治理成效研究——一个评估的视角[J]. 河南警察学院学报，2021，30(1)：16-22.

② "朝阳群众"参与北京市群防群治工作的历史可以追溯到 2013 年。2013 年 8 月，"朝阳群众"因举报微博红人嫖娼正式"出道"。2014 年开始，"朝阳群众"频繁出现，举报多名网络大 V、明星艺人嫖娼、吸毒并被警方抓获。"警力有限，民力无限，推动城市发展和社区治理还是要以群众为根本，要依靠'朝阳群众'。"北京市朝阳区朝外大街派出所所长秦东冉对人民网记者表示，"因为'朝阳群众'是来自社会各个层面的群体，涉及各行各业。警方破获的很多案件，都是通过他们提供的线索，才得以解决的"。

③ "西城大妈"是北京西城平安志愿者的代称，是西城区群防群治的名片。"西城大妈"的历史可以追溯到 20 世纪五六十年代的"小脚侦缉队"，指的是当时北京大街小巷热心治安监督的"小脚老太太"。如今的"西城大妈"成了西城区的志愿服务品牌。66 岁的柳素霞是"西城大妈"的原型人物。柳大妈作为垃圾分类指导员已经有 7 个年头，在这 7 年当中，有过心酸，有过家人的不理解，但她并没有放弃。柳大妈每天早上 6 点起床，给孙子做完早点后，就来到垃圾桶旁边分类处理垃圾。由于胡同比较狭窄，垃圾回收车不能开进来，柳大妈每次都会将分好类的垃圾桶推到马路旁边，等待垃圾回收车的到来。根据西城区综治办数据，截至 2018 年，"西城大妈"人数已达 81885 人，积极参与平安西城建设的各类群防群治力量超 10 万人，特色团队 1452 个。北京市西城区西交民巷社区党委书记谭道亮表示，"西城大妈"模式，就是通过发动个人力量参与社会建设，让每个人都投入社区的建设当中，最终达到共建共治共享的目的。白宇，李枫，朱紫阳牛. 中国为什么有"朝阳群众""西城大妈"？[R/OL].[2021-06-01]. http：//politics. people. com. cn/n1/2019/1028/c429377-31422853. html.

深入人心，五个特色群众工作代表是北京市社会治理工作的"金名片"，积极借助基层社区群防群治工作优势参与基层社会治理，维护社会公共安全和治安秩序，是我国人民群众志愿者的典范和榜样。其四，建构"四级"维稳信息网络，从社区至街/乡镇，到区/县，再至市级地区，完善信息收集、加工、传递、上报、反馈渠道，快速整合重要信息，对现实状况及时、科学、有效研判。其五，北京市在推进群防群治参与治理工作过程中使"科技支撑"现实化，打造了智能化的工作方式方法。充分发挥网络信息技术和社交媒体平台在推进信息交互式管理中的优势，使得社会治理工作具备稳定性和有序性。例如，将大数据技术运用在志愿者队伍的开发管理上，"云"技术运用在信息共享平台的搭建上，为线上群防群治群众路线工作助力。现在各大应用商店上架的名为"志愿云"手机 App 即具备"实名登记"、记录"服务时长"、提供"人身保险"、记录"公益服务"、分配"职责任务"等多项功能，改变传统的通过电信、邮件业务的工作办法，实现对群防群治群众路线工作的科学化和精细化管理。

2."福建"模式

福建省坚持群众路线，引导社会力量参与治理，让矛盾纠纷化解在基层，力图打造最具安全感的城区。该模式可以归纳为"群众组织专业化，警民互动常态化，群众参与智能化"。针对本地区内人员众多、人流量较大、治安环境复杂、矛盾隐患突出、管理治理难度较大等问题，"建设完善现代化社区农村警务工作体系"工作要求提出更接地气、更卓有成效的措施。福建省厦门市打造了具有地方特色的群防群治工作路线，主张"多元调解促和谐"。例如，联合街道办发动热心商家、摊主、群众组建成立红袖标巡逻队、"老街卫士"的专职化治安队伍等，发动周围生活多年的、深谙市场规则的居民调解消费纠纷、经营者纠纷、租赁纠纷等。各辖区派出所推行"1+N"警民联调模式，整合司法所、市场管理处等多个主体，为化解纠纷矛盾发挥力量。无论是在治安防控、矛盾纠纷调解、抢险救灾，还是在服务群众方面，积极打造社会治安综合治理强有力的辅助力量。据悉在推广此模式后，当地当年的纠纷类警情下降至零，真正实现"零报警"。

福建漳州积极学习借鉴"朝阳群众"、杭州 G20 安保等经验做法，通过"互联网+"研发平台,探索、创新属于自己的模式。① 为了广泛动员群众积极参与社会治安管理工作,践行群防群治群众路线,漳州市委、政法委多次举办平安志愿者巡防活动,大量党员干部、青年团员、人民群众加入志愿者这个群体,为建设平安漳州贡献自己的力量。同时,为了使"互联网+群防群治"这一模式更加高效运行,"芗里芗亲"App上线运营。这使得平安志愿者的巡防更加高效、精准,当地治安得到了显著改善。福建莆田市在疫情防控期间,利用群防群治群众路线着力解决开放式小区人员复杂、进出管理难等问题,临时党支部逐一组建并达到各个基层单元全覆盖,机关单位党组织到本辖区具有关联关系的社区报到,在职党员到居民小区报到。各方井然有序,各自发挥自己的作用和优势。以仙游县木兰社区为例,其中男女老少自发参与社区管理,辖区内年轻党员志愿者、退休老党员和在职党员干部发挥党员的先锋模范带头作用,舍小家,为大家,主动担当"守门员"角色,按照"楼栋小网格"单元,落实"一楼栋一哨岗"包点责任制。

(三)模式三:网格化社会治理

1."湖北"模式

湖北模式为了将治理效果落实到各处,从细节出发,将重心放在如何使得治理所得收益尽量为当地群众共享。该模式可以归结为"信息共享平台化,群众服务网格化,纠纷调处前端化"。湖北省集结优势力量在建立网格化管理模式的组织建立、推广运行上,融合各类社会服务、管理部门资源,有效将调处力量下沉到网格的各个角落。其所运用的手段的创新性、有效性可在社区治理的微观层面得以窥见。具体而言:其一,建立"网格+"模式②,此经验做法在进行基层社会治理工作中成效显著。其二,建立"每日排查矛盾纠纷上报"制度,发挥社区网格员的主观能动性,例如,社区网格工作人员每天走街过巷访百家、上门进户,采集社区常住人口、流动人口人员信息,帮助孤寡老人、留守儿童等困难群体代

---

① "互联网+群防群治"治安防控立体化新模式。

② 推广"一张网""一个平台""一个机制"的特色工作方式,在具体实践应用中联动、汇总、研判,例如"网格+信访""网格+消防""网格+安全生产管理""网格+金融服务"等相继配合设置。

办便民服务，发现、化解矛盾纠纷，排查治安隐患，积极发现矛盾，避免矛盾扩大化，减少上访信访的情况发生，将"抓早、抓小、抓苗头"落到实处。其三，在村/居、镇/街、县/区、市的四级行政区划单元设置联动研判处置机制，层层递进、环环相扣，将调处力量下沉到网格，并且能均衡矛盾纠纷化解的工作量，每一层级进行矛盾纠纷筛查，尽量尽早发现问题并解决问题。其四，提高传统邻里之间"守望相助"的认识，培养、利用"邻里情感"充当"黏合剂"和"润滑剂"，增强每个居民的参与感、共同感。尤其表现在乡村治理中，吸纳"村医""村教"等在当地有一定威望、话语权的宗族长辈等人成为网格信息员，发挥他们在信誉、劝说方面的优势，让群众更易于接受。

以湖北省十堰市社会治理实践为例，各社区被划分为网格，进行网格化管理。① 网格化所带来的自然是对每个区域的全面覆盖和综合管理，尤其针对那些平时难以覆盖到和管理的个体，通过网格化的社会治理模式，将其纳入综合治理的格局，方便为群众解决问题。通过划分网格，精细到每一家、每一户，使得网格化得以最大化覆盖各区域，以发挥其良性作用，网格化成果或收益尽可能为每家每户所共享；以项目化运作方式，提升服务专业化水平，打造社区网格服务品牌，如三桥社区党支部的"金牌和事佬"、龚家湾社区党支部的"平安龚家湾"。在塑造党建品牌的同时，提升其影响力和创造力；社区网格实行"1+1"管理模式，发挥多元主体的治理效用，提升治理能力，让每一个社会主体在参与中获得成就感，同时增强他们的责任感，使其真心愿意为整个社区的建设和发展贡献一份自己的力量。

2."山东"模式

山东省在推进网格化治理提升基层治理效能方面，各中大城市依据自身特点开展不同的做法。该模式可以归纳为"互助服务网络化，网络对接有机化，民众

---

① 党组织干部也适应网格化，在每个区域都有干部管理和负责，突出网格化治理和社会化服务，推动城市基层党建内涵式发展、系统性增效，着力打造城市社区网格治理工作品牌，把党建引领和治理实效、服务群众有机结合起来，解决党建和治理"两张皮"的现象，推动社区善治、居民共享，提升党建工作水平。十堰市以"底子清、情况明、数据准"作为推进网格化治理的根本要求。

互动信息化"。从多样化的维度和视角开展社会治理工作,各个地级市、区县等各自采取不同具体措施创新性地推进网格化管理,改进社会治理方式。网格虽小,却能为百姓办实事。淄博市淄川区颐泽社区的老人们出行不便,当地相关部门便将老年乘车卡送上门,解决了他们出行的问题。这要得益于淄川区网格化管理的政策,按照固定户划分网格,由干部担任每一网格的管理员,同时受到每一网格下居民的监督。居民在日常生活中遇到的各种问题,如办理证件、解决矛盾纠纷等,都由网格管理员负责处理。网格化、零距离,小小网格却能让为群众服务落到实处,真正从群众自身出发,扎扎实实为群众解决问题,同时接受群众的监督,这是网格化治理模式的一大亮点。①

济南历城区东风街道葡萄园社区实行网格化管理,探索山东社区网格化治理新路径,创新"一线两网三级四型"②社区"网格党建治理"新模式。每个网格最少设置一处党群活动微阵地,党员通过互联网可以实现与组织保持线上线下双重互动,社区居民可以通过网络浏览"网格员日志"。社区党委、网格、网格党员形成三级联动,在网格中高效处理纠纷、解决矛盾。青岛设立全国首家"新媒体+云治理"网格党群服务站,通过云直播、云带货、云体验等云平台将社区居民和城市治理连接起来,让居民足不出户便能直观地感受到社会基层治理的成效。与此同时,街道通过抖音等新媒体平台,将社区服务"云"传播到千家万户。启动"红色合伙人联盟",诚邀社会力量共同参与基层治理,使社会资源融入网格化治理,激发网格化治理潜能,满足群众细分社会服务需求,探索社会基层治理新模式。

(四)模式四:基层网络微治理

我国在高新科技发展迅速的今天,大力推进信息化建设,形成"没有信息化就没有现代化"的网络强国战略思想,凭借5G、大数据、云计算等现代技术指引

---

① 山东网格化服务打通社会治理"最后一公里"[R/OL]. [2021-05-29]. https://baijiahao.baidu.com/s? id=1684528517350913737&wfr=spider&for=pc.

② 一线两网三级四型:"一线贯"穿、两网融合、三级联动、四型评判。

我国基层社会治理工作，各项举措被制定出来应对信息化挑战。① 在社会治理领域，信息化所带来的工具化便利也使得各种独具特色的治理模式诞生，他们将大数据、云计算等应用于基层社会治理，在解决群众问题的同时积累了诸多优秀的经验。

1. "四川"模式

四川基层网络"微治理"模式是延伸党建触角引领城市基层的治理模式。该模式可以归纳为"群众服务在线化，群众组织在线化，党建引领在线化"。通过吸收"枫桥经验"的有益经验，围绕"让群众家门口办好事，办好群众家门口的事"，四川创新发展出多种沟通模式，如"五个在线"②、"双双在线"③、"常态联通"④、"最后一公里"⑤等。具体而言，"五个在线"分别具有其各自的内涵。"组织在线"，顾名思义，组织应时刻保持与群众的联系，采用"红管家"等方式使得组织得以覆盖到各家各户，通过制定相关组织管理办法，约束组织行为，同时落实组织处理、解决群众问题的能力。"活动在线"即开展小区活动，调动群众积极性。每个人都为业主间纠纷矛盾的解决贡献自己的力量，通过物业等相关单位开展各种活动，使得群众愿意积极参与小区维护与建设，引导群众乐意参与其中，提高群众的兴趣和参与程度。"沟通在线"，增进干部与群众的沟通，实行干部管理部分区域，真正使得群众问题、群众难题找干部解决，同时有群众监督干部行为，干部对其自身行为负责，群众可对干部的工作能力和水平作出评价，形成各干部负责各区域的工作小组制，每个小组间设置评价体系。"共享在线"，群众间、居民间加强沟通交流，闲暇时间组织开展交流活动，彼此对自身与他人的优缺点提出评价和建议，同时可以开展"弘扬优秀传统文化""构建文明小区"

---

① 2018 年 4 月 20 日至 21 日，全国网络安全和信息化工作会议在北京召开，习近平总书记在会上强调信息化的重要性。信息化带来了千载难逢的历史机遇，如何抓住这一机遇打造"网络强国"，实现基层治理数字化，为打造共建共治共享的社会治理格局作贡献是当下的热门话题。

② 城市居民小区组织在线、活动在线、沟通在线、共享在线、保障在线。

③ 组织与居民间双双在线。

④ 党员与群众常态联通。

⑤ 打通城市基层治理"最后一公里"。

等活动，畅通居民间交流，在拉近邻里关系的同时，共同为小区建设发挥作用。"保障在线"，重点放在小区建设，如公共服务设施、公共法律服务站、信息化设施等建设，优化小区整个服务体系，向现代化小区建设发展，营造宜居、宜人的小区环境，使得公共服务覆盖整个小区，提高矛盾纠纷解决效率，提高小区居民幸福指数。

作为成都中心城区典型老旧小区，成都成华区双桥子街道新鸿社区成为智慧平安小区全省模范。他们利用"守望新鸿"微信小程序一键上报社区内存在的安全隐患。针对老旧社区配套设施差、流动人口多等问题，新鸿社区坚持以社区网格化服务管理为依托，以"物联网+视联网+互联网+数联网"为手段，做强"新鸿e安"系统平台"预警+报警+处警"功能，构建共管理、共防范、共处置的智慧平安社区共同体，深化社区共治。邛崃市严防"微腐败"，基层"微治理"搭上"网络快车"，通过微信公众号，群众如果对政策的落实情况有疑问，可以在家中上网了解，这在方便群众查询问题的同时也提高了信息公开的透明度。借助"微治理"平台，公示权力清单，强化群众监督，贯彻廉政风险防控体系。

2. "江苏"模式

江苏省贯彻党的十八大精神，推进"人在网格走、事在网络办"的基层社会治理模式，基层力量在全网联动。该模式可以归纳为"群众服务网络化、政府管理信息化、民主建设网络化"。近年来，网络已成为基层群众反映情况、表达意见的重要途径，百姓办事进展、群众满意度均可在网络上展现。江苏省建立基层社会治理模式采取了诸多措施，例如：其一，启动"四情四力"①线下线上联动模式作为基层网络空间综合治理的试点，根据此平台的分析，在一定区域内超过2/3的矛盾纠纷案件发生在乡/街级别地域以下，主要原因是干群之间的沟通出现了裂缝，群众的问题反映至领导干部的案头要经历很长时间和较为繁复的程序，问题得不到及时解决，导致矛盾冲突产生。其二，建立"网情信息员"专属

---

① 2019年8月，江苏宿迁启动"四情四力"基层网络空间综合治理试点，2020年此项工作在全市面上推开，并被列为宿迁"社会治理创新创优年"活动重点项目之一。https：//www. 360kuai. com/pc/934e0e7d28674992f？cota＝3&kuai _ so＝1&sign＝360 _ 57c3bbd1&refer _ scene＝so_1.

职位，乡/街设置微信公众号开展宣传、通知、反馈等工作，村民小组建立微信群，有问题在群里反映讨论，就影响范围广、覆盖面大的事项开展"群言堂"。设置诸如"群众吐槽大会"的干部下访平台，"日收集"群众诉求、"周汇总"集体需要、"月评议"解决方法效果、"季通报"问题落实情况。其三，利用大数据支撑，打牢基层治理数字化根基，建设综合性指挥平台，进行监视监控、信息收集整理、实时研判预警、综合指挥调度和绩效考核监督等工作，如此整合优化管理系统、共享信息资源以及公开网上全流程处置等。其四，实现"网格治理"和"网络化治理"并举，在建立完善社区网格、设置专职网格员的基础上，由社区网格工作人员利用线上平台进行网格内事件巡查上报工作。简言之，用"二维码"标签打卡，填报巡验检查清单，规定频次、程度、范围等具体事项，继而由专业、专职的网格员，从线上相关软件或微信小程序中领取任务，在工作进行中实时上传记录，及时发现问题、解决问题。

以江苏苏州工业园区为例，依托该区所掌握的5G、大数据、云计算等现代先进技术，建立社会综合治理联动指挥中心，该中心有一块巨大的电子显示屏，大屏上可以见到很多密密麻麻的小点，这是辖区内的专职网格员今天的巡查轨迹和巡查上报的事件，通过网络平台能看到每个事件的具体内容和处理进程。推行"大屏看、中屏管、小屏干"协同共治，园区的领导干部等决策层通过大屏部署整体工作，下级调度员通过PC端进行指挥调度，网格员等基层治理力量会同群众，通过手机终端上报实情、接收任务、反馈工作进度。该中心正是借助网络力量，协同网格化治理机制，力图促进社会治理现代化格局的形成，实现科技支撑的"智治"之道。

（五）模式五："海上枫桥""网上枫桥"

1."舟山"模式

舟山是沿海城市，鉴于其地域的特殊性和民众的特殊性（渔民占很大比重），当地摸索出一条符合沿海特色的治理模式并予以推广。该模式主要可以归纳为"海上渔政网络化，渔船定位精确化，矛盾调处重点化"。"海上枫桥"是枫桥的重要领域，舟山通过一系列举措成功形成了一批完善的经验，并将其应用于建设大型渔场等。这便是海上枫桥的特色所在，不仅仅针对矛盾化解，还可应用于建设渔场等方方面面，创新性地带动了各领域的协同发展。① 特别是海上救援，舟山经过长期的海上救援经验总结，已经形成了符合自身实际的一套海上救援方案，通过信息化、科技化手段辅助展开海上救援更是其一大亮点，使得岛屿刑事案件近年来大幅减少。

具体来说，舟山在设置其纠纷解决方式时，优先考虑了主要群体，法律意识淡薄、文化水平不高的当地渔民更是需要关注的重点对象，在涉及船只、房屋买卖纠纷或者涉渔纠纷时，舟山司法行政部门展开了有针对性的调解，争取以理服人，维护当地渔民的合法权益并解决矛盾。在当地渔民中，渔嫂是需要关注的特殊人群，基层妇女法律水平不高，想维护自身利益更是难上加难。于是当地有关部门设置了了解渔嫂实际情况的专业法律服务人员和纠纷调解人员，其中包括几位精通法律且熟悉当地情况的女性法律服务者，她们更了解渔嫂的特殊情况和诉求。一个典型的例子发生在小沙街道三龙社区，一位渔嫂与当地商家因为一些小问题发生了争执，从简单的三言两语到后来的争吵不断，事情越发向着不可收拾的地步发展，而相关部门在得知情况后，安排调解人员多次上门调解，最终事情圆满解决。可见，为当地渔民设置专门的法律服务工作者尤为重要，目前舟山在这方面更加完善、精细，通过诸多举措如引进法律人才等继续推动当地"海上枫桥"的发展和创新。

2."绍兴"模式

谈到"枫桥经验"，自然不能忽略绍兴。作为"枫桥经验"诞生地，绍兴有其独特的经验。该模式可以归纳为"矛盾纠纷预警化，群众服务网络化，诉求解决精确化"。"枫桥经验"在绍兴的诞生及演变，与当地浓厚的人文背景分不开。当全国其他地区还在采用传统的方式解决纠纷矛盾时，绍兴地区已经开始探索全新的社会治理模式。在渐渐总结出一套自己的经验后，绍兴顺应时代潮流，凝聚群众力量，翻开了新时代下的全新一页。

① "海上枫桥经验"不仅涉及海上纠纷解决，还关乎海陆纠纷联动解决，通过将"枫桥经验"创造性地应用于海上，舟山形成了以"五联"为主要内容的"海上枫桥经验"。

新时代"枫桥经验"在总结传统纠纷解决方式的同时，迎来了互联网时代的挑战。在互联网时代如何构建安全、高效的网络综合治理体系，除了传统的治理方式和理念，还需要借助信息化的手段和理念。这是迎接信息化时代所不可避免的趋势，越来越多的技术和科技手段走进人们的生活，在面对传统的、生硬的、效率低的纠纷解决方式所带来的不足时，新的治理方式和工具令人眼前一亮。当千家万户都渐渐享受到高科技带来的方便时，治理领域自然要跟上时代潮流，这是必然的趋势。无论如何，绍兴在基层社会治理方面的经验走在了其他地区的前面，与其早早接受信息化时代所带来的便利是密不可分的。绍兴通过"网格化""信息化"等手段保证组织覆盖到各家各户，形成紧凑、密集、高效的网上单元。在遭遇重大安全问题时，能够及时发现问题所在，挨家挨户排查、走访，将安全风险降到最低。这是绍兴地区平时将网上"枫桥经验"落实到位的结果，各种网上预警平台、网上申诉平台的设置方便了广大人民群众发现、解决问题，真正将互联网工具应用于日常生活，推动网上"枫桥经验"的发展。

二、治理实践典型代表：湖北"宜都模式"①

湖北模式的典型代表首推宜都市，宜都市是湖北省西南方位的一座山区城市，拥有八镇一乡一街道、两个管委会，全域共计 150 多个村庄、社区，近 40 万人口。近年来，宜都市坚持遵循习近平新时代中国特色社会主义思想和党的十九大精神，为将"坚持法治国家、法治政府、法治社会一体建设"的法治理念落实到位采取了有效的决策部署，坚持"自治为基、法治为本、德治为序"理念为指导，将"三治"融合到基层治理的方方面面，大力弘扬法治精神、贯彻法治文化，全面推进社会治理体系和治理能力现代化水平的升级。宜都市坚持党建引领，法治为纲，德治为序，自治为基，将社会治理作为工作的重中之重，在党建工作、队伍建设、宣传等方方面面开展了相关举措，各种惠民工程的开展也为治

---

①　宜都模式的总结和提炼为本研究组成员赴湖北省宜都市调研所撰写的调研报告的部分内容，其中参考了中共宜都市委政法委的相关文件和资料，并得到了宜都市委、市政府的大力支持，特此致谢。

理实践的探索提供了群众基础，便于推进治理体系的建设。

（一）坚持党建引领，找准法治社会建设着力点

近年来，宜都作为全省试点实施基层党建工作的整市推进，结合自身特点开展创新"双基强化、三治融合"，推广特色的"磁铁支部"①工作经验，深化党建引领基层社会治理推进改革，强化干部队伍法治教育管理考核，全力打造全国基层社会治理示范市。在这些工作中，宜都市始终坚持以党建为统领，以建立健全机制体制为基础，打造具有宜都特色的党建品牌和基层社会治理新模式。基层党组织是最具体的治理保障力量，是确保党的路线方针政策和决策部署落地落实的关键，广大党员干部要在党的基层组织的统一带领下强化自身建设，为人民群众树立榜样。在基层社会治理工作中始终抓住"关键少数"，推动基层治理高效运行。

在队伍建设工作上，基层党组织领军人才的培养与基层党组织的覆盖范围的全面铺展并重，壮大基层社会治理骨干力量，形成有力的人才保障。选优配强带头人是基层社会治理的第一步，宜都市各党委高度重视对农村干部的培养与开发，建立干部库，为今后的选贤任能作准备，逐步培养出政治素质高、治理服务能力强、群众认可的乡村领导人。宜都市开展"五强书记"②领航行动，深化"五强书记"选育。授予16名农村先进典型"五强书记"称号，将200余名培养对象纳入村书记后备"蹲苗计划"。建立健全干部人才考核制度，做到岗位与业绩挂钩，保障干部的收入水平，改善干部的福利待遇。同时，使用政府统一发配的手机，完善精细化管理，确保工作不脱岗、不失职，监督干部行踪，改善干部工作作风，提高村干部的工作能力。在基层民主工作上，宜都市秉持"一切依靠群众、一切为了群众"的理念并借鉴枫桥镇的先进经验，例如，枫桥镇要求村里的党组

---

① 五眼泉镇弭水桥村，四年前是远近闻名的穷村，矛盾大、问题多、怨气重，镇党委请回能人刘大卫当支书，从凝聚人心入手，领七百村民"闯路"，引三百"游子"返乡，三类村四年变先进，村集体经济年收入过百万元，彻底改变了贫穷落后面貌。在他的带动下，村"两委"班子家家到、户户落，用脚步丈量民情，年年走遍800多户，一件件解决老百姓的操心事、烦心事，把党员群众一个个聚拢来，被大家亲切地称为"磁铁支部"。

② 宜都推进"磁铁支部建设年"活动，目前已建成39个磁铁支部，一大批党性强、服务强、带富强、理事强、自律强的"五强书记"活跃在各乡村，成为带领群众发家致富的"领头雁"。

织、村委会做到"四不"①，在此基础上，拢民心、聚民意。坚持拉近党员干部与群众的关系，采取多种措施，使得群众信赖党、拥护党，通过在基层社区中开展各种干部与群众共同参与的活动，进一步在生活中拉近干部与群众的关系，不仅如此，还涌现出"支部微家""家+红色驿站""党员微家"等一批网格党支部建设品牌，在城市社区建立"家+驿站"，全市98家企事业单位到社区报到，5656名党员干部下沉到185个小区认岗领责，开展"双报到、双服务、双报告、双考核"。推动共驻共建单位、党员干部下沉社区，全市98家机关企事业单位和6886名下沉党员干部下沉社区，企事业单位帮助社区解决突出问题124个，社区累计发布活动5252个，党员累计服务时长4.4万小时。

（二）坚持法治为纲，筑牢法治社会建设压舱石

法治是治理体系得以推进和平稳运行的"压舱石"，法治化能够为社会治理带来安定、和谐的社会秩序，便于国家治理体系现代化的构建。宜都市积极响应法治化号召，其率先作出的举措和理念推广，不仅重视利用法律法规中的行为模式规范、规则程序步骤、强制性保障措施化解矛盾，更重视融合自治过程和道德思想，利用法治价值理念对基层群众进行约束和引导，增强全民法治信仰。

1. 加强法治宣传，增强全民法治信仰

宜都市政府制定了若干文件，促进"法治宜都"建设高位推进。② 例如组织开展宪法大宣讲活动，利用村委会、居委会换届之际，编写统一宪法宣传讲义，组织全市包括职业律师在内的法律工作者组成普法志愿者团队，分散到155个村庄、社区开展宪法宣传。组织开展"宪法法律走进企业"③大型活动，加强对企业职工宪法宣传教育，并在《湖北生活》电视新闻中轮播。全市各单位购买、发放宪

---

① "四不"，即不承包建设涉及本村所有项目、不违规干预和插手本村工程建设、不违规发展党员、不履职就辞职，堂堂正正做人、明明白白为官。

② 《法治宜都建设三年行动计划》《"法润"宜都工程建设方案》《宜都市国家机关普法责任清单指导目录》等文件。

③ 法律走进施工地普法送暖零距离——宜都市司法局走进中建三局工地进行普法送暖活动[R/OL].［2021-06-02］. http：//sfj. yichang. gov. cn/content-54127-973723-1. html.

法单行本 2000 多册，编印宪法宣传折页系列 20000 余份。开展宪法"百车宣传千屏展播"活动，在辐射全市的 100 辆城乡公交车上投放宪法宣传的标语及微视频，在全市窗口单位、机关、企事业单位、广场及公园的公共 LED 屏上高频滚动播放国家宪法日主题及相关宣传内容，宪法宣传覆盖全市公共场所。不断完善"法治副校长"制度，安排"法治副校长"充分利用"国旗下讲话""成人礼仪式""第二课堂"和社会实践活动开展宪法宣传教育，有效提升了人民群众对宪法的尊崇感。

2. 深入开展"服务大局普法行"主题实践活动

宜都市多次开展专项法治宣传教育活动，以"三大攻坚战"、扫黑除恶专项斗争、优化营商环境、学习《民法典》等为主题，广泛开展普法工作。2015 年至今，宜都市组织开展了"法治惠民助力脱贫""防控疫情·法治同行""企业法治体检""千名干部进千企"等主题活动 11 项，为企业抗疫复产、农民工返岗复工保驾护航，为乡村振兴战略在农村落地生根注入法治力量。共编印普法手册、宣传海报、法规墙贴、普法折页等印刷品 200 多万份，学法单位达 124 家 7500 多人。此外，创新法治主任制度，切实抓实全市 20 多万农业人口这一重点人群的学法守法工作，采取科学化普法方式，分类贯彻落实政府颁布的《宜都市推动国家工作人员旁听庭审活动常态化制度化实施意见》等相关文件。

3. 推进法治惠民工程

宜都市为贯彻"以人为本"思想，加强人道主义关怀，市司法局、公安局、人民法院、人民检察院等部门紧紧围绕宜都市委向全市发布的"148"工作要求，紧扣"六稳""六保"工作大局，为宜都经济社会发展提供了有力的司法服务和保障。宜都市检察院针对司法救助公开听证会进行论证，积极为贫困案件当事人争取司法救助资金，及时将司法救助资金 11 万元发放给当事人。此外，各种保障人权活动的开展和平台的设置①，从另一方面为宜都市人权保障工作的开展提供

①　开展"民有所呼、我有所应——群众信访件有回复"活动，建立 7 日内程序性答复和 3 个月内进展或者办理结果答复制度，充分运用"12309"检察服务平台，稳妥处理群众来电来信来访，做到"件件有回复、事事有着落"。联合市公安局、团市委建立宜昌市首个未成年人"一站式"办案中心，避免办案中带来的"二次伤害"，彰显司法温度，进一步有效尊重和保障人权。

了帮助。宜都市在治理过程中按照"一中心一平台"工作思路，整合乡镇(街道、矿区)治理力量，建成乡镇(街道、矿区)社会治理综合服务中心，实现综合治理、网格管理、法律服务、矛盾调处、信访办理和应急指挥等工作的统筹。建立市乡村三级公共法律服务体系，在"宜都一家亲"App上设置"法律服务"模块，打造融合司法、行政多项职能的公共法律服务网络平台。完善公共法律服务热线、互联网、微信平台，建立"警格对接"机制，融合构建覆盖城乡、便捷高效、均等普惠的现代公共法律服务体系。按照"选派一批在职的、选聘一批退休的、选培一批不走的""三个一批"原则，选优配强法治村(社区)主任，法治村(社区)主任统筹村(社区)治保会、法律顾问、社区民警、司法所干警队伍资源的融合，坚持用法治思维引领社会治理，规范开展自治活动，并利用各类契机组织开展道德宣传，促进法治服务中展现"三治"综合效能。建立宜都市法学会会员下沉社区参与市域治理长效机制，引导全市在册的626名个人会员在村社区报到，开展法治宣传活动参与基层社会治理。依托全国信用信息公示系统交换平台，落实"全省一张网"建设要求，配置各部门管理员及登录账号，55个部门和机构对接省信用信息汇集系统，2020年归集数据总量11300条。市场监管部门依托国家企业信用信息公示系统、"信用中国(湖北宜都市)"等，公示企业、个体户、农民专业合作社的行政许可信息。依托信用信息公共服务汇集系统，组织开展公共服务事项确认、数据上传培训。

(三)坚持德治为序，凝聚法治社会建设软实力

在我国传统社会，道德是支配社会治理的重要力量，随着"三纲五常"等儒家传统的消失，传统基层社会中人与人之间的"团结力"和"向心力"受到挑战。新时代我们所要求的"以德治国"是通过道德来约束人们的内心和行为，从而形成稳定的社会秩序，为法治国家建立坚实的社会基础。同时通过发挥道德的引领作用，可以凝聚广大群众的道德共识，为合作共治赢得情感支持。

1. 弘扬文明新风、注重典型示范

道德建设在社会治理工作中往往扮演着重要的角色，每个社会主义的建设者如果能够自觉养成良好的道德品质，崇尚社会主义核心价值观，那么整个治理工

作的展开将大受裨益。具体的措施有：组建市委宣讲团、青年宣讲队、百姓宣讲团等多支队伍，充分发挥"学习强国"平台作用，开展"微微道来""决胜小康、奋斗有我""听党话、感党恩、跟党走"等宣讲活动，推动新思想深入人心。把社会主义核心价值观融入村规民约、文明公约、家规家训及中小学生守则，用制度强化社会主义核心价值观成为人们的行为规范。宜都市 268 位楷模好人，组建宜都市暖立方道德模范志愿服务队，开展巡回宣讲 370 多场次，好人带动效应更明显，典型宣传正能量更强劲。选聘 42 名市级宣讲员，成立宜都市"道德法治讲堂宣讲团"，开设市乡村三级道德法治大讲堂，常年开展理论宣讲、法治宣讲、道德宣讲，邀请华中科技大学等高校专家教授开展"百马行动"宣讲，将党的理论政策送进千家万户。全市各部门联动开展系列诚信宣传教育主题活动，发布诚信单位、个人名单，树立诚信典型，确保社会主义核心价值观深入人心。此外，还有其他各单位相关举措的开展也为社会主义核心价值观的培养贡献了力量。①

2. 强化实践养成、规范道德行为

深入贯彻《新时代公民道德建设实施纲要》《新时代爱国主义教育实施纲要》，加强新时代文明实践中心建设，广泛开展文明交通、文明旅游、网络文明传播、文明餐桌、制止餐饮浪费等专题活动，大力开展"诚信宜昌"建设专项整治行动，先后组织开展"诚信建设万里行"接力、"不忘初心、诚信为民"、窗口行业诚信践诺等活动，连续 18 届组织"万名消费者评诚信"创评活动，每年评选十佳诚信单位，曝光十大失信案例。深入开展治理农村"人情风"等主题活动，倡导社会

---

① 例如，市信用办联合宣传、市场监管等部门组织开展"6·14"信用记录关爱日、"万名消费者评十佳诚信单位""3·15 网络诚信消费者权益日""你点我检食品安全快检日""文明诚信个体经商户"评选等活动，宣扬诚信典型。医疗卫生、市场监管、生态环保等部门联动，定期开展"尚德守法、共治共享食品安全"宣传活动，教育部门在全市开展"诚信友善伴我成长"青少年爱国主义读书教育活动；住建、应急管理、教育等部门分别开展了"质量月""安全生产月""学雷锋活动日"等活动，营造诚信和谐的社会氛围。注重典型示范作用，建立先进典型"四级"发布机制，通过选树道德模范、宜昌好人等社会贡献大、事迹突出感人、典型示范性强、群众口碑好的先进典型，2018 年以来评选"宜昌楷模"194 人、"宜昌好人"457 人，推出"全国道德模范"（提名奖）、中国好人、新时代好少年等重大典型 64 人，疫情防控期间推出"最美医务工作者""最美志愿者"等先进典型 5 批 221 人，通过典型带动，营造了崇德向善、见贤思齐的社会氛围，形成好人好报、德者有得的正向效应。

文明新风尚。深化"志愿之城"建设，按照"一队五员五统一"标准成立社区(小区)志愿服务队，全市注册志愿者达75.8万人(占常住人口比例的18.1%)，各级志愿服务组织达3869个，打造"15分钟"志愿服务圈，常态化开展志愿服务活动，累计120余万人次贡献志愿力量。"英子姐姐""三峡蚁工"等品牌响彻全国。

宜都市内媒体统一开设专题专栏，开展市民应知应会社会宣传，教育引导市民自觉遵守文明行为规范和道德规范。不到一年时间，印制宣传资料20万余份，制作文化扇、文化伞、文化衫、抽纸盒等各类宣传品50余件。采取"线下展演+线上直播"方式举办"公益宣传进社区"活动10场，累计150余万市民观看。开展文明城市创建、市民文明行为线上有奖知识问答及网络专题宣传活动，近5万名群众参与，广大市民的文明素养在互动参与中得到提高。以社会主义核心价值观、文明健康有你有我等为主题，安装各类户外公益广告牌9000余块，25000余平方米建筑围挡穿上公益广告"文化衫"，"八景放歌""宜昌往事""灵秀宜昌""城市名片"等墙绘成为亮丽风景线，使社会文明融入生活场景。

(四)坚持自治为基，激发法治社会建设源动力

1.健全自治管理机制

自治是基层社会治理的重要手段，也是基层社会活力的重要源泉。加强基层社会的自治性，在激发群众热情和主动性的同时，提高人民群众对社会的认同感，从而减少纠纷的发生，有助于促进社会和谐健康发展。居民自治早已确定为我国基层社会的基本治理模式，现代社会治理理念要求群众在社会治理中发挥主体作用，群众参与基层自治以农村村民委员会和城市居民委员会为主要形式。由于我国的权力本位、臣民文化等历史文化传统、长久以来行政权力的一元治理体制的影响，村民、居民社会治理参与意识不高，参与形式表面化，公共事务决策、监督保障机制不完善。各种利益诉求的博弈与均衡导致了公众参与的分散化、无组织化，无法有效实现社会自治与共治的目的，宜都市学习"枫桥经验"主要通过村民委员会和民间调解委员会等体制内社会组织来实现对社会不同群体零散及片段化利益诉求的整合与解决。社会治理过程中利益组织化程度不断提升，决定了公众参与的组织化程度也需相应提高。多元主体协同共治离不开社会

主体利益的组织化，组织化的公众参与有利于整合多元力量和资源，融通基层政府、自治组织、社会组织和居民（村民）之间的利益互动机制，通过社会公众相对稳定、集中持续的利益诉求，实现利益表达、交涉和协商过程更为有效，缓冲行政权力与自治权利之间的矛盾，实现真正意义上的社会共治与自治。

2. 充分发挥村规民约的作用

基层社会治理中充分发挥村规民约的作用并非凭空而来，实际上它有着深厚的历史基础。在北宋后期，成文的村规民约就已出现，在稍经沉寂之后，从南宋中期开始又受到了关注与推崇。从明清至民国，村规民约得到了持久的发展与践行，相应地改变了传统中国基层社会治理的模式。① 当然随着时代的发展，统治阶层也对村规民约进行了改造，使之成为基层社会治理的重要抓手。其经验教训，也值得今天反思和借鉴，在去除糟粕、吸取精华的基础上对其进行切合实际的改造，相信完全能够使之服务于当今中国正在进行的基层社会治理和社会主义新农村建设。"枫桥经验"在发展中注重通过不断完善制度来解决涉及群众切身利益的矛盾和问题，有些上升为法律，属于刚法、硬法范畴，也有些属于软法范畴，发挥着软法的作用。从一定意义上讲，"枫桥经验"也是法治的经验。枫桥镇高度重视法治建设，充分利用"乡规民约""基层治理章程"等"小宪法"来规范和约束群体行为，并且通过"小宪法"对基层社会矛盾进行规范与指导，依法有序解决发生在基层的社会矛盾与冲突，从而增强基层社会治理的规范性、有序性与权威性。党的十八届四中全会提出全面推进依法治国，其中就明确指出要发挥市民公约、乡规民约、行业规章等社会自治规范在社会治理中的重要作用。② 枫源村是当年"枫桥经验"的发源地之一，枫源村是由原先的三个村合并而来的大村，近年来因开发建设等问题，村民矛盾呈现上升趋势。枫源村在传承"枫桥经验"中注重运用"民主+法治"来治理村民事务，

① 周家明，刘祖云. 传统乡规民约何以可能——兼论乡规民约治理的条件[J]. 民俗研究，2013(5)：65-70.
② 黄霞. 传统乡规民约的基层社会治理与现代转换价值[J]. 湘潭大学学报(哲学社会科学版)，2017，41(2)：128-132.

通过"三上三下"①方式修改完善村规，依规治村。枫源村将经过"三上三下"制定的村规刷在村道两边的墙壁上，形成人人用村规规范自身行为、人人监督村规执行的良好局面。

宜都全市 155 个村（社区）修订完善村规民约（居民公约），建立了家庭文明诚信档案和数字化信息平台，推行积分制管理，并实施"百千万"文明诚信家庭培育工程，以此建立激励和约束机制，激发居民自治内生动力。依托村规民约，在 9 个农村社区建立家庭文明诚信档案体系，通过守法诚信褒奖机制和违法失信行为记载机制引导村民自律，规范村民行为，增强村民自治活力，培育文明新风。自诚信档案实施以来，陆城各村矛盾纠纷数量逐渐减少，信访重点人重点事化解率显著提高，维护了社会和谐稳定、人民安居乐业的良好局面。健全自治机制，是优化乡村治理，健全党组织领导的自治、法治、德治相结合的乡村治理体系，推广"党员公约"、家庭诚信档案、道德评议"红黑榜"等做法。建立村级"小微权力"运行清单制度，规范"三资"管理、工程项目建设等 7 大类、36 个村级"小微权力"运行。制定软弱涣散党组织整顿销号实施办法，全市软弱涣散村党组织全部转化提升。出台村级集体经济均衡发展"黄金十条"，建立发展集体经济激励机制，通过增量奖励、股权激励、贡献奖励等方式，调动村干部发展集体经济积极性。加强村（居）委会、村（居）务监督委员会规范化建设，健全村（居）议事协商制度。在"家+驿站"实施"支部书记+居民组长+网格员+志愿服务+驻格警务""五岗一体"末梢治理，探索建立"四主一化"物业管理机制，打通基层社会治理"最后一百米"。

3. 加强合作治理

宜都市学习社会治理先进经验，加强各社会组织合作治理。为了适应社会主要矛盾变化、满足居民的需求，开展了一系列富有成效的治理实践，逐步形成了社会协同的多元共治机制，带领社区治理迈向新台阶。例如，学习诸暨市江新社

---

① "一上一下"是指村"两委"成员到群众中去收集议题，再上门征求意见；"二上二下"是指酝酿方案，召开民主恳谈会，对方案进行深入讨论；"三上三下"是指审议决议，将协商的具体方案交党员会议审议，经村民代表会议表决通过后组织实施。

区基层社区治理经验，采用"共同治理型"模式。① 江新社区积极发挥居委会、社区组织、驻区单位之合力，构建多元化的社区治理主体。首先，在政府顶层设计的前提下，充分发挥居民委员会的服务职能。居民委员会作为基层自治组织，一头连着政府，一头连着社区，为社区提供各项基础服务，在发挥其自治职能的同时，也协助政府开展社会治安、法律服务、矛盾纠纷化解等社会治理服务。其次，鼓励社会组织参与社会治理。随着公众需求的多样化，培育和发动社会组织参与社区治理越来越重要。例如，江新社区积极组建舞蹈队、合唱队、居民乐队开展娱乐活动，促进社区和谐；组织居民讨论、决策社区事务，也为社区治理工作分担压力。最后，发挥驻区单位自身优势，有效整合基层社会资源。驻区单位是指辖区内的企业、事业单位和行政机关，利用其场所、设施、资金等资源优势可有效弥补基层治理中政府管理的不足。专门确定一名驻区联络员，积极与驻区各单位沟通交流，如需要开展青少年法治培训的，通过司法局的联络员，派专业人员进行法律讲授。

宜都市坚持扎实推进"三社联动"，组建乡贤理事会、红白理事会、道德评议会、"逆行志愿服务队""金剪刀"志愿服务队等各类社会组织，链接社区公益慈善资源，形成工作合力，全市参与其中的社会组织多达580家。一是实现社会组织党建全覆盖，将社会组织培育发展与党建工作紧密结合，从符合单独组建条件的抓起，对有正式党员3名以上的，按单位应建尽建。二是在2020年，志愿服务组织、企事业单位志愿服务骨干力量以及广大志愿者发起成立了宜都市志愿服务联合会，成为推进全市"志愿之城"建设的重要载体。三是开展2020年社区公益创投服务项目创投大赛，城镇社区公益创投项目重点围绕特殊困难群体关心关爱、社区养老托幼服务、社区邻里互助及其他内容开展，农村社区(行政村)公益创投项目重点围绕乡村振兴、农村"三留守"关爱、农村社区居家养老及其他内容开展，有效推进了宜都市"双基强化，三治融合"工作顺利开展。

4. 推进网格化管理，深化矛盾纠纷化解机制

宜都市致力于构建网格化管理、精细化服务、信息化支撑、开放共享的基层

---

① 汪世荣，褚宸舸. 枫桥经验——基层社会治理体系和能力现代化实证研究[M]. 北京：法律出版社，2018：158-159.

管理服务平台，实现矛盾纠纷联调、社会治安联防、突出问题联治。网格化管理是指以一定的标准将目标分成若干个网格单元，并依托空间信息技术和后台数据库，为网格对象提供诸如调解纠纷、社会帮扶、就业指导、预防犯罪等社区公共服务的一种管理模式。当下，随着信息化进程的发展，和大数据时代的到来，网格化管理的浪潮应运而生，结合"枫桥经验"形成另一种全新的社会治理模式，从而更好地服务群众，实现从群众中来到群众中去。在宜都市的网格化治理中，建立起多元主体共建共治共享的协商治理机制，不同主体之间相互配合、支撑，形成化解矛盾纠纷的合力，对基层社会治理起到了积极的推动作用。① 在化解各类矛盾纠纷时，优先适用调解方式解决民间纠纷，同时共有三级调解组织，划分为村、片区和镇三级。在各类调解组织中，起主要作用的是社会调解组织。政府将相关权力下放到基层，调动群众的积极性，让人民群众自己管理自己，自己解决自己身边的事情，这恰恰也是良治的一种方式。但是部分地区仍存在党政之间、政社之间、社民之间互动不成熟，社会资本积累不足，价值选择相对模糊，导致矛盾纠纷出现，各主体之间得不到有效的信息交换，不能及时作出反应，调解工作难以走在激化前。因此，在基层社会治理中网络要素的搭建是必不可少的。宜都市制定《强化科技支撑创新基层社会治理方案》，在规划建设大统一、组织领导基础支撑一体化的基础上，将宜昌市网格基础信息平台升级为宜昌市社会治理一体化平台，采集的基础数据和公安机关"一标三实"和户籍数据、全市政务数据、职能部门业务数据互联互通、实时比对，平均每天交换数据 120 余万条，汇聚各类数据达 61 亿条，形成全市城乡一体"一图一库一平台"基础信息平台。探索开发市、县、街道、社区四级综合指挥平台，作为全市"网格发现、社区呼叫、分级响应、协同处置"的指挥调度枢纽，将全局掌握于平台当中，便于及时处理信息，解决矛盾纠纷。

宜都市着力加强人民调解网络建设，在规范建设市、乡、村（居）、组、户（民调中心户）五级 167 个人民调解组织的基础上，重点推进联合专业人民调解委

---

① 枫桥镇以网格化为抓手，构筑起了"纵向到底、横向到边"和"纵向联动、横向整合"的社会管理网格系统。其纵向治理体制由三级网格构成，镇是第一级网格，片区是第二级网格，村一级是第三级网格。横向上，从"纠纷化解网格化、土地管理网格化、社会管理网格化、社区警务网格化、安全生产网格化、应急管理网格化"六个方面实现横向整合。

员会建设，整合"1"支专业人民调解员队伍，着力加强人民调解网络建设。为了适应新形势的需要，突出"第三方"特点，宜都市加快联合专业人民调解委员会的组建速度。市委召集群工、财政、公安、人社等部门多次召开专题会议，确定工作重要事项及时间表，下发会议纪要，市委、政法委牵头，相关部门参加，赴荆门学习专业人民调解委员会建设工作。市委、市政府下发《关于成立宜都市第三方人民调解工作领导小组的通知》《关于调整宜都市人民调解工作领导小组的通知》等文件，投资 50 余万元高标准建设宜都市联合专业人民调解委员会，联调委按照"1+7"的模式运行，同时预留其他类型的调解功能，根据实际需要成熟一类、进驻一类。联调委的建设和运行模式得到了各级领导和广大人民群众的充分肯定和赞许。在建立专业化调解队伍的同时注意专业化和社会化相结合。宜都市建立完善村级法律顾问制度，全市 123 个村、32 个社区都聘请了常年法律顾问。争取各级财政保障每村每年 3000 元的法律顾问费，激励法律顾问参与调解工作，确保村(居)调解组织法律专业人士全覆盖。宜都市政府高度重视"以钱养事"的工作办法，在全市范围内选聘 15 名年轻人到乡镇调解一线，形成分工合作的人民调解工作模式，充分发挥各专业的优势，共同商讨、集体支招，彰显出宜都人民调解工作的集体智慧和力量。2020 年，宜都市联调委共受理调解纠纷 403 起，其中医患纠纷 62 起，群体性纠纷 117 起，达成协议 323 件，减少了群众诉累，节约了司法资源。充分发挥人民调解员的优势，探索人民调解工作品牌化建设，2020 年 5 月底在红花套镇和王家畈镇共受理各类矛盾纠纷 85 件，调解成功 84 件，涉及金额 83 万余元，及时把矛盾纠纷化解在基层，消除在萌芽状态，用老百姓的法儿办老百姓的事儿，破解了一大批"硬难题"。

5. 加强平安体系工程建设

宜都市在枫桥镇"枫桥式社区警务"的基础上加强平安体系工程建设，形成了许多新做法、新模式，打造了自己的社会治安综合治理体系。① 宜都市建立

---

① 建立枫桥式社区警务，实行网格化管理，构建"一网一站建警区、一村一点设阵地、警务政务相结合"，充分依靠群众，建立警察与居民共事的治安防范策略。平安建设是一个比综治工作更加广泛的工作范围，其中主要的工作目标可以分解为社会政治稳定、治安状况良好、经济秩序平稳、安全生产状态稳定好转、社会公共安全、人民安居乐业、基层基础建设、重点部位的强化管理八个领域。

"警格对接"机制，设置了引导融合社会力量和公众多元化参与社会治安防控的相关举措，从而防范社会风险和维护社会治安。推行"1+N"警务模式，在闹市街头和偏远山区分别设立"密防快反"警务服务站和村级中心警务站，实现警力下沉，增强治安防控力量。组建"联合专业调解委员会"，融合专职调解员和相关领域专家推动形成"1+6"①多元协调共治模式，实现"专业的问题专家管、大家的事情大家判"。按照"1+5+N"②的工作思路，以及"一厅三窗 N 室"③的结构标准，建成 9 个完善的社会治理综合服务中心，通过阵地上的统一，实现综治协调、网格管理、法律服务、矛盾调处、信访办理、应急指挥工作的统筹。建成宜都市基层社会治理综合应用平台，自主开发"宜都一家亲"手机前端，为职能部门精准服务基层服务群众、社会组织和市民群众广泛参与共建共治提供信息化支撑。"宜都一家亲"已注册用户达 60150 人，其中激活用户 39674 人，已认证专业人士 390 人，建立各类群组 247 个，受理群众需求 2505 次，发布信息 5005 条。自"双基强化、三治融合"基层社会治理实践开展以来，宜都市治安案件发案数量从 2017 年的 941 件下降到 2020 年的 886 件，减少了 55 件。信访总量从 2017 年的 3597 件下降到 2020 年的 2165 件，减少了 1432 件，可见，群众关于社会治理及矛盾解决的满意度有所提升，"双基强化、三治融合"的基层社会治理实践取得了显著的成效。此外，还有全面深化平安交通创建的举措应用在社会治理中，交通问题是社会治理领域不可规避的关键问题，公共交通安全关系到人们的起居出行，唯有把握好平安交通这一环，人们的日常生活才有保障，其他的事项才能在此基础上展开。宜都市自从全面深化平安交通起，就开始进行专项整治，严打违反交通运输管理法规的行为，及时扫除交通隐患，采取的若干举措也取得

---

① "1+6"多元调解：专职调解员+医疗纠纷调解委员会、道路交通事故纠纷调解委员会、劳动争议纠纷调解委员会、物业纠纷调解委员会、婚姻家庭纠纷调解委员会、环境保护纠纷调解委员会。

② 1+5+N：1：以综治中心为主体；5：融合网格化管理、群众来访接待、公共法律服务、矛盾纠纷调解、应急指挥等五个中心功能；N：可自选入住的物业管理、社会心理健康服务、社区戒毒、社区矫正、巡回法庭等特色中心。

③ 一厅三窗 N 室：一厅：社会治理综合服务大厅；厅内设三个窗口，分别为群众来访接待窗口、网格化管理服务窗口、公共法律服务窗口；N 室：包括政法办公室、应急指挥室（含"雪亮工程"等系统展示平台、矛盾纠纷调解室、法学法律工作者之家（公共法律服务站）必建的四室）和心理咨询室、社区矫正室、社会组织活动室等特色工作室。

了一定的成果。① 组织市内各新媒体平台，充分发挥新媒体融合传播优势，构建法律服务宣传矩阵，广泛开展法治宣传教育和法律援助宣传。围绕市民关注的热点，推送了《无证驾驶发生交通事故，怎么办?》《千万注意! "很受伤"可以获得精神损害赔偿吗?》等文章。② 市民们在阅读完这类文章后都各自表达了意见，在了解社情民情的同时，也普及了法律知识，帮助市民从多角度公正客观地看待事实。

深入开展"雪亮工程"，以其为支撑提升平安建设水平，根据不同部门不同需求，及时推送到环保、林业、教育、食药、交通、住建、旅游等部门应用，加强了部门行业监管。对重点群体、重点人员实现视线内对象精准预警、视线外风险及时发现、重大案事件迅速"关门"。充分了解掌握其动态，最大化降低风险。试点建设 94 个智能小区，实时采集进出小区人员、车辆鲜活数据，与全国违法犯罪数据库、在逃人员库等自动关联比对，及时自动推送到社区民警、网格员、小区安保人员的手机上，日均智能采集数据 16 万余条，做到实时互动、查证可疑，用科技手段消除治安隐患。建立大数据辅助科学决策机制，通过数据关联比对、实时分析研判，将数据资源利用"最大化"，实现事前预警、事中控制、事后打击的精准化。研发"个人极端风险智能分析平台"，从重点人的性格特征、矛盾性质、行为偏好等 7 个维度 38 个属性标签建模分析，有效预防了个人极端案件的发生。完善社会治理一体化平台的矛盾纠纷排查化解模块，网上网下快速化解矛盾纠纷，探索调解协议书网上司法确认，为群众提供更加便捷的服务。

---

① 深入开展公路交通安全领域专项整治，打造"平安公路"，实施公路安全生命防护工程，开展农村公路临水、临崖、急弯、陡坡等路段隐患排查治理。2020 年下达农村公路安防工程建设计划 1269 公里，目前已全部完成。深入开展道路交通安全领域专项整治，打造"平安运输"，强化汽车客运站安全管控，严格落实"三不进站、六不出站"制度，提升旅客进站安检效率和服务质量；强化道路客运企业安全管控，督促道路客运企业严格落实安全基础保障、驾驶员管理、车辆管理、动态监控、运输组织、风险管控和隐患排查等管理要求，推动动态监控责任落实，提升联网联控监管效能。

② 相关稿件 100 余篇，阅读量达 10 万人次，上千人参与话题讨论。策划推出了《整体国家安全观》《国家安全法》《保密法》《打击防范非法集资》等公益宣传片。及时转发《法治宜昌》栏目，对《宜昌新闻》《直播宜昌》等栏目播出的各类普法新闻与法治类新闻进行宣传推介。

6. 抓科技支撑，创新市域社会治理现代化方式方法

以统一的基础信息平台为支撑，推进信息化智慧服务体系建设，采用"互联网+服务"，建设"宜格微治理"平台。总结抗疫经验，固化社区微信群建设，在试点社区以楼栋为单位建立居民微信群，社区书记、网格员、楼栋长等加入，通过微信群将居民群众生活息息相关的各类业务、活动、应用、服务、系统、数据、资源与微治理平台全面对接。作为湖北政务服务五级联通试点，在全省率先实现市县乡村政务服务全覆盖，目前可网办事项达 40 万件，可网办率达到 98.6%，办件总体时间压缩了七成以上。宜都市格外重视保障公民依法安全用网的情况，市内重点新媒体网站、"两微一端"等平台开设"全国法治政府建设示范市""网信宜昌""聚焦学习民法典""网信普法进网站""优化营商环境"等专题专栏，结合法治政府建设、宣传民法典、优化营商环境、法律知识普及等内容及时播发相关新闻近 200 条。宜昌发布微信公众号开设"律师说"微信专栏，共发表 12 期以交通事故法律咨询为主要内容的法律知识普及稿件。开展了《答题赢大奖，这套〈民法典〉考题你能拿多少分?》有奖竞答，引导网民主动参与《民法典》普法学习，参与人数 4000 多人次。有效整合了媒体单位线上线下优势资源，及时对涉及纠纷类、维权类，甚至诉讼类的民生新闻进行二次加工，通过新闻网站、"两微一端"等新媒体平台及时播发，并开设《有请律师》《网上问政》等一系列新媒体栏目，使内容更贴近、传播更广泛、服务性更强，营造出以法律解决民生问题的浓厚氛围。

第三章 "枫桥经验"视角下基层社会
治理的价值选择

"枫桥经验"为解决基层矛盾纠纷进而探索基层社会治理模式提供了宝贵的经验与智慧，从最初"就地解决矛盾"到后来"海上枫桥""网上枫桥"等形式的演变，在新时代发展背景下，枫桥经验历久弥新，被注入了新的含义，在坚持"矛盾不上交"的同时也在不断丰富自身的内容。当诸多元素和含义被填充至其本身时，势必会产生价值冲突问题，此时如何化解冲突就会涉及价值选择问题。如何平衡不同价值在枫桥经验价值体系中的定位，如何作出更优的价值选择进而指导基层社会治理实践是其必然要解决的问题。

一、"枫桥经验"在治理中的价值冲突

"枫桥经验"起源于化解基层矛盾纠纷，后来逐步通过党政、民众、社会组织等多元主体共同化解矛盾纠纷，形成了符合当地实际情况的基层社会治理模式和体系，在推动社会治理体系构建的新时代背景下，被赋予更多内涵的"枫桥经验"对于各类社会纠纷的预防、化解乃至构建和谐社会等过程具有多重作用和意义，并且会基于不同的价值考量，作出不同的价值选择。① "枫桥经验"旨在化解纠纷、矛盾，构建符合实际的基层治理模式，其在发挥自身最大效能时必然会在具有一定冲突的价值之间进行价值选择，其价值冲突往往存在于规范的应然价值、实然价值以及社会实践价值的选择中。由于价值总量具有恒定性，其倾向于一种价值时，必然面临另外一种价值的相对缺失，一旦价值选择有所偏差，势必

---

① 严存生. 法的价值问题研究[M]. 北京：中国政法大学出版社，2002：281.

造成"枫桥经验"的效用减损，甚至产生负外部性，诸如自由和秩序、公平和效率、安全和秩序、安全与效率、政治和法治、自治与法治等价值之间的冲突。如何进行正确的价值衡量和选择，对"枫桥经验"的丰富和发展具有基础性的作用。从另一方面来说，"枫桥经验"要想发挥其最大的效能，就必须在诸价值间作出最有利的权衡与选择，这不仅是简单的价值选择问题，更是具体政策与方式在执行时所面临的必然情况。因此，必须研究"枫桥经验"的价值冲突表征和实质，进而为后续价值选择奠定基础。

（一）自由和秩序

"枫桥经验"中具有代表性的价值冲突表现在自由和秩序之间的矛盾。在基层社会治理的过程中是赋予民众解决纠纷途径选择的自由和绝对的意思自治权，还是对其过程加以规范的约束，限缩民众的选择空间抑或限缩至何种程度，这是一项重要的课题。

1. 自由和秩序的辩证统一关系

自由与秩序都是社会治理中要考虑的价值要素。[①] "枫桥经验"虽然生发与解决社会层面中人与人关系的治理问题，但当前已然成为社会综合治理的一部分，并且其重要性越发显现，人与自然关系的处理成为当前社会治理的应然内容。因此，广义的自由应然成为本章的讨论范畴。自由是每个人竭力追求的，其集中表现在社会关系网络约束下的意志自由和行为自由。在确保社会关系网络整体的稳定与和谐的前提下，最大限度地扩大个人的选择自由是当前社会发展的大趋势，也是时代进步的标志。但自由并非无限的，在社群组织中，个人自由要受到秩序的约束。[②] "枫桥经验"之所以能够称为基层社会治理的典范，是因为其从民众的利益出发，在解决矛盾纠纷的过程中为民众提供了选择自由和发声渠道，并且将这种自由内化为理念和价值追求。当面对具体纠纷时，采用一成不变、僵硬固定的解决方法必然不是长久之计，还会降低纠纷解决的效率，"枫桥经验"之所以

---

① 严存生. 法的价值问题研究[M]. 北京：中国政法大学出版社，2002：538.
② 严存生. 法的价值问题研究[M]. 北京：中国政法大学出版社，2002：121.

为人所称道正是由于其提供了特色化的纠纷解决方式,适应当地的实际情况。①
因此,枫桥经验通过多样化的形式和途径保障民众选择的自由,也通过多样化的
途径确保民众自由意志的实现。当然,民众的自由意志和选择自由是在一定前提
和约束下得以实现的,是以具有稳定性、延续性和可预测性的秩序作为前提,否
则自由也难以永续存在。"枫桥经验"将软法与硬法相结合,通过规范的形式为
纠纷化解、治安维护、民主协商等提供了基本框架。② 在这样的法律制度设计
下,既充分保证了群众自由,又维护了秩序的稳定,促进了秩序的建立和完善。

从另一个角度看,自由和秩序的价值是此消彼长的一对矛盾体,一旦一方超
过必要限度,势必会侵蚀另一方的空间,造成价值失衡,影响"枫桥经验"的实
效。"枫桥经验"从根本上说是一门实践学问,即"枫桥经验"来自基层,是人民
群众自己创造的,其价值和生命力也在于此。③ 因此,民众自身实践如果过于注
重对相关行为进行规范,通过制度化的方式对事件空间进行限缩,将使"枫桥经
验"失去活力,其必然难以达成社会的和谐善治。反之,如若任由民众行使权利,
肆意行为,一旦实践出现异化和不公,将必然造成秩序紊乱,"枫桥经验"的预
期实效便难以实现。综上所述,"枫桥经验"所蕴含的自由和秩序价值既对立又
统一,两者相互依存,此消彼长,需要平衡两者之间的价值选择。

2. "枫桥经验"中秩序价值服务于自由价值

不同的价值必然有先后主次顺序,而自由和秩序作为对立统一的价值,必然
面临着何种价值更优位,何种价值为第一性的问题。以自由与秩序来说,两者属
于不同层面的价值。④ "枫桥经验"是实在性与理想性的统一,实在性即"枫桥经
验"的各种方式方法对矛盾纠纷化解、社会治安维护、生态环境保护乃至构建和

---

① 汪世荣,褚宸舸. 枫桥经验——基层社会治理体系和能力现代化实证研究[M]. 北
京:法律出版社,2018:61-66.
② 徐汉明,邵登辉. 新时代枫桥经验的历史地位与时代价值[J]. 法治研究,2019(3):
94-108.
③ 汪世荣,褚宸舸. 枫桥经验——基层社会治理体系和能力现代化实证研究[M]. 北
京:法律出版社,2018:69.
④ 相较而言,自由价值属于目的性价值,而秩序价值属于手段性价值,秩序价值保障
自由价值的实现。

谐社会具有良好的实效。为此，基于"枫桥经验"衍生出桐乡经验、民意街派出所等模式，均汲取了"枫桥经验"的合理内核并进行了内化，形成了符合当地实际情况的独特"枫桥经验"。作为各地共同的价值追求，即目的性价值，其中所蕴含的能够使民众实现自身发展的自由成为其不断推广和历久弥新的动力。作为目的性价值，具有本源性和导向性作用，而实现目的性价值必然需要相关的制度规则予以约束和规范，这就需要秩序作为保障。民众必须明晰自己的自由边界，同时在行使自由时必须保持克制，不能出现逾越权利或权利重叠的情形。此时就需要建立某种秩序以保障自由的行使，因而自由价值成为"枫桥经验"的底蕴，秩序价值成为"枫桥经验"的保障。在"枫桥经验"社会治理实践中，会发现多样化的规范，既包括硬法和软法，也包括村规民约、文明公约等。它们以各种秩序形态满足群众对自由的追求，并确保群众自由得以实现。如果"枫桥经验"一味追求秩序，通过多种规范对民间纠纷的调解予以监管，规范调解的每个环节，其所导致的必然结果是实践过程的程式化、机械化，对于参与调解的多方主体而言，势必会对冗杂的程序感到反感；对调解的结果而言，将进一步增加达成合意的难度。因此，秩序的过度建立对"枫桥经验"这一实践性的治理方式而言是毁灭性的，其压缩了实践中的自由空间，降低了"枫桥经验"所具有的活力，与"枫桥经验"的初衷和目的背道而驰。因而"枫桥经验"中秩序的建立应当服务和保障自由的实现，这也就决定了秩序是有限度，通过最小限度的秩序来服务和保障最大限度的自由，进而激发"枫桥经验"更大的活力和示范效应。综上所述，在"枫桥经验"中自由价值处于更优位，作为第一性的价值存在，而秩序价值服务于自由价值，为第二性价值存在。

(二)公平和效率

公平与效率是普遍存在的一对社会价值。"枫桥经验"中对矛盾纠纷化解的方式方法之所以能够为民众认同，重要的原因在于其成功地调和了公平和效率之间的关系。可见，如何调节公平与效率的关系，如何在两者发生冲突时作出最优选择，是推行和发展"枫桥经验"所亟须克服的问题与难题。

1. 公平与效率的辩证统一关系

"枫桥经验"的公平主要体现在处理人与人之间各种矛盾纠纷时"合伦理"的

价值判断。① 公平可区分为不同的类型。② "枫桥经验"的提出起源于基层矛盾纠纷的化解，对于矛盾纠纷的化解是否正义，取决于是否符合社会伦理的标准，即民众的价值判断。而效率则代表利益产出的速度。

所谓公平并非绝对意义上的公平。一方面，社会的矛盾纠纷不可能全部诉诸司法，主要原因在于司法资源的不足以及一些纠纷不必诉诸司法，否则将造成司法资源的浪费甚至枯竭。另一方面，即便诉诸司法，某些矛盾纠纷的实体正义也可能难以完全达到。主要原因在于矛盾纠纷一旦发生，便成为过去式，难以重构，导致事实真相难以还原，这也是造成证据稀缺的主要缘由。此外，正义不仅仅是实体意义上的，还包括程序意义上的正义，有时不能完全考虑实体正义而忽视程序正义，而应综合考虑。如果正义的实现意味着公平，那么效率在正义的实现过程中就不能舍弃，公平和正义是纠纷解决过程中需要综合考虑的价值。"枫桥经验"在这一方面有其独到之处。③ 公平与效率的调和在"枫桥经验"中得到了创新性的体现。④ 由此可见，"枫桥经验"在实践中兼顾了公平和效率这两个不同层面的价值要素。⑤ 因此，在"枫桥经验"中，公平与效率的价值冲突不可避免，此时作为多元综合治理的典范，在兼顾公平与效率时，应当选择正确的价值偏好。

2. "枫桥经验"中效率价值服务于公平价值

尽管公平与效率是需要综合考虑的社会价值，但在不同的情景下需要作出特殊考量。公平正义与效率是目的与手段的关系，手段运用得当可以事半功倍，尤其体现在"枫桥经验"中多元化的纠纷解决模式，包括主体和途径两部分。"多元主体"⑥具体包括四类，"多元途径"具体包括五个方面，即协商谈判、人民调解、

① 卡尔·拉伦茨. 法学方法论[M]. 北京：商务印书馆，2018：6-9.

② 严存生. 法的价值问题研究[M]. 北京：中国政法大学出版社，2002：384-386.

③ 强世功."法治中国"的道路选择——从法律帝国到多元主义法治共和国[J]. 文化纵横，2014(4)：38-47.

④ 汪世荣，褚宸舸. 枫桥经验——基层社会治理体系和能力现代化实证研究[M]. 北京：法律出版社，2018：363.

⑤ 谢邦宇，朱科敏. 秩序·公平·效率——市场法律价值目标模式定位[J]. 法学，1995(4)：9-12.

⑥ 即党政机关、政府部门、社会组织和基层民众。

仲裁、行政裁决与复议,其中诉讼是各方式中居于终局节点的纠纷解决方式。①在矛盾纠纷的调处过程中,注重对多元途径的建设就是最大限度地保障民众维护自身权益的发声途径,实现民众所追求的正义。由于绝对的正义难以实现,所以通过协商谈判、人民调解、仲裁等非诉程序对矛盾纠纷的调解建立在当事人之间相对公平的基础之上,为当事人所接受,并且也可以为社会一般伦理规范所认同。即便以上非诉讼程序无法解决纠纷,还可寻求诉讼程序手段,借助最具强制力和可靠性的权利维护自身利益,通过非诉讼程序与诉讼程序的结合,保证公平正义的实现。

生产力的进步和社会主义市场经济的发展在带来便利的同时,也导致诸多矛盾、纠纷的出现,尤其是经济纠纷愈发增多,所有的矛盾纠纷均通过繁琐的诉讼途径加以解决不仅会造成司法资源的紧缺,而且民众也会受到诉累的困扰。因此,通过多种途径的衔接,将简单易解的纠纷交给非诉程序,将疑难复杂的纠纷交给诉讼程序,不仅节约了社会资源,提高了纠纷处置效率,而且实现了繁简分流,让疑难纠纷通过严格的程序、具有专业知识的法官进行审理,最终保证实体正义的实现。在有些情况下,可能会出现一味追求效率而忽视公平的状况,诸如将复杂的纠纷简单处置,仅仅通过协商或调解的方式进行解决,其结果就是牺牲了一方当事人的利益,而达成所谓的"和解",最终可能造成反复调解,甚至是上访的后果,使公平和效率均难以实现。因此,效率的实现应在保证公平正义的前提之下。综上所述,对"枫桥经验"而言,公平与效率相互交融,彼此促进,在当前资源总量有限的情况下,公平始终是第一性价值,应被优先考虑。

(三)安全和秩序

安全与秩序同样是一对不容忽视的社会价值,在"枫桥经验"中自然应予以考虑。② 如何解决其冲突直接影响着"枫桥经验"在实际纠纷解决中的应用。在选择的过程中面临安全优先还是秩序优先的问题,其价值冲突也同样成为治安学的基本问题。

---

① 汪世荣,褚宸舸. 枫桥经验——基层社会治理体系和能力现代化实证研究[M]. 北京:法律出版社,2018:369.
② 焦俊峰,李晓东. 网络恐怖主义犯罪的治理路径选择[J]. 重庆大学学报(社会科学版),2020,26(6):176-185.

1. 安全与秩序的辩证统一关系

安全是"枫桥经验"中关于社会治安层面的价值目标，体现在"枫桥经验"中的"警务定位"①。在实践操作中，"枫桥式"社区警务从源头和结果两方面着力解决民众所担心的安全问题。② 实现民意导向，贯彻服务理念，直面民众的安全需求，成为"枫桥经验"中维护社会治安的核心出发点。同时，为维护安全价值，"枫桥经验"也建立了诸多规则和机制。③ 通过不断优化制度和机制，"枫桥式"社区警务更好地建立了基层警务人员的管理体系和行为规范，更好地维护基层民众的生命和财产安全。因此，安全与秩序的关系便在"枫桥经验"中得以明晰。④

2. "枫桥经验"中秩序价值服务于安全价值

当安全威胁为民众感知并且具有现实的潜在危害性时，国家、社会组织、民众等不同主体必然会采取相应的应对措施来维护自身安全。此时，秩序的产生、建立和变化均是为了维护不同主体的安全利益而设。在我国长期的社会实践中采取秩序优先的社会实践，通过强化社会控制建立秩序，片面追求社会稳定。

秩序并非一成不变的，会因为其他因素的改变而发生变化，比如秩序。因此，安全是自变量，秩序是因变量。在"枫桥经验"的社会治安综合治理过程中，基层社会治理体系的制度依据可以分为中央立法、地方立法和村规民约，其各有侧重。⑤ 在立法权的分布上，明显可知立法权随着治理层级的降低而不断细化且相互衔接、相互配合。不仅应当让国家权力机关发挥社会治理的作用，还应当发挥社会组织和基层民众的有益补充作用，发挥其治理主体地位。在制度实施的过

---

① 汪世荣，褚宸舸. 枫桥经验——基层社会治理体系和能力现代化实证研究[M]. 北京：法律出版社，2018：348.

② 汪世荣，褚宸舸. 枫桥经验——基层社会治理体系和能力现代化实证研究[M]. 北京：法律出版社，2018：349-352.

③ 汪世荣，褚宸舸. 枫桥经验——基层社会治理体系和能力现代化实证研究[M]. 北京：法律出版社，2018：352-355.

④ 焦俊峰，李晓东. 网络恐怖主义犯罪的治理路径选择[J]. 重庆大学学报（社会科学版），2020，26(6)：176-185.

⑤ 汪世荣. "枫桥经验"视野下的基层社会治理制度供给研究[J]. 中国法学，2018(6)：5-22.

程中，由于省、较大市和设区市拥有地方立法权限，而当前中国的基层治理主要集中在县域范围，且县域基层治理的末端在村域或社区，其基层的执法权力往往需要依托乡镇，乃至县级执法部门参与基层纠纷的解决当中，导致地方立法很难直接作用于基层。因此，当前结合基层社会治理的安全需求，将地方立法权细化到县域，建立相应的地方秩序体系能够更好地满足基层治安的需要。同时对村规民约这一体现民众基层自治的制度体现，虽然没有强制执行力，但依旧具有一定的约束力，其必然会体现民众的安全需求，也必然以保障民众安全为目的。因此，在相关村规民约中，一般通过民众组成的社会组织约束和规范民众的行为，其相关制度规范也是由成员自发制定的，而且村规民约更多地吸收了道德规范的内容，为人们所自觉行为，否则会受到道德谴责。因此，秩序的建立因时而异、因地而异地保障了安全需求的实现，制度规范了各主体的行为，也成为各组织的行为准则，"枫桥经验"中秩序价值服务于安全价值。

（四）安全与效率

"枫桥经验"就是为了解决基层社会治理中对民间纠纷难以处理以及无效处理的问题，同时也在一定程度上构建了其社会整体防控网，以达到保护社会稳定与安全的价值目的。效率指的是追求利益产出速率的最大化，面对日益繁杂而且数量庞大的基层矛盾纠纷，效率价值也越发重要。此时就会面临维护安全价值目标实现所可能的低效性与"枫桥经验"所追求的高效性之间的冲突。如果此矛盾无法处理，过于追求效率，则可能面临基层执法的异化，矛盾纠纷的加深乃至上访事件。因此，安全与效率的关系问题需要我们考察与反思。

1. 安全与效率的辩证统一关系

上文对安全的内涵已经作了基本的讨论与阐述，明确了安全价值的重要性。安全总是在诸多价值中享有优先考虑的地位，因而，"枫桥经验"必然要围绕安全价值开展相关的社会实践，寻求维护安全价值的方法和途径。将矛盾就地解决不上交，避免将矛盾闹大，寻求多种方法、多方主体将矛盾化解。此时，安全实现的主体投入成本可能是增加的，但花费的时间成本可能是减少的。因此，效率的增加离不开投入与产出的比重，其直接影响效率的指数。就当前的社会实践而言，更看重单位时间内矛盾纠纷能否成功解决。只有这样，才能解决更多的社会矛盾，进而满足社会的安全需求。而在"枫桥经验"中，过于追求单位时间内的效率又可能引发一系列不良反应。安全价值应当成为首要考量的因素，在保障安全的同时兼顾效率，这样才能公正公平地处理好基层社会矛盾纠纷，维护社会安全。

其中还涉及一个关键问题，就是"压制—屈从"策略之间的界限。两者的目的都是追求高效处理矛盾纠纷，两者出发点具有相似性，但两者的手段和结果却存在着法与不法、有效与无效之分，中间关于正当性问题的差别正是区分两者的关键。首先，"压制—屈从"策略使用的手段是合法的，具有正当性。何为非正当的手段，例如非法证据中的"威胁、欺骗"。对于威胁而言，相关主体在处理矛盾纠纷时，尤其是公权力主体通过对人身进行控制或其家人人身进行控制，进而实现调解的，其调解具有非法性和无效性。或者通过欺骗的方式，如虚假承诺高额赔偿或利用当事人不懂法的弱点夸大相关法律惩罚的方式，欺骗一方当事人接受调解，进而平息相关矛盾纠纷。因此，通过威胁、引诱策略与威胁、引诱方法所使用手段的强度是有所区别的。其方法手段和结果都具有非法性，主要在于调解违背了双方当事人的意愿，造成一方不得不屈从和接受，有违调解的平等性和自愿性原则。因此，从手段和结果来看，使用威胁、欺骗等手段和采用"压制—屈从"策略还是有本质区别的，可以通过手段的程度进行正向判断，也可以通过行为是否构成非法进行反向判断，进而保障手段、策略的正当性。

2. "枫桥经验"中效率价值服务于安全价值

追求社会的安定，基层矛盾纠纷的化解，构筑平安社区并不是只注重安全而忽视效率，效率是保障安全的重要价值。首先，对于基层民间纠纷而言，其矛盾纠纷更多在于基于邻里关系或亲缘关系所产生的矛盾纠纷，而且有些矛盾纠纷本身并不严重，仅仅涉及轻微的肢体冲突或辱骂，本身很难存在能够证明违法全过程的证据，此时如果不从快从速解决矛盾纠纷，反而会造成难以挽回的后果；同时，也会耗费大量治安资源和社会资源。因而，针对不同的矛盾类型应采用不同的解决方式，具体问题具体分析，邻里间不严重的纠纷可以采用非诉讼方式解决，以提高效率。其次，提高效率的同时要注重资源的有效配置，采用更小的代价获得利益的最大化，进一步实现资源的相对均等化，保障更大范围内基层社会的安全稳定。

"枫桥经验"本身作为一门实践学问，为了维护"枫桥经验"的实践活性，进一步发挥基层民众自治的活力，从制度创制的角度，更应当保障"枫桥经验"的效率,为其发挥充分的实践性预留空间。前文已经论述了我国基层治理的规范体系,而规范之所以被称为"规范"就是因为其具有行为约束性和行为后果的可预测性。针对"枫桥经验"而言,为化解矛盾纠纷,维护社会安全稳定,浙江省暨诸市进行了丰富的社会实践,既包括对基层调解手段的整合与联动,又包括对社区警务的改革,还包括对德治、法治、自治三治融合的创举,其目的就是提升社会资源的利用效率,快速化解矛盾纠纷,进而实现社会的安全与稳定。我国在制度创制时,虽然是希望将"枫桥经验"打造成全国基层社会治理的示范样板,但在制度创制时仍然要预留足够的空间,以便其融入多元主体、多种制度,保障其创新性与实效性,同时也能保障基层社会治理的效率。因此,适度关注效率有助于实现安全价值,但仍要保证安全价值具有优先性,效率价值服务于安全价值。

二、"枫桥经验"在治理中的价值体现

前文分析了"枫桥经验"中的价值冲突及价值偏好,将应然价值与实然价值相结合。新时代背景下的"枫桥经验"有了新的含义,而新含义正是源于当代"枫桥经验"应具有的价值意义,通过各方面的综合考虑,析出当代"枫桥经验"所应当具有的价值来指导基层社会治理实践。在不同价值冲突之下,找出最大限度贴合实践并且能解决基层社会所面临诸多困境的路径。

(一)人民至上

"枫桥经验"与人民利益息息相关,人民利益始终是"枫桥经验"发展和创新的根本动力。① 新时代"枫桥经验"如何继续发展创新,人民利益是关键,尤其体

---

① 1963 年,在"枫桥经验"首次提出时,便围绕着"发动和依靠群众,坚持矛盾不上交"进行农村社会主义教育运动。从提出的背景和理念来看,在阶级斗争的背景下,虽然党对农村社会主义教育运动进行领导,但其出发点仍然是为了人民利益,化解社会的矛盾纠纷,维护社会秩序;其动力仍然是基层民众,发挥民众的主观能动性,自己解决存在的矛盾纠纷,将矛盾纠纷化解在基层;其如何发展变化,如何满足民众需求,需要依靠人民,民众最能了解自身的需求,构成基层社会治理的内因,同时,民众实践的丰富性和创造性促进了"枫桥经验"的不断创新和发展;其教化的对象也是民众,在实施农村社会主义教育的过程中,对基层矛盾的化解,有赖于民众的积极参与,所谓"理越辩越明","枫桥经验"通过"以理服人"的方式,在化解矛盾纠纷时,也使民众受到潜移默化的教育,促进了中华传统文化的传承与发扬。

现在基层建设中。① 因此，基层应成为国家与民众相互联通的重要通路，当国家与民众的诉求达成一致时，治理模式才会发挥最大的效用和价值。② 从很大程度上说，"枫桥经验"之所以能够被广泛学习与借鉴，一方面离不开党和中央政府自上而下的推广；另一方面，"枫桥经验"围绕"如何满足民众的经济需求、安全需求、效用需求"而不断创新发展。因此，新时代"枫桥经验"应秉持"人民至上"的理念，并以此为遵循。

（二）实事求是

"枫桥经验"已然成为全国基层社会治理的典范，全国各地方政府对浙江省诸暨市展开了全方位的考察和调研，并将其宝贵经验加以学习、借鉴乃至引入。由于基层治理模式的借鉴与推广是通过政治动员开展，故而难免会带有一定程度的行政指令特点，甚至无法完全避免个别地方采取较强行政指令的方式来强制要求借鉴实行枫桥的某些具体举措。③ 这种行政指令性的学习借鉴任务必然伴随种种考核指标压力，很容易造成对"枫桥经验"学习的异化和相关举措的偏差，导致实际情况与实际举措不匹配，进而使衍生出的"枫桥模式"并不能有效处理基层矛盾纠纷，甚至产生基层治理的负外部性，造成矛盾纠纷加深、久拖不决、民众上访等恶劣情况。因此，各地在学习"枫桥经验"，引入"枫桥经验"时一定要考虑到地区实际情况，不能直接照搬照抄。尽管我国在经济、体制、文化上具有一致性，但这种一致性是在国家维度上抽象出来的普遍规律，具体到各个地方，则存在抽象统一性之下的各种差异。浙江省暨诸市正是由于其雄厚的经济实力依托智慧警务、大数据信息系统建设社会治安防控体系，来保证社会秩序的安全与稳定，这种信息化程度的优势使得其领先于其他地方。在偏远的西部地区抑或经济较为落后的其他省份，巨大的经济和科技投入是难以实现的，因此不一定适用"枫桥经验"中的某些有益内容。由此可见对"枫桥经验"的吸收借鉴，各地区应

① 陈柏峰．中国法治社会的结构及其运行机制[J]．中国社会科学，2019（1）：79.
② 刘磊．通过典型推动基层治理模式变迁——"枫桥经验"研究的视角转换[J]．法学家，2019（5）：1-16.
③ 刘磊．通过典型推动基层治理模式变迁——"枫桥经验"研究的视角转换[J]．法学家，2019（5）：1-16.

当实事求是，有选择地灵活变通。

在浙江省诸暨市"枫桥经验"的发展中，虽然其思想内核并未转变，但是围绕该思想内核进行了一系列改良和升级，例如将社会治安管理理念转变为社会治安治理，将第三方力量引入基层社会治理之中，将"自治""法治""德治"相互融合等。在党和政府的大力推动下，"枫桥经验"不断优化，并且不断程序化，"枫桥经验"逐渐具有了模式特征。① 随着实践的不断发展，在总结"枫桥经验"模式特征和基本程序的同时，也更应当注意产生的新问题、新举措和新特征，如网络化、信息化程度不断加深，诞生了"网上枫桥"等多种新形式，结合数字诸暨建设，致力打造以枫桥派出所——"数字枫桥警务"、枫桥学院——"数字智慧校园"、枫源村——"数字乡村治理"等为代表的系列应用场景。因此，"枫桥经验"在新时期的发展与创新，新事物、新样貌的出现不可忽视，唯有不断解决新问题，发现新规律，将实事求是的价值作为其传统基因予以传承和发扬，才能保证"枫桥经验"的延续与发展。

(三)公平价值

"枫桥经验"源起于对基层矛盾纠纷的化解。② 相较于法治，德治和自治在一定程度上缺乏严谨的公正性，但并不意味着丢失了公正的价值，可以肆意解决矛盾纠纷。在基层矛盾纠纷的化解过程中，各方主体通过"摆事实，讲道理"的方式进行化解，其实质上已然符合法治的本质内核，即"摆事实"等同于"举证"环节、"讲道理"等同于"质证和法庭辩论"环节等。"枫桥经验"在纠纷解决过程中虽追求公平正义，却不能保证绝对意义上的公平。通过调解、说服、教育等非法治方式化解的矛盾纠纷难以实现绝对的公平，所以最终的结果只能是相对公平，甚至与法治所实现的公平相去甚远。但这并不影响其公平性，因为当事人双方始终围绕"说理"进行，当双方已然被说服，符合一般社会人所认同的"理"时，且双方对矛盾纠纷的化解方案已然达成共识，无论惩罚结果与法治的偏离程度有多大，其结果已然符合公平的实质内涵，因此是有效、公平、正当的。

---

① 李振贤."枫桥经验"与当代中国基层治理模式[J].云南社会科学，2019(2)：47-54.
② 李振贤."枫桥经验"与当代中国基层治理模式[J].云南社会科学，2019(2)：47-54.

公平正义在"枫桥经验"所追求的诸多价值中最为关键。"枫桥经验"的公平价值贯穿矛盾纠纷化解的每个个案，一旦背离该价值，"枫桥经验"中多元共治存在的合法性和合理性将会消失，民众必然会诉诸法治，甚至上访，产生负外部性。此时，司法机关公信力丧失，民众信任也随之消散。同时，以公平作为核心价值，也进一步保障"枫桥经验"的灵活性，通过多样方式、多元主体参与基层矛盾纠纷的化解之中，避免了单一途径的繁杂性，如仅仅依靠诉讼途径解决矛盾纠纷，双方当事人将会陷入繁杂的诉讼程序，甚至还会产生二审、上诉程序，固定的模式将会严重影响纠纷解决的灵活性，导致矛盾纠纷的解决出现障碍。同时，矛盾纠纷解决途径的单一，也会造成矛盾纠纷的大量堆积，一方面影响到实现公平正义的效率，另一方面，大量矛盾堆积无从解决，公平正义价值也荡然无存。因此，保证"枫桥经验"中的公平价值是"枫桥经验"中诸多价值的前提，公平价值也是"枫桥经验"的核心价值之一。

（四）和合价值

和合价值体现了丰富的中华优秀传统文化内涵，是优秀传统文化在为人处世、人际交往、社会和谐、国家建设中的运用。① 在春秋战国时期，社会动荡，矛盾激化，为了应对激增的安全需求，恢复社会秩序，不同学派纷纷提出自己的思想和理念，其中具有典型代表性的有儒家、法家、道家、墨家等流派的思想。法家思想强调了刑罚对社会稳定的重要性，只有对轻罪之人处以严刑，才能抑制乃至消除不安定因素。儒家思想倡导一种柔性的治国方式，其中仍然蕴含着严格的等级秩序和行为准则。而法家，即便强调严刑峻法，倡导一种硬性的治国方式，但其中仍然按照亲疏远近而规定了法律特权，在一定程度上是对"礼制"的继承。基于以上分析，可以看到社会已然存在"软法"和"硬法"两种方式来对社会冲突予以解决，为之后采取德主刑辅的治国进路埋下伏笔。

秦汉以降，汉武帝将"礼"提到了空前的地位。② 唐代更是确定了"德礼为政

① 石书臣，张金福. 中华"和合"文化的当代阐发与实践[J]. 中国特色社会主义研究，2019(4)：46-54.

② 儒家所提倡的"德主刑辅"思想此时已基本为统治者所吸纳，并从此伴随着封建专制体制的始终。参见蒋传光. 中国传统法文化中的秩序理念[J]. 东方法学，2012(3)：14.

教之本,刑罚为政教之用"的思想,可见"礼"对于王朝制度愈发重要。在王朝的制度构建中,往往分为重罪案件和州县自理案件,重罪案件无疑会依据律例进行判处,可以上诉,程序较为完善且繁杂;而针对轻微的恶事和民间纷争,知州知县则通过听讼的方式,根据"情理"采取相应的策略处理,具有较大的灵活度,处理的效果也比较好。① 何谓中国的"理"②,即一种相对的利益均衡,换言之,不是绝对的正义和公平,双方或一方多少承受(分配)点损失(利益),但双方最终会达成某种共识(平衡点),进而解决纷争。在儒家看来,只要摆正了人伦关系,财产纠纷便可自动消解,无须外力矫正。③ 因此,从中国古代思想史的角度分析,其强调"礼法"与"情理"并存,构建了一个和谐与秩序的社会,和合思想④贯穿其中;其强调了多元主体、多元方法的互动与联合,而这也成为"枫桥经验"得以有效化解基层矛盾纠纷的精髓。"枫桥经验"在化解纠纷时,采用的是多元化的纠纷解决方式,在法治社会,虽然法作为统领社会秩序,是解决矛盾纠纷的最高行为准则,但并不是唯一手段。现实生活中,正是增加了"德治"和"自治"作为补充,才避免了法治的僵硬性。因此,在适用"枫桥经验"时,更应当注重多元主体和多元方法并用,以此来实现"和合价值",从而构建一个和谐秩序的社会。

(五)效率补充

在基层社会治理中,由于基层社会矛盾纠纷的多样性和巨量性,"枫桥经验"的初衷之一就是在维护良好的社会关系和公平正义的基础之上,联动多元主体,采用多元方式快速地解决民间纠纷。因此,效率是诸多价值中必须予以考虑的价值要素。效率的提升依赖于投入资源的投入密度、解决问题方式的可行性与合理性。其补充作用在于基层矛盾纠纷的化解应当首先考量公平正义、安全等价

---

① 参见滋贺秀三.中国法文化的考察——以诉讼的形态为素材[J].比较法研究,1988(3):18-26.

② 滋贺秀三认为,中国的情理是指"常识性的正义衡平感觉"。参见滋贺秀三.中国法文化的考察——以诉讼的形态为素材[J].比较法研究,1988(3):24.

③ 苏亦工.清代"情理"听讼的文化意蕴——兼评滋贺秀三的中西诉讼观[J].法商研究,2019,36(3):178-192.

④ 向世陵."和合"义解[J].哲学动态,2019(3):62-68.

值，其次应当考量效率价值作为补充，使基层矛盾纠纷在较短的时间内得以解决。其主要依靠的多元主体既包括国家主体，如党委、政府、司法机关，还包括社会主体，如普通公民、企事业单位、人民团体、行业协会、居委会及村委会等传统自治组织以及一些新型的社会组织，如业主委员会、志愿者组织、慈善基金会以及基于特定兴趣、专业或特定人群形成的各种社团、协会、联谊会、校友会、同乡会等，以互联网为纽带的虚拟网络社团，如各种网络论坛、网上俱乐部、基于社交媒体形成的 QQ 群、微信群等。① 其中多元主体的背后是无形的社会关系，而且往往是多种无形社会关系的集合体；而多元方式则包括正确的方法，即各种策略的选择和转变，如压制—屈从型策略、平等协商型策略等。

基层治理网格化提升了基层矛盾纠纷化解的精确性和多元性，进一步提升了基层矛盾纠纷化解的效率。② 网格化管理将基层治理力量下沉到楼宇之间，真正实现治理资源的点对点，并将资源整合、协同。自 2017 年以来，诸暨市各网格累计采集的信息达 52 万余条次，事件按时办结率达 100%。③ 新的形式可以极大提升基层矛盾纠纷化解的效率，④ 网络办公、网络管理、网络防控等新形式超越时空的限制，在网络这一虚拟空间内，实现了信息及时公开沟通、调解随时进行，多元主体随时介入，极大地提升了基层矛盾纠纷的便捷性，有效减少了在途成本和时间成本，实现在有限的时间内完成更多的事情，解决更多的纠纷或矛盾。

（六）数字正义

在"枫桥经验"中，随着数字产业的发展，数据作为信息传递流通的载体在基层矛盾纠纷化解的过程中起着越来越重要的作用，同时实现数字正义也是建设

---

① 冯卫国，苟震. 基层社会治理中的信息治理：以"枫桥经验"为视角[J]. 河北法学，2019，37(11)：80.

② 陈柏峰，吕健俊. 城市基层的网格化管理及其制度逻辑[J]. 山东大学学报(哲学社会科学版)，2018(4)：44-45.

③ 孙金良，干婧，汤国建. 绍兴诸暨让"全科网格"直达基层"患处"[N]. 浙江日报，2018-11-19.

④ 冯卫国，苟震. 基层社会治理中的信息治理：以"枫桥经验"为视角[J]. 河北法学，2019，37(11)：77.

平安中国、保障基本人权的重要方式。在当代的"枫桥经验"发展中，更加强调对于基层矛盾纠纷的预警和预防，其功能的实现主要依靠数字产品和数据流通。但在数字正义的实现过程中需要解决四个问题，首先是基础数据采集的有效性问题，此问题主要指基层信息的录入是否具有统一的标准和操作规程；基层工作人员在进行数据收集、录入的过程中是否具有相关数据收集、录入资质或素养，其操作过程是否符合相关规程。其次是基础数据的流通性问题，此问题主要指不同部门、系统之间能否打通数据壁垒，实现各部门间数据的共享。再次就是信息公开与个人隐私的问题，寻找两者的界限是解决问题的关键。就政府信息公开而言，在保障国家安全的前提和基础上，最大限度地对政府的有关事项、政策进行公开，使得政府相关事务尽量透明化，赢得公众的信赖。就公民个人而言，注重个人隐私权的保护，对公民个人信息，相关工作人员应当依据相关规范进行准确录入，并保障录入信息的安全，不得对外泄露。数字正义的实现与数字鸿沟的实然存在密切相关，数字弱势群体诸如老年人、受教育水平低的人群，他们对数字产品的拥有和使用程度直接决定数字信息的获取程度，且随着技术的更新迭代，数字鸿沟将会变得越来越大，数字弱势群体享受的数字红利将越来越小，其产生一系列问题，如对相关政策信息获取的滞后性，自身诉求难以及时有效表达，数字产业的就业权受到进一步限制，等等。

大数据伴随信息化、技术化社会的发展进入人们生活，尤其是逐渐步入寻常百姓家。大数据的核心就是预测，[①] 通过数据的分析预测出群体的行为取向，总结出规律来服务群众。[②] 还可以通过类案分析得出大数据预测的可靠模型并运用于基层矛盾纠纷调解实践。一定数量的数据样本及模型能够及时有效地处理相关信息，完成对矛盾纠纷的预警和预测，从而实现源头治理。因此，新时代的"枫桥经验"，更应注重利用大数据技术进行矛盾风险的预测与防控，将治理触角向前延伸，从而降低治理成本，改进治理成效。[③] 在平安中国建设层面，立体化治

① 维克托·迈尔·舍恩伯格，肯尼思·库克耶. 大数据时代[M]. 盛扬燕，周涛，译. 杭州：浙江人民出版社，2013：16.

② 王燃. 大数据侦查[M]. 北京：清华大学出版社，2017：60.

③ 冯卫国，苟震. 基层社会治理中的信息治理：以"枫桥经验"为视角[J]. 河北法学，2019，37(11)：82.

安防控体系设计、精准预防、精准打击、指挥调度都愈发依赖大数据。① 大数据在带来便利的同时也带来了隐患，但这并不影响大数据技术在多元调解方式中的应用，一部分原因在于大数据在多元调解方式中可以解决调解中赔偿数额标准的问题。调解大数据平台通过录入以往调解案件的赔偿情况，从中检索出类似个案是如何赔偿的，并给出大概的参考标准。在一定程度上可以避免一方当事人"漫天要价"或者双方当事人对于赔偿标准的心理预期过大，进而影响到调解进程，拉低了调解的效率。双方当事人可以参考大数据平台给出的类似案例以及参考价格予以协商，并不影响双方的意思自治。

三、"枫桥经验"在治理中的价值特点②

"枫桥经验"解决的是基层社会治理问题，新时代"枫桥经验"在解决传统问题的基础上被赋予了新的内涵，体现在其价值特点中。

（一）坚持党的领导与尊重人民首创精神相统一

坚持党的领导与尊重人民首创精神相统一是新时代"枫桥经验"最明显的价值特点。新时代"枫桥经验"创新性的以党和人民群众的紧密联系为出发点，以党的领导作为人民首创精神的根本保证，以尊重人民首创精神作为党尊重人民主体地位的体现，将党的领导与人民发扬创新精神紧密地结合在一起，既突出了党与人民群众间的紧密关系，又彰显了党的优良作风。在这样的精神呵护下，枫桥人民得以发动自己的智慧与头脑，创新基层社会治理模式，积累纠纷矛盾解决经验。正是在党的领导与鼓励下，枫桥人民展开了探索基层社会治理方式和理念的行动，"枫桥经验"才能传承和延续。

"只有人民才是创造世界历史的根本动力。"③中国共产党从一开始就意识到

---

① 焦俊峰，李宛霖. 社会治安防控体系构建中大数据的运用及其优化路径[J]. 河南警察学院学报，2019，28（2）：13-21.

② 本部分为课题组主要成员发表于《法治研究》2019 年第 3 期的《新时代枫桥经验的历史地位与时代价值》一文中的部分内容。

③ 毛泽东选集(第 3 卷)[M]. 北京：人民出版社，1991：1031.

这一点并坚定信念,以人民的根本利益为宗旨。从党的诞生到中华人民共和国成立,再到经济建设和探索符合中国国情的中国特色社会主义道路,中国共产党带领人民群众取得了一次又一次的伟大胜利。在一次次的尝试与胜利之后,党带领人民群众从中汲取经验,不断完善各领域、加强自身建设,力求满足人民群众在不同时期的需求,以人民主体地位为根本遵循。党的伟大探索精神和进取精神,引导人民群众开创愈加幸福的美好生活。在基层社会治理方面,党带领枫桥人民,探索出一条符合当地实际情况的灵活的社会治理模式,从最初的"就地化解矛盾""以理服人"到后来的"网格化治理""网上枫桥",枫桥地区逐步发展出属于自己的基层治理之路。而这些都离不开党的领导,尤其在新时代背景下,"枫桥经验"被赋予新的内涵,只有做好全方位的准备,才能应对信息化、高科技、大数据的挑战,而党的领导是不可或缺的保障。所以,新时代"枫桥经验"要将党制定的政策、方针落实到位,发挥党的领导在社会治理领域的领头作用。这是新时期"枫桥经验"持续稳定发展的根本保证,也是其得以历久弥新的原因之一。

如果说党的领导是根本保证,那么尊重人民群众首创精神就是党尊重人民主体地位的具体表现。改革开放后的十年到二十年间,枫桥人民意识到社会治理的重要性并尝试探索全新的、富含创造性的综合治理模式。在这期间,充满智慧的枫桥人民发动自己的头脑,创新出诸多具备新颖性、灵活性、可实施性、普适性的治理方式和纠纷解决方式。而这些创新方式得以推行的原因正是由于党尊重和鼓励人民群众的首创精神,尊重人民群众主体地位。这不仅使"枫桥经验"历久弥新,在新的时代背景下焕发新采,而且也鲜明地体现了人民在社会治理中的地位和作用。"人民性是马克思主义最鲜明的品格。"①毛泽东思想确认"全心全意为人民服务";邓小平理论带领人民解决温饱,走向富裕;科学发展观始终围绕"以人为本";习近平新时代中国特色社会主义思想尊重人民主体地位。由此可见,党的指导思想始终围绕"人民主体地位",为人民的根本利益着想,这是党保持与时俱进的理论品格的原因所在。而"枫桥经验"在坚持党的领导的同时,不忘从人民自身出发,调解群众矛盾,就地化解矛盾,以理服人,真正将"人民

---

① 习近平. 在纪念马克思诞辰 200 周年大会上的讲话[R/OL]. [2021-06-02]. https://baijiahao. baidu. com/s? id=15995682079036014l7&wfr=spider&for=pc.

主体地位"思想落实到现实当中。如今,新时代背景下的"枫桥经验"不断完善,新的治理方式和经验不断被发掘和总结,取得了诸多丰硕的成果。也从实践意义上证明了只有真正关心、关怀人民群众的根本利益,化解纠纷,使人民群众真正参与纠纷解决当中,共同发挥智慧,才能解决社会治理问题。

(二)挖掘转化传统优秀治理资源与引领性创新相结合

新时代"枫桥经验"并非一蹴而就,而是在吸取和总结前人经验的基础上,挖掘传统优秀治理资源并将其转化为新的治理经验为自身所用。在挖掘优秀传统资源的同时还接受新的要素,正如被注入现代元素的"枫桥经验",其迸发出强大的生机与活力,在历史的发展进程中愈发蓬勃,历久而弥新。具体而言,新时代"枫桥经验"从以往的经验中挖掘出适合当下时代背景和基层社会治理的优秀治理经验,在此基础上进行创造性的转化、升级,使那些优秀的传统治理方式得以延续,在新时代的基层社会治理中继续发挥作用。传统的延续和发展是新事物诞生的源泉,诸如新理念、新价值观、新风俗、新理论等皆是在传统的基础上经过长期的演变而诞生。习近平同志恰当地指出了传统性在治理体系中的关键作用。[①] 新时代"枫桥经验"亦重视传统性,遵循"自治、法治、德治"的治理模式,由人民群众参与调解是"自治"的表现;不违背法律规定、不与法律规范相冲突体现了"法治"精神;以理服人、说理明事则是"德治"在实践中的表现。此外,中国自古便是礼仪之邦,中华民族是注重礼仪的民族,在"以和为贵"的文化传统影响下,枫桥人民将纠纷解决的重心放在了人民群众自身,在以现代司法诉讼程序为主的诉讼模式下创新性地发展"调解""讲道理"等各种多元化的非诉讼纠纷解决方式。鼓励人民群众以化解矛盾为目的,以说理评事为手段,在基层社会治理中探索适合自身发展的治理模式。可见,即便在当今以诉讼程序为主导的诉

---

① 习近平同志指出:"一个国家选择什么样的治理体系,是由这个国家的历史传承、文化传统、经济社会发展水平决定的,是由这个国家的人民决定的。我国今天的国家治理体系,是在我国历史传承、文化传统、经济社会发展的基础上长期发展、渐进改进、内生性演化的结果。"习近平在省部级主要领导干部学习贯彻十八届三中全会精神全面深化改革专题研讨班开班式上发表重要讲话[R/OL]. [2021-06-02]. http://pic.people.com.cn/n/2014/0218/c1016-24387045.html.

讼模式下,"枫桥经验"继承并延续了传统的非诉讼纠纷、矛盾解决方式,同时以时代潮流为遵循,紧扣时代脉搏,将重心放在当代基层社会治理的重点、难点,以实现人民群众解决纠纷便利化、简易化的目标,进而实现促进诉讼模式转型的要求。新的"枫桥经验"源于传统,但回应当下治理难题,优秀的传统治理经验被注入了新的元素,尤其是信息化蓬勃发展的今天,诸如大数据、云计算、人工智能等高科技进入人们的生活,成为老百姓日常生活的一部分。即便挖掘优秀传统治理资源,但仍要面对诸如此类的新挑战,那么在科学技术迅猛发展的时代潮流下,如何寻求社会治理模式的创新与转型,还要不断思考。不得不承认,网络化、信息化为整个社会带来了翻天覆地的变化,在社会治理领域亦是如此,如打造创新型智慧警务体系;建设网络法院,鼓励简易案件或纠纷得以在网上解决,而不必走繁琐的诉讼程序,省时省力,以智慧法院为平台,探索构建符合实际的"枫桥法院",打造高效、便捷、有针对性的审判模式并从中汲取经验储存于数据库当中;将"枫桥经验"的重心从线下转至线上,重点构建网上纠纷解决平台,网上说理、网上评事,在就地解决矛盾的基础上更进一步,为广大人民群众解决纠纷矛盾提出实质性的建议。新时代"枫桥经验"以传统性为出发点,以符合时代背景为引领,与时俱进,探索符合实际情况的治理新模式。在创新中回应传统,在传统中蕴含创新,以解决社会治理难题为导向,真正做到符合时代潮流,贴近人民群众生活。

(三)坚持地域特色与复制推广互动促进

枫桥人民爱说理,讲礼仪,其生活方式与风俗习惯中孕育着社会治理新模式的种子。种子的萌生源于枫桥地区千百年来传承与延续下来的文化传统,这些独特的文化传统凝聚成枫桥地区的地域特色。以理服人,遇事必躬亲为之,使得枫桥人民在遇到矛盾纠纷时尝试诉诸自身,以讲理的方式解决矛盾,既维护了自身的利益,又保持邻里乡间和睦,一举两得。尽管"枫桥经验"针对的是枫桥地区独特的纠纷解决方式,但从根本上说,"枫桥经验"解决的依旧是基层社会治理问题,而此问题是全国各地区都面临的基本问题。在诸多偏远地区,司法资源匮乏,法律手段落后,村民遭遇矛盾纠纷时无法求助司法程序,只能诉诸自己。在这种情况下,探索便捷、灵活的纠纷解决方式就成了自明之理。群众组织间纷纷出谋划策，以各自都能接受的方式调解纠纷，化解矛盾。在此期间，往往会诞生具有特色而又充满智慧的纠纷解决方式。"枫桥经验"便由此而来。也正是由于全国都面临这样的问题或处境，"枫桥经验"便具有了可借鉴、学习的意义，通过模仿、学习枫桥模式，探索、创新出符合自身实际的全新模式。

"枫桥经验"被全国作为模范来学习、借鉴，离不开其普遍性特征，而地域化、本土化的特殊性则将枫桥地区治理经验与全国社会治理经验有机统一起来。具体来看，在明确自身历史传统、文化背景的基础上，枫桥人民习惯采用其独有的习惯、民俗等来解决纠纷。这种本土化的风俗民情、处事习惯中蕴含着群体生活中独到的生活方式、群体秩序等，而纠纷解决方式则是其中一方面。枫桥地区历史不断演变形成的价值观、伦理道德、处事方式等都对纠纷解决产生了影响。于是枫桥人民在自身富含秩序、规则、智慧的前提下，形成了一套本土的社会治理模式，久而久之，一种典型的社会治理文化由此诞生。其融合了本地的风土人情、价值观念、处事习惯、人际关系等多种因素，体现了生动丰富的地方性、民族性、时代性治理新气象。枫桥治理是一种模式，更堪称一种社会治理文明，因为其饱含智慧、符合逻辑、顺应潮流、凝聚力量、充满活力。其作为特殊性与普遍性的有机统一，被抽象总结为省域经验甚至全国经验。另一方面，尽管"枫桥经验"具备鲜明的地方特色，但并不妨碍其作为普遍经验在全国各地推广、传播。枫桥地区经历了我国其他地区经历过的社会演变过程，无论是曾经以农业、手工业为主的传统农业社会，还是发展迅速的工业社会，再到如今跨时代的信息社会，皆在枫桥地区得以再现。而在不同时期总结下来的社会治理经验，自然与全国其他地区的实际情形具有共性。其间所包含的价值观、治理理念、治理目标、基层治理模式等都具有趋同性与相似性。传统社会治理资源由于社会模式的转型以及人口流动的冲击，可利用的社会资源大幅度减少，诸多传统社会资源已不再适用当今的社会结构。此外，人口的增多必然会导致社会分配不公，尤其是公共产品的分配问题变得愈发棘手。分配不公所进一步导致的则是社会矛盾频发，各种纠纷、冲突不断，尤其是基层社会中，服务型法律体制尚不完备，面对纠纷则迎来了治理方面的新挑战。此时传统的纠纷解决方式已不足以应对新挑战，唯有因地制宜地探索符合自身需求的基层社会治理经验，才能化解当前存在的矛盾。枫桥率先从东中部基层"共同性"治理难题着手，巧妙地解决了其中存在的长期问题，形成了宝贵的"共同性"治理经验。在此之中直接获益的是中西部地区，面对具有普遍性的社会治理难题，中西部地区亟需汲取经验，构建自己的治理模式。唯有自身具备了特殊性与普遍性，才能具备全国各地学习借鉴的可能。

第四章　基层社会治理绩效评价主体指标体系

对基层社会治理的绩效评价，必须遵循一定的原则，并在此基础上设置相应的评价指标和评价标准。

一、基层社会治理主体评价的基本原则

（一）构建基层社会治理主体测评指标的理论原则

基层社会治理关乎基层社会和谐、稳定的程度和形态，而基层社会治理水平的衡量标准则依靠若干指标，即基层社会治理主体测评指标。① 该标准针对的是基层社会治理主体，综合考察其在整个基层社会治理中的参与度、满意度等主观指标，结合外界对主体观察得出的客观指标，共同反映整个基层社会治理的水平和程度，并依据此数据分析作出最终的选择和决策。综合现有各种基层社会治理评价指标体系，不难发现，其中一个突出的特点或局限就是其基层社会治理评价指标体系的任意性或随意性。造成如此困境的根本原因就是没有认真研究基层社会治理评价指标体系设计所应遵循的基本原则。因此，必须确定治理主体评价指标体系的建构原则，在设计评价方案时遵循该理念，是基层社会治理评价指标体

---

① 基层社会治理评价是推进国家治理体系和治理能力现代化，打造共建共治共享社会治理格局的重要手段。评估基层社会治理效果的关键环节是基层社会治理评估指标体系的策划和设计，它与探析基层社会治理的内涵，以及考察基层社会治理科学化、合理化效果息息相关。对基层社会治理效果的不同考察方式会影响到基层社会治理评价指标体系的构建，进而形成基层社会治理评价指标体系设计方案的差异性。参见周尚君，等. 法治定量：法治指数及其中国应用[M]. 北京：中国法制出版社，2018：75.

系得以良性运作的关键。

1. 主观指标与客观指标相结合

测评指标应结合主观和客观两方面，既反映主体的切身感受，也为主体的表现提供客观的外部分析。"客观指标"通常是指对评估对象依照一定的职能、遵循一定的程序、行使一定的权利、履行相应的义务，所形成的过程、事实或状态，按照相关指标进行考核评价形成的结果，主要用来测量评价对象的客观存在及其状况的指标。① 因此，在对基层社会治理主体进行评估时，理应试图将具有较多客观性的因素增加权重，而避免主体自身主观性因素的设计。另一方面，考核指标的设计又不得不加入主观指标，相对人的主观感受也是评价相关行为效能是否符合"人民至上"宗旨的重要表征。主观指标要想避免其主观性，需要进一步避免笼统性，增加客观因素，使得评价个体能够普遍明晰相关主观指标的概念内涵。

对基层社会治理主体的评估要求评估主体站在客观立场，这会导致人们认为：客观性与科学性程度成正比，出现完全排除主观因素的错误认识。首先应明晰何为"主观指标"②，它也是社会治理评价体系中社会效用的一部分重要内容，也是以人民为主体理念在社会治理中得以贯彻的表现。因此，在设计基层社会治理评估指标体系时，不能排除主观指标，反而应增加相应主观指标才更加适宜。主观指标和客观指标在采用时应综合考量，共同反映数据背后传达的意义。

2. 全面指标与特色指标相结合

评估的对象必须是普遍性的，有规律和逻辑可供遵循的，如此才可形成一套有可行性和执行力的评估方法，在操作上更为便捷、合理。评估首先要明确侧重

---

① 王称心，蒋立山. 现代法治城市评估：北京市法治建设状况综合评价指标体系研究[M]. 北京：知识产权出版社，2008：31.

② "主观指标"是指人们对基层社会治理现象所带来影响的主观感觉，通常表现为人们的自身认识程度、知识水平、心理状态、情节、愿望和满意程度等。王称心，蒋立山. 现代法治城市评估：北京市法治建设状况综合评价指标体系研究[M]. 北京：知识产权出版社，2008：35.

点和主要方面，找到一般性规律，再对个别性具体问题进行解决。例如，基层社会治理指标评价体系的设计方案是从党委、政府、司法、社会等不同的治理主体出发，落脚点在于这些主体有关社会治理工作的完成程度和完成质量，这便是考察的逻辑进路。但每个地区的经济发展水平、人文地理环境、风俗习惯各异，基层社会治理的重点难点也应根据具体实际的不同而有所差别。所以在设计评估的各项具体指标过程中，也应考虑地方的差异性和特殊性，结合当地特色按需设计相应指标。如在基层社区治理中，居民自发成立社区调解组织，吸纳一些具有社会威望的退休干部、志愿者参与其中，承担起化解社会矛盾纠纷的职能。但并非每个社区都有此类相同背景的居民。因此建立公众参与的社区调解委员会就应根据当地实际情况有区分地制定出不同标准的评价策略。

3. 事实标准与价值标准相结合

"事实与价值的区分"理论为休谟首倡，这个认识在当时是具有颠覆性的，这个"区分"表示一种全新的"关系"或"肯定"。① 当然也存在"区分否定说"，与休谟的理论背道而驰。两种观点都有其存在的合理性，对于指标评估和指标设计都有重要的借鉴意义。从一定程度上说，基层社会治理是一种既成的事实状态，又从中传达出治理主体所认可的价值观点，蕴含着一种辩证统一关系，具有独立性和相关性，从事实能够推断出价值，价值又是事实所传达精神理念的抽象概括。如在党委、政府制定有关基层社会治理的制度、政策时，要求其具备合法、科学、合理等要件，也就是说要从实际出发，符合当地的地域特色、风土人情、实际情形等。从方法一元论的角度来说，价值可以从事实中推导出来，方法二元论则认为价值只能从价值中推导出来，价值与事实间是没有通路的。而当今达成的基本共识是，方法一元论和方法二元论即存在论与规范论是可以和解的，方法一元论或存在论是手段层面的方法论，而方法二元论或规范论是目的层面的方法论，两者互为辩证的存在。因此，体现在具体实践中，无论是行政执法还是司法

---

① 休谟言："我所遇到的不再是命题中经常的'是'与'不是'等联系词，而是没有一个命题不是由一个'应该'或一个'不应该'联系起来的。"[英]休谟. 人性论（下册）[M]. 关文运，译. 北京：商务印书馆，2011：505-506.

过程，都离不开事实与价值，对事实的遵循是人类发展符合客观规律的表现，而各种社会价值的遵循则是当今法治国家背景下社会的风尚、政策等类似的实证主义特点所决定的，这是目的层面的因素。所以在基层社会治理领域，要综合把握手段层面和目的层面，即事实和价值，如在政府主体评估指标设计时，既要设计其依法行政是否公开、公平，政策制定是否民主，又要对群众、对政府承担公共职能工作的满意度和维护社会稳定的治理实效加以事实评价和价值评价。

4. 定性评价与定量评价相结合

指标评估除了区分主观与客观、全面与特色、事实与价值外，定性与定量也是一种有效的评估方法。要对某一事物作精细化、规律性的研究必须进行定量分析，人文社会学科为了实现真正的科学化、数字管理化，也在逐渐从抽象的语言描述向定量分析转变，尤其是对数学的普遍运用。[①]"量化"评估是科学评估的手段之一，用数字表达是公认的最能令人信服的手段。而在进行评估量化分析时，并非所有的指标都能被采用并加以分析，要学会区分合适的指标与不合适的指标。比如在基层社会治理二、三级指标体系中包括：行政执法的民主性、司法审判的公正性、公众参与社会治理的积极性等难以量化的指标项目等。定量指标与定性指标并非互为独立的存在，两者之间时常互相影响，定量是定性的工具，能够具体阐释定性评价的结论，用定性能够准确说明的则无需定量的证明，但多数情况下需要定量予以细化和配合；"量变"积累到一定广度和深度才能达致"质变"，同理定量若要上升为定性的效果，就需更深刻地揭示事物本质属性及其发展规律。因此只有基于定量分析而达到定性的终极目标，才是基层社会治理评估主体指标的"听诊器"，才能真正寻找、发现和解决问题。

(二)构建顶层设计与实际治理相结合的实践原则

1. 顶层指标设计

顶层设计要素的选择是基层社会治理指标评价体系的逻辑起点，其直接决定

---

① "一门科学只有在成功地运用数学时，才算达到了真正完善的地步。"参见[法]保尔·拉法格. 回忆马克思恩格斯[M]. 北京：人民出版社，1973：7.

了基层社会治理指标体系的科学性、全面性与合理性，也直接决定着基层社会治理指标体系能否真正发挥测评效能。确定基层社会主体的类型，是进行基层社会治理指标评价的前提。然而，基层社会事务十分复杂，有日常生活或婚姻家庭方面的，有经济活动方面的，有文化信仰、科学教育和体育等诸方面的，其必然涉及不同的主体以及不同主体之间的"权力交融"①。基层社会治理就是上述不同主体对这些活动进行治理，使基层的诸多利益分配更加合理，运行更加有序，人民感受到社会的公平正义。科学的顶层设计能够将基层社会治理主体进行规范，从抽象主体细化到具体主体，形成基层社会治理主体由"精"到"细"、由"抽象"到"具体"的评价指标体系。然而，对基层社会治理成效进行绩效评估并不是单纯的理论抽象，而是依据当地治理主体的治理能力、治理内容进行评估。所以，顶层设计是在考量基层社会治理具体主体的基础之上的，经历一个由"具体"到"抽象"的一般性深化过程。抽象的基层社会治理主体指标体系要想落实落地，仍然需要借助具体的指标项目加以细化，以避免抽象性所带来的评估操作上的障碍。因此，在具体指标项目的设计上（一级、二级指标），不仅要考量顶层设计方案的价值导向和主体划分，还要考量具体指标（三级指标）的现实需求和可操作性，进而实现理论与实践、具体与抽象、价值与行动的统一。

2. 具体指标落实

基层社会治理不能脱离法治与德治的原则，法治化是基层社会治理必须遵循的路线，坚持依法治理。在推行法治的同时也不能忽略德治，我国是礼仪之邦，向来注重道德礼仪的推广，这也是中华文明以及中华优秀传统文化得以发展至今的原因所在。在基层社会治理过程中，各治理主体必须融入德治，发挥中华优秀传统文化的优势，依靠乡绅文化、道德榜样、家训家规等德治手段，通过传统的道德、习俗规范、教化公众的行为使基层社会治理事半功倍。最后，依托先进的现代科学技术使治理手段智能化，即坚持"智治"原则为基层社会治理助力。在信息技术快速发展的当下，其对现有的社会治理既是机遇，又是挑战。基层社会

---

① "权力交融"体现在我国基层社会的表现为，农村主要由党支部、乡镇政府、村委会进行治理，城市主要由社区居委会、街道办事处、社会组织进行治理。

治理主体，尤其是政府各部门充分挖掘物联网、5G 技术、云存储、大数据等新兴科技在化解社会矛盾中隐藏的巨大潜能，为社会治理的具体操作提供便利，提高了治理的效率。因此，在基层社会治理主体评价指标体系的构建中，不仅要在党政机关的正确引领下，将基层社会治理体系放在整个中国法治评估框架内；更要时刻联系实际，事实就是，从基层社会治理的实际运行机制和治理模式出发，从当地实际情况出发，考量不同地域治理主体评价的特殊性，实现顶层设计与实际治理的良好结合。

二、基层社会治理主体评价指标体系内容

（一）政党治理指标评价体系

在西方经验中，政党被看作是国家和社会的桥梁，将社会各界利益诉求凝聚起来输入国家内部。① 在中国的政治制度之中，党领导国家，各项法律法规、制度政策都与国家紧密捆绑在一起，尤其在现代国家政治活动中，政党的地位和作用尤为重要。② 在社会主义建设时期，城乡基层、各级政府机关、各事业单位普遍建立了党委或党支部，为政党成为社会治理的领导核心奠定了政治基础。改革开放以来，社会治理领域也取得了不凡的成就。③ 如今随着社会治理水平的提高，党对社会治理提出了更高的要求。（见表 4-1）

---

① 黄冬娅. 专栏：政党与社会治理[J]. 公共行政评论，2021，14(1)：1.

② 政党作为最有活力、最有影响力的主体，成为国家治理中必不可少的一部分。习近平总书记指出，中国特色社会主义最本质的特征是中国共产党的领导，无论是在局部执政还是在全国执政，党的领导在社会治理中都发挥着领导核心作用。早在 1942 年 9 月，中央就明确提出根据地"领导一元化"，要求每个根据地都有统一领导一切的党的委员会。

③ 在党的正确领导下，建立了具有中国特色的社会治理体制。在社会治理中，打造共建共治共享的社会治理格局，强调在党委领导下多元社会主体共同参与服务与治理。在党的十九大报告中，习近平总书记把坚持党对一切工作的领导作为新时代坚持和发展中国特色社会主义基本方略的第一条，强调"党政军民学，东西南北中，党是领导一切的"。党政军民学，东西南北中，党是领导一切的 [R/OL]. [2021-06-02]. http://www.wenming.cn/zyh/jcjy/201806/t20180625_4732307.shtml.

表 4-1　　政党治理系统指标评价体系(基本分 200 分，占总分值 13.3%)

一级指标	二级指标	三级指标		项目类型	基本分	评分标准
		序号	名　称			
政党治理系统	1. 大力培育以人为本、执政为民的执政理念与依法科学民主的执政意识	1	党委(组)中心组每年开展党性教育与基层社会治理(讲座)不少于 4 次，内容包括自治、法治、德治	基本项	20	党性教育与基层社会治理讲座每少讲一次扣 1 分
		2	领导干部的基层社会治理知识培训被纳入党校和行政学院培训规划	基本项		未落实扣 3 分
		3	定期开展公共管理、法学等专业专家巡回报告会、论坛等活动	基本项		未落实扣 3 分
		4	领导干部每年集中学习基层社会治理相关知识(上岗、易岗、任职前培训)不少于 40 学时	基本项		未落实扣 3 分
	2. 健全和完善党的基层领导体制	1	党内有关基层社会治理内容的规章体系建立健全	基本项	30	未落实扣 3 分
		2	党内有关基层社会治理内容的规章与法律法规衔接审查、批准、备案工作规范	基本项		未落实扣 3 分
		3	党领导建立基层社会治理规章的合法性、公平性、普适性评价	基本项		未落实扣 3 分
		4	基层党委(组)、工作机构及主要负责人的权力清单建立健全，权力界定科学明确，行使程序规范	基本项		未落实扣 3 分
		5	基层党代会代表提案制健全、全面运行	加分项		已落实加 2 分，未落实不扣分
		6	乡镇党代会年会制试点运行规范	发展项		已落实加 3 分，未落实不扣分

续表

一级指标	二级指标	三级指标		项目类型	基本分	评分标准
		序号	名　称			
政党治理系统	3. 健全和完善党的决策程序	1	基层党委(组)议事规则、重大决策程序制度健全	基本项	40	未落实扣3分
		2	基层党委(组)重大决策的合法性审查	基本项		未落实扣3分
		3	基层党委(组)社会稳定风险评估制度完善	加分项		已落实加2分,未落实不扣分
		4	基层党委(组)对不合法的决策事项的修改完善	基本项		未落实扣3分
		5	基层党委重大事项,重要干部任用公示、考察、任用票决制建立健全	基本项		未落实扣3分
		6	把自治、法治、德治建设成效作为衡量基层党委(组)领导干部和领导班子工作实绩纳入政绩考核指标体系建立健全	基本项		未落实扣3分
		7	把能否遵守法律、能否依法办事作为考核干部的重要内容,相同条件下优先提拔法治素养好、依法办事能力强的干部的制度和程序建立健全	加分项		已落实加2分,未落实不扣分
		8	基层党委(组)法制(法务)工作机构或聘请常年社会治理顾问/专家制度建立健全	发展项		已落实加3分,未落实不扣分
	4. 建立健全基层党内民主制度	1	基层党内民主制度体系健全完善	基本项	25	未落实扣3分
		2	基层党内情况通报与社情民意反映制度健全、运行规范	加分项		已落实加2分,未落实不扣分
		3	基层党员的知情权、参与权、选举权落实到位	基本项		未落实扣3分
		4	基层党员定期评议基层党组织领导班子制度健全完善	基本项		未落实扣3分
		5	基层党代表列席同级党委有关会议的试点规范运行	发展项		已落实加3分,未落实不扣分

续表

一级指标	二级指标	三级指标		项目类型	基本分	评分标准
		序号	名　称			
政党治理系统	5. 建立健全基层党委的权力运行制约和监督机制	1	基层党委(组)例会制度、表决制度健全完善	基本项	35	未落实扣3分
		2	基层党委定期举行新闻发布会或坚持对重大问题和决定事项新闻发布的制度建立健全	加分项		已落实加2分,未落实不扣分
		3	基层党组织领导干部述职、述廉与基层社会治理成效综合考核制度建立健全	基本项		未落实扣3分
		4	基层党组织、党员遵守党内法规制度情况检查考核落实到位	基本项		未落实扣3分
		5	除依照法律法规应当保密外,党内事务应及时向党员公开,涉及经济社会发展和公民、法人及其他组织权利义务的重大决策,应当通过平面、影视、网络等便于公众知晓的方式及时公开	加分项		已落实加2分,未落实不扣分
		6	基层党务公开专项巡视工作制度健全	发展项		已落实加3分,未落实不扣分
		7	基层党员违反党纪、失职渎职犯罪档案查询制度建立健全	基本项		未落实扣3分
	6. 加强基层党委对基层人大工作的领导	1	基层党委对基层人大工作的领导体制机制健全	基本项	20	未落实扣3分
		2	地方性立法涉及重大体制和重大政策调整,报同级党委或层报上级党委直至中央决定的制度健全	基本项		未落实扣3分
		3	党委审定人大常委会党组提出的地方性立法规划与计划、讨论重要法规、规范性文件草案制度建立健全	基本项		未落实扣3分
		4	基层党委对基层人大重大事项的决策程序规范	基本项		未落实扣3分

续表

一级指标	二级指标	三级指标		项目类型	基本分	评分标准
		序号	名　称			
政党治理系统	7. 加强基层民主建设	1	推进乡镇(街道)民主决策制度建设，监督规范运行到位	基本项	30	未落实扣3分
		2	推进乡镇(街道)政务公开制度建设，监督规范运行到位	基本项		未落实扣3分
		3	推进乡镇人大监督职能制度建设有力，监督运行成效明显	基本项		未落实扣3分
		4	推进村(居)委会直接选举全面落实、成效明显，选民直接参选率不低于规定标准	基本项		未落实扣3分
		5	推动开展村务公开民主管理示范单位创建活动规范	加分项		已落实加2分，未落实不扣分
		6	推动事业、企业单位(国有、民营)工会、职代会、事务公开制度创建有力，监督规范运行到位	发展项		已落实加3分，未落实不扣分

1. 大力培育以人为本、执政为民的执政理念与依法科学民主的执政意识

党的执政水平影响着社会发展的方方面面，尤其在社会治理领域，科学、成熟的执政理念和水平决定着社会治理的水平。党的执政理念经历了一个演变的过程，但始终围绕人民主体地位的路线，绝不动摇。[①] 根据以人为本、执政为民的执政理念，为真正从各方面落实党的执政为民理念，本指标选择和设计了如下项

_____

① 执政理念与执政意识是党在长期实践中总结的执政规律，并在此基础上形成了执政宗旨与指导思想，体现了党的根本价值取向与目标定位，影响着党执政过程中的路线、纲领和政策。着力培育符合现代化治理要求的执政理念与执政意识，始终要坚持"全心全意为人民服务""立党为公、执政为民"的思想，不断优化党的领导方式、提升党的执政能力，推进社会治理科学化、民主化和法治化。党的十八大提出了"全面加强党的思想建设、组织建设、作风建设、反腐倡廉建设、制度建设""坚定理想信念，坚守共产党人精神追求"的新要求。

目：党委(组)中心组每年开展党性教育与基层社会治理(讲座)不少于4次，内容包括自治、法治、德治；领导干部每年集中学习基层社会治理相关知识(上岗、易岗、任职前培训)不少于40学时，等等。

2. 健全和完善党的基层领导体制

社会主义法治建设离不开党的领导，在社会治理方面，同样要坚定不移地坚持党的领导，遵循党的方针、政策，不断提升治理体系和治理能力现代化水平，这是不容忽视的关键问题。根据党的十八届三中全会①、十九届四中全会②精神，为充分发挥党内法规、规章等的制约和引领优势，完善党的基层领导体制，提高党的基层领导能力，本指标选择和设计如下项目：党内有关基层社会治理内容的规章体系建立健全；党内有关基层社会治理内容的规章与法律法规衔接审查、批准、备案工作规范；党领导建立基层社会治理规章的合法性、公平性、普适性评价；基层党委(组)、工作机构及主要负责人的权力清单建立健全，权力界定科学明确，行使程序规范；基层党代会代表提案制健全、全面运行；乡镇党代会年会制试点运行规范。

3. 健全和完善党的决策程序

正义包括实体正义与程序正义，两者有时会产生矛盾和冲突。在基层社会治理体系形成初期，实体正义、结果正义是各界普遍达成的共识，但在暗箱操作下出现了诸多基层利益分配不均、个别权力(权利)主体侵占甚至侵吞其他主体权益的现象，致使国家开始重视程序正义。程序正义不同于结果正义，其要求主体在程序当中受到公平合理的对待，这是显而易见的。历史的经验告诉我们：执政党的决策正确与否关系到国家命运兴衰与否。避免重大事项决策、实施的随意性，

---

① 党的十八届三中全会通过的《中共中央关于全面深化改革若干重大问题的决定》提出：完善和发展中国特色社会主义制度，推进国家治理体系和治理能力现代化，要求"创新社会治理体制"，"改进社会治理方式"，"加快形成科学有效的社会治理体制"。

② 党的十九届四中全会通过的《中共中央关于坚持和完善中国特色社会主义制度 推进国家治理体系和治理能力现代化若干重大问题的决定》提出："坚持和完善共建共治共享的社会治理制度，保持社会稳定，维护国家安全"。"健全党组织领导的自治、法治、德治相结合的城乡基层治理体系"。

关键在于完善党的决策程序，规范党的实施行为，健全党的监督过程，提升党的决策能力。基层社会治理的好坏，紧密关系着人民生活福祉，党作出的有关基层社会治理的决策、实施与监督也必须通过法律程序进行规范。本指标以前述要求为依据，为推动基层社会治理决策过程的科学性和合理性设立了如下项目：基层党委(组)议事规则、重大决策程序制度健全；基层党委(组)重大决策的合法性审查；基层党委(组)社会稳定风险评估制度完善；基层党委(组)对不合法的决策事项的修改完善；基层党委重大事项，重要干部任用公示、考察、任用票决制建立健全；把自治、法治、德治建设成效作为衡量基层党委(组)领导干部和领导班子工作实绩纳入政绩考核指标体系建立健全；把能否遵守法律、能否依法办事作为考核干部的重要内容，相同条件下优先提拔法治素养好、依法办事能力强的干部的制度和程序建立健全；基层党委(组)法制(法务)工作机构或聘请常年社会治理顾问/专家制度建立健全。

4. 建立健全基层党内民主制度

建立健全政党指标评价体系，党内民主指标必不可少。① 考核评价党内民主的关键是要测评党员各项权利的落实情况，党内权力的互相制约以及党务公开、党内基层民主制度是否完善等。党的十九大、十九届四中全会提出了具体要求。② 据此，党内民主指标应当从党员自身出发，确保党员的基本权利，保障党员能够参与党内活动，定期从党员主观和客观的角度对基层党内民主制度指标进行测评和考察，以此来发现不足并予以弥补。

5. 建立健全基层党委的权力运行制约和监督机制

对党的权力运行进行制约是从根本上保障党内决策、制度执行在法定的权限

---

① 党内民主是民主性质的政党按照民主的原则和规章制度进行自身的一切组织和活动，它是党的生命，对人民民主具有重要的示范和带头作用。党内民主制度要求民主选举、民主决策、民主管理和民主监督一体建设，把党内民主贯穿于党内政治生活的基本秩序之中，是不断增强党的创新活力、巩固党团结统一的前提。

② 党的十九届四中全会提出："坚持民主集中制，完善发展党内民主和实行正确集中的相关制度，提高党把方向、谋大局、定政策、促改革的能力。"

和程序中开展，是确保党组织、党员领导干部依法执政的关键。根据毛泽东同志曾作出的"共产党员要接受监督"的指示①，基层社会治理要求事实就是，从群众中来到群众中去，强调地区差异性，要求共产党在部署工作中更应尊重民意，接受社会公众的监督。据党的十九大、十九届四中全会的要求②，为加强对基层党委权力运行的制约和监督机制，确保党委事务在合法轨道上开展，本指标选择和设计了如下指标：基层党委（组）例会制度、表决制度健全完善；基层党委定期举行新闻发布会或坚持对重大问题和决定事项新闻发布的制度建立健全；基层党组织领导干部述职、述廉与基层社会治理成效综合考核制度建立健全；基层党组织、党员遵守党内法规制度情况检查考核落实到位；除依照法律法规应当保密外，党内事务应及时向党员公开，涉及经济社会发展和公民、法人及其他组织权利义务的重大决策，应当通过平面、影视、网络等便于公众知晓的方式及时公开；基层党务公开专项巡视工作制度健全；基层党员违反党纪、失职渎职犯罪档案查询制度建立健全。

6. 加强基层党委对基层人大工作的领导

加强基层工作中党委对人大的支持力度，在作出关乎社会治理重大决策时，以客观实际为出发点形成工作合力，保障工作顺利有序向前推进。人大立法能够将党委领导的大政方针上升为国家意志，规范社会生活的各个方面，推进民主法治建设进程。根据党的十九大、十九届四中全会精神的要求③，为测评基层党委对同级人大工作的领导现状，确保人大各项工作在党委的正确领导下开展，本指标选择和设计了如下项目：基层党委对基层人大工作的领导体制机制健全；地方性立法涉及重大体制和重大政策调整，报同级党委或层报上级党委直至中央决定的制度健全；党委审定人大常委会党组提出的地方性立法规划与计划、讨论重要

---

① 如果我们不受监督，不注意扩大党和国家的民主生活，就一定要脱离群众，犯大错误。邓小平. 邓小平文选：第一卷[M]. 北京：人民出版社，1994：270.

② 党的十九届四中全会强调："规范党内政治生活，严明政治纪律和政治规矩，发展积极健康的党内政治文化，全面净化党内政治生态"。"完善和落实全面从严治党责任制度"。

③ 党的十九大报告指出："必须把党的领导贯彻落实到依法治国全过程和各方面，坚定不移走中国特色社会主义法治道路。"

法规、规范性文件草案制度建立健全；基层党委对基层人大重大事项的决策程序规范。

7. 加强基层民主建设

基层民主化建设在社会治理指标评价体系中显得尤为关键,[①] 基层民主的顺利建设对于促进基层社会治理科学决策、化解社会矛盾纠纷、增进生活共同体的价值认同、实现社会自治有着不可小视的意义。本指标以党的十九大要求为依据[②],用以测评基层民主建设的运行状况,设置了如下项目：推进乡镇(街道)民主决策制度建设,监督规范运行到位；推进乡镇(街道)政务公开制度建设,监督规范运行到位；推进乡镇人大监督职能制度建设有力,监督运行成效明显；推进村(居)委会直接选举全面落实、成效明显,选民直接参选率不低于规定标准；推动开展村务公开民主管理示范单位创建活动规范；推动事业、企业单位(国有、民营)工会、职代会、事务公开制度创建有力,监督规范运行到位。

(二)政府治理指标评价体系

各项权力体系中最不能忽视的就是行政权力,[③] 行政权力建设即法治政府建设,在法治化的背景下需要不断加强,[④] 如到 2035 年基本建成法治政府等。[⑤] 法治政府建设虽然以政府作为主体,但需要多方参与,政府自身在需要依法行政的

[①] 基层民主建设主要包括以城市居民自治、以农村村民自治为核心的基层民主建设,以社会团体、行业协会为核心的社团基层民主建设等。考察基层民主建设的成效,关键是对民主决策、民主监督、政务公开、选举制度是否规范与合理的评价。

[②] 党的十九大报告提出："扩大党内基层民主,推进党务公开,畅通党员参与党内事务、监督党的组织和干部、向上级党组织提出意见和建议的渠道。"

[③] 行政权力是现代国家权力中最为活跃的权力,是最需要自由空间又最容易膨胀、最容易自由无度的权力,因而也是最需要控制却又最难控制的权力。参见周佑勇. 论依法行政的宪政基础[J]. 政治与法律,2002(1)：15-19.

[④] 党的十八大以来,越来越重视法治政府的建设,提出了"推进依法行政,切实做到严格规范公正文明执法"的目标,强调法治政府和服务型政府的建设。党的十八大报告[R/OL].[2021-06-02]. http：//www. wenming. cn/xxph/sy/xy18d/201211/t20121119_940452. shtml.

[⑤] 法治政府是有限有为的政府,是诚信负责的政府,是透明廉洁的政府,是便民高效的服务型政府。参见马怀德. 法治政府特征及建设途径[J]. 国家行政学院学报,2008(2)：36-39.

同时，还要接受其他社会组织、群众、党的监督。然而在实践当中，一些问题还不同程度地存在着，有待重视和解决：乱执法、不执法现象频发；执法人员素质偏低，法律水平不高，以权谋私现象时常发生，等等。面对这些突出性问题，如何建设法治政府，如何督促行政人员依法行政，成为我国法治建设中至关重要的一环。

政府直接面对的是基层社会治理问题，① 基层社会治理要求形成完备的基层社会治理体系，体系的达成不光靠政府一方作为，而应靠多方支持。首先必须坚持党的领导，在党的政策方针下具体展开社会治理模式的探索。其次反映社情民情，以群众意见、诉求为出发点，通过社会组织覆盖各个基层群体，落实上级文件、举措，使得群众问题真正解决，群众利益真正落实，构成一种各方互动的局面。在此动态局面下，社会治理模式愈发灵活，适应起来也更加顺手。最后，发挥基层社会组织的功能，基层社会组织相较于政府更能接近民众生活，更能了解民众的基本诉求，同时更方便展开摸索与考察，所以应当以基层社会组织为依托，在卫生、纠纷、教育、环境等领域充分联系群众，解决群众实际问题。在考虑以上问题之后，关于政府有关基层社会治理的工作实效究竟如何，治理方式是否妥当，是否存在治理漏洞和治理短板，仍需依靠绩效考核来测评。（见表4-2）

1. 依法全面履行政府职能

依法全面履行政府职能即在遵守相关法律规定的前提下，政府全面、充分履行其职能，为人民服务。同时，保障行政机关严格执行法律法规，忠实宪法和法律，提高行政效率，发挥政府机关的带头和表率作用。面对基层社会治理困境，政府从"一元主体管理"到"多元主体治理"方式的改进，不仅是治理模式的变化，更是各主体之间权利与义务的重新建构。若缺少制度对治理主体职责的科学划分，会导致不同治理主体之间的权力混同和权力滥用，政府或仍难以跳出"一元

---

① 基层社会治理是国家治理的基础，在国家治理体系中占据重要地位。政府作为基层社会治理的关键主体，对形成共建共治共享的社会治理格局，切实提升公众幸福感发挥着重要作用。党的十九届四中全会指出："必须加强和创新社会治理，完善党委领导、政府负责、民主协商、社会协同、公众参与、法治保障、科技支撑的社会治理体系。"

治理"的现实困境，对各领域事务大包大揽、事事过问。基层社会治理制度的开创性表现在于多元主体共治、发挥群众力量这一巨大优势潜能。在明确政府主导基层社会治理的职责前提下，通过"三治"结合等方式对基层社会实施治理，确保政府在放权的同时又承担应有的义务。因此要明确政府职责，清楚划分政府、企业、社会组织权力(权利)界限，改进治理方式，提升政府基层社会治理能力。根

表 4-2　　政府治理系统指标评价体系(基本分 200 分，占总分值 13.3%)

一级指标	二级指标	三级指标		项目类型	基本分	评分标准
		序号	名　　称			
政府治理系统	1. 依法全面履行政府职能	1	基层政府部门、直属单位的机构、职能、权限、程序、责任法定化的制度建立健全	基本项	40	未落实扣 3 分
		2	基层政府部门、直属单位及主要责任人的权力清单建立健全，权力界定科学明确，行使程序规范	基本项		未落实扣 3 分
		3	基层政府事权、职权与执行权体系完备，制度健全，程序规范	基本项		未落实扣 3 分
		4	对基层政府事权设置的审查、纠正、撤销机制建立健全，程序规范	基本项		未落实扣 3 分
		5	依法行政的目标责任体系建立健全，基层人民政府常务会议每年专题听取依法行政情况不少于 2 次	基本项		未落实扣 3 分
		6	基层人民政府每年向同级党委、人大常委会和上一级人民政府专题报告依法行政情况的制度落实到位	基本项		未落实扣 3 分
		7	基层政府部门每年向本级人民政府、上一级对口部门专题报告依法行政情况的制度落实到位	基本项		未落实扣 3 分
		8	基层政府对基层政府部门及直属单位依法行政情况的考核制度建立健全	基本项		未落实扣 3 分

一级指标	二级指标	三级指标		项目类型	基本分	评分标准
		序号	名　称			
政府治理系统	2. 健全依法决策机制	1	行政决策的范围、权限、程序制度建立健全，运行规范	基本项	45	未落实扣3分
		2	基层政府常务会议或部门领导班子会议对重大事项的集体决策机制健全完善，运行规范	基本项		未落实扣3分
		3	基层政府重大行政决策民意调查、公众参与、听取意见、专家论证机制、听证制度建立健全，运行规范	加分项		已落实加2分，未落实不扣分
		4	基层政府重大政策、重大项目等决策事项的合法性、廉洁性审查和风险评估机制建立健全，未经合法性、廉洁性审查、风险评估或经审查不合法、不廉洁、风险评估有较大风险的不得提交会议讨论的规定执行到位	基本项		未落实扣3分
		5	基层政府重大政策、重大项目等决策事项的全程追踪和事后评估机制建立健全，根据事后评估情况对既有决策予以调整或停止执行的规则运行规范	加分项		已落实加2分，未落实不扣分
		6	重大决策终身责任追究及责任倒查机制建立健全	基本项		未落实扣3分
		7	对决策严重失误或者依法应该及时作出决策但久拖不决造成重大损失、影响恶劣的，严格追究行政首长、负有责任的其他领导人员和相关责任人员的行政、法律责任机制建立健全，落实到位	基本项		未落实扣3分
		8	基层政府重大决策出台前和实施中向本级人大报告制度建立健全	基本项		未落实扣3分
		9	基层政府吸收专家和律师参与基层社会治理顾问队伍建立健全	发展项		已落实加3分，未落实不扣分

续表

一级指标	二级指标	三级指标		项目类型	基本分	评分标准
		序号	名　　称			
政府治理系统	3. 规范行政执法行为	1	基层行政执法管理领导协调体制建立健全，执法力量配置合理	基本项	60	未落实扣3分
		2	食品药品安全、工商质检、公共卫生、安全生产、文化旅游、资源环境、农林水利、交通运输、城乡建设、渔业等领域内综合执法、跨部门综合执法的体制机制建立健全	加分项		已落实加2分，未落实不扣分
		3	行政强制执行体制健全完善，程序规范	基本项		未落实扣3分
		4	基层城乡管理综合执法体制健全完善，程序规范	基本项		未落实扣3分
		5	基层行政执法人员持证上岗和资格管理制度健全完善，未经执法资格考试合格，不得授予执法资格，不得参与行政执法活动	基本项		未落实扣3分
		6	罚缴分离和收支两条线管理制度健全完善，落实到位	加分项		已落实加2分，未落实不扣分
		7	行政执法与刑事司法衔接机制建立健全，案件移送标准和程序健全完善，落实到位	加分项		已落实加2分，未落实不扣分
		8	公安机关、检察机关、审判机关、行政司法机关信息共享、案情通报、案件移送制度建立健全	发展项		已落实加3分，未落实不扣分
		9	行政执法全过程记录制度健全完善，执行到位	加分项		已落实加2分，未落实不扣分
		10	行政许可、行政处罚、行政强制、行政征收、行政收费、行政检查等执法行为规范，操作流程具体明确	基本项		未落实扣3分
		11	基层重大执法决定法制审核制度健全完善，落实到位	基本项		未落实扣3分
		12	基层行政执法裁量权基准制度建立健全，落实到位	发展项		已落实加3分，未落实不扣分
		13	基层行政复议受理、听证、决定等程序运行规范	基本项		未落实扣3分
		14	基层行政执法公示制度健全完善，落实到位	基本项		未落实扣3分
		15	基层行政执法责任制健全完善，不同部门及机构、岗位执法人员执法责任和责任追究机制落实到位	加分项		已落实加2分，未落实不扣分
		16	行政执法网上流程管理、案卷评查制度建立健全，信息化建设成效明显	发展项		已落实加3分，未落实不扣分

续表

一级指标	二级指标	三级指标		项目类型	基本分	评分标准
		序号	名　称			
政府治理系统	4. 推进政务公开	1	政务公开体制机制建立健全，运行规范	基本项	30	未落实扣3分
		2	政府公示公告、新闻发言人制度建立健全，政府信息发布保密机制完善	基本项		未落实扣3分
		3	决策公开、执行公开、管理公开、服务公开、结果公开的制度完善，执行到位	加分项		已落实加2分，未落实不扣分
		4	基层政府及工作部门依据权力清单，向社会全面公开政府职能、法律依据、实施主体、职责权限、管理流程、监督方式等事项落实到位	基本项		未落实扣3分
		5	财政预算、财政决算、三公经费、政府采购、专项资金、重大项目审批和实施、社会公益事业建设等重点领域的政府信息主动公开，规范及时	加分项		已落实加2分，未落实不扣分
		6	政府网站、政府公报等公开平台规范运行，基层政府部门电子政务网络覆盖率达到规定标准	发展项		已落实加3分，未落实不扣分
	5. 行政机关参与诉讼，严格履职	1	基层行政机关依法出庭应诉，支持法院受理行政案件的制度健全完善，行政首长出庭应诉率达到规定要求	基本项	25	未落实扣3分
		2	接受司法机关的行政诉讼监督制度建立健全，生效行政判决、裁定履行到位	基本项		未落实扣3分
		3	接受检察建议，认真履行并整改到位，及时反馈	加分项		已落实加2分，未落实不扣分
		4	基层公益诉讼与行政机关受理公共利益案件的"案—案"比	发展项		已落实加3分，未落实不扣分
		5	行政机关参与民事、经济活动行为规范，生效民事判决、裁定履行到位	基本项		未落实扣3分

据党的十九大精神①，为考察各基层政府依法全面履行政府职能的运行现状，本指标设置了如下项目：基层政府部门、直属单位的机构、职能、权限、程序、责任法定化的制度建立健全；基层政府部门、直属单位及主要责任人的权力清单建立健全，权力界定科学明确，行使程序规范；基层政府事权、职权与执行权体系完备，制度健全，程序规范；对基层政府事权设置的审查、纠正、撤销机制建立健全，程序规范；依法行政的目标责任体系建立健全，基层人民政府常务会议每年专题听取依法行政情况不少于2次；基层人民政府每年向同级党委、人大常委会和上一级人民政府专题报告依法行政情况的制度落实到位；基层政府部门每年向本级人民政府、上一级对口部门专题报告依法行政情况的制度落实到位；基层政府对基层政府部门及直属单位依法行政情况的考核制度建立健全。

2. 健全依法决策机制

政府职能的履行集中体现在政府决策的制定与执行，决策的制定与执行都要依法进行。这不仅要科学合理，还应反映实际问题，具有针对性，精确应对问题，为问题的解决出谋划策。唯有健全依法决策机制，政府才能依法行政，应对基层社会治理问题。完善行政执法体制，是政府基层社会治理工作的基础，除确保在法律法规框架内进行外，执行过程中应注重地区差异化，切实结合当地实际情况，充分发挥群众自治、政府法治优势，办实事，办好事，真正解决人民群众的实际问题。社会治理作为基层政府工作的重要领域，如何对其进行良好的治理还在进一步探索之中，强化对基层政府社会治理的监督是尤为必要的。一方面，是政府系统内部的监督，包括上级政府的层级监督、县级政府的行政监察、基层政府的审计监督等。另一方面是政府系统外部监督，主要由人民群众、社会组织、新闻舆论等进行监督，促进基层政府社会治理工作不断完善。据党的十九大

---

① 党的十九大强调："深化机构和行政体制改革。统筹考虑各类机构设置，科学配置党政部门及内设机构权力、明确职责"。"转变政府职能，深化简政放权，创新监管方式，增强政府公信力和执行力，建设人民满意的服务型政府"。

精神以及《中共中央关于全面推进依法治国若干重大问题的决定》的要求①，参照国务院发布的《重大行政决策程序暂行条例》②，本指标设置如下项目：行政决策的范围、权限、程序制度建立健全，运行规范；基层政府常务会议或部门领导班子会议对重大事项的集体决策机制健全完善，运行规范；基层政府重大行政决策民意调查、公众参与、听取意见、专家论证机制、听证制度建立健全，运行规范；基层政府重大政策、重大项目等决策事项的合法性、廉洁性审查和风险评估机制建立健全，未经合法性、廉洁性审查、风险评估或经审查不合法、不廉洁、风险评估有较大风险的不得提交会议讨论的规定执行到位；基层政府重大政策、重大项目等决策事项的全程追踪和事后评估机制建立健全，根据事后评估情况对既有决策予以调整或停止执行的规则运行规范；重大决策终身责任追究及责任倒查机制建立健全；对决策严重失误或者依法应该及时作出决策但久拖不决造成重大损失、影响恶劣的，严格追究行政首长、负有责任的其他领导人员和相关责任人员的行政、法律责任机制建立健全，落实到位；基层政府重大决策出台前和实施中向本级人大报告制度建立健全；基层政府吸收专家和律师参与基层社会治理顾问队伍建立健全。通过对政府依法决策机制进行评价，以期提升基层政府社会治理决策的科学化和民主化水平，不断提升基层政府治理能力与治理水平。

3. 规范行政执法行为

规范行政执法行为是关键的一步。③ 但由于我国长期以来形成的政府主导的

---

① 《中共中央关于全面推进依法治国若干重大问题的决定》明确提出，"健全依法决策机制。把公众参与、专家论证、风险评估、合法性审查、集体讨论决定确定为重大行政决策法定程序"。http：//cpc. people. com. cn/n/2014/1029/c64387-25927606. html.

② 2019 年 5 月，国务院发布了《重大行政决策程序暂行条例》，首次将县级以上地方人民政府的重大决策权纳入法治轨道，保障人民群众对政府决策的知情权、参与权和监督权的同时，提升了基层政府治理对社会事项的治理能力，是推进"法治中国"建设的任务之一，也是推进政府治理体系和治理能力现代化的重要任务。重大行政决策程序暂行条例［R/OL］. ［2021-06-02］. http：//www. gov. cn/zhengce/content/2019-05/08/content_5389670. htm.

③ 深化行政执法体制改革，着力构建权责统一、权威高效的行政执法体制，是推进"法治中国"建设的重要环节，是贯彻法律效能、实现政府管理、保障公民权利、维护社会秩序的关键。参见曾俊. 相对集中行政处罚权与中国行政执法体制的改革：以城市管理为例［J］. 政治学研究，2003(4).

工作格局，出现"立法中部门化倾向严重，对法律实施的行政管理路径依赖，出现社会参与不足，执法的自由裁量权过大"等问题。为进一步整合执法主体、优化行政执法权力配置、加强对行政执法的监督，以党的十九大以来的新要求、新部署为引领，① 为测量和评估行政执法行为的现状，本指标选择和设计了如下项目：基层行政执法管理领导协调体制建立健全，执法力量配置合理；食品药品安全、工商质检、公共卫生、安全生产、文化旅游、资源环境、农林水利、交通运输、城乡建设、渔业等领域内综合执法、跨部门综合执法的体制机制建立健全；行政强制执行体制健全完善，程序规范；基层城乡管理综合执法体制健全完善，程序规范；基层行政执法人员持证上岗和资格管理制度健全完善，未经执法资格考试合格，不得授予执法资格，不得参与行政执法活动；罚缴分离和收支两条线管理制度健全完善，落实到位；行政执法与刑事司法衔接机制建立健全，案件移送标准和程序健全完善，落实到位；公安机关、检察机关、审判机关、行政司法机关信息共享、案情通报、案件移送制度建立健全；行政执法全过程记录制度健全完善，执行到位；行政许可、行政处罚、行政强制、行政征收、行政收费、行政检查等执法行为规范，操作流程具体明确；基层重大执法决定法制审核制度健全完善，落实到位；基层行政执法裁量权基准制度建立健全，落实到位；基层行政复议受理、听证、决定等程序运行规范；基层行政执法公示制度健全完善，落实到位；基层行政执法责任制健全完善，不同部门及机构、岗位执法人员执法责任和责任追究机制落实到位；行政执法网上流程管理、案卷评查制度建立健全，信息化建设成效明显。

4. 推进政务公开

政务公开作为现代政府治理的基础要素，已成为我国社会常态下的行政管理和非常态下应急管理的重要环节，直接影响着政府的治理效能。加快推进政务公开制度落实，着力形成良性的运行机制，是促进政府制度建设和提升基层治理效能的有机结合。政务公开是政府的一项法定义务，但面临着群众知情权与政府回

---

① 党的十九大以来以新要求、新部署为引领，提出"建设法治政府，推进依法行政，严格规范公正文明执法"。

应不足的矛盾、政务公开目标与政府信息不匹配之间的矛盾。依托国务院发布的《2020 年政务公开工作要点》①，为评价基层政务公开的现状，设置如下指标项目：政务公开体制机制建立健全，运行规范；政府公示公告、新闻发言人制度建立健全，政府信息发布保密机制完善；决策公开、执行公开、管理公开、服务公开、结果公开的制度完善，执行到位；基层政府及工作部门依据权力清单，向社会全面公开政府职能、法律依据、实施主体、职责权限、管理流程、监督方式等事项落实到位；财政预算、财政决算、三公经费、政府采购、专项资金、重大项目审批和实施、社会公益事业建设等重点领域的政府信息主动公开，规范及时；政府网站、政府公报等公开平台规范运行，基层政府部门电子政务网络覆盖率达到规定标准。

5. 行政机关参与诉讼，严格履职

行政机关理应受到约束，尤其在司法层面，更要求行政机关参与诉讼过程，以平等的姿态作为诉讼一方，督促自身严格履行职责，受到司法机关和人民群众的监督。根据党的十九大要求②，对行政机关参与行政诉讼、民事经济活动依法行使权力，履行职责，承担责任进行测评，本指标设置了如下项目：基层行政机关依法出庭应诉，支持法院受理行政案件的制度健全完善，行政首长出庭应诉率达到规定要求；接受司法机关的行政诉讼监督制度建立健全，生效行政判决、裁定履行到位；接受检察建议，认真履行并整改到位，及时反馈；基层公益诉讼与行政机关受理公共利益案件的"案—案"比；行政机关参与民事、经济活动行为规范，生效民事判决、裁定履行到位。

(三)社会治理指标评价体系

随着市场经济的发展，利益主体趋于多元，社会矛盾增多，单一的政府管控

---

① 国务院《2020 年政务公开工作要点》从制度层面对权责清单、经济政策发布解读、疫情信息发布、信息公开等政务公开工作作出规定，增强政府透明度和公信力，推进国家治理体系和治理能力现代化。

② 党的十九大提出："各级党组织和全体党员要带头尊法学法守法用法，任何组织和个人都不得有超越宪法法律的特权，绝不允许以言代法、以权压法、逐利违法、徇私枉法。"

已不能适应社会需求，基于社会事务的复杂性，基层社会结构的历史性与变动性，需要充分发挥当地社会组织、居民、第三方的治理优势，形成符合自身实际能力的社会治理体系极为重要，党为此提出了诸多要求。① 社会治理是涉及最为广泛的治理领域，在当今法治建设的要求下，推进社会治理向体系化、完备化方向发展尤为关键。

在治理主体上，基层社会治理涉及多方主体;② 在治理方式上，正式手段和非正式手段共同作用，强调刚性的法律法规，柔性的道德要求和风俗习惯齐头并进，实现善治。其他主体参与社会治理意味着：多元主体开始共同参与构建基层社会治理过程，由"一元单向性"的"层级管理型"模式向"结构多元性""合作共治式"的"治理型"转变。③ 最终，在注重公共利益和治理过程至善化的过程中实现权力共享、平等民主、协调配合、共同参与的基层社会治理模式。(见表4-3)

1. 推进城市居民自治

法律、决策、制度若得不到良好的贯彻和民众的支持，法治建设就会寸步难行。公众参与社会治理是宪法的根本性规定，我国宪法的制定和实施始终代表最广大人民群众的根本利益，是广大人民群众共同理性、共同价值、共同意志的集中体现。居民参与基层社会治理不仅有法理依据，更有重大的现实意义。④ 基层是我国社会治理的重点、难点，也是法治建设的薄弱点。随着现代化的建设，基层除了有良好的基础设施外，法治建设、道德风尚等软环境配套建设尚待进一步

---

① 党的十八大以来，为推进基层社会治理向更高更深层次发展，中央先后提出了"创新社会治理体制，改进社会治理方式"，"坚持系统治理、依法治理、综合治理、源头治理"，"激发社会组织活力，有效预防和化解社会矛盾体制"等部署要求。

② 在治理主体上强调多中心共治。主张政府放权和向社会授权，实现多主体、多中心治理等政治和治理多元化，侧重弱化政治权力，去除政治权威，实现政府与社会多元共治、社会自身的多元自治。参见景小勇. 社会视角下的国家文化治理研究[M]. 北京：文化艺术出版社，2016：25.

③ 徐汉明. 法治中国建设指标体系和考核标准研究[J]. 北京：法律出版社，2019：173.

④ 2020年新颁布的《中华人民共和国城市居民委员会组织法》第1条规定："为了加强城市居民委员会的建设，由城市居民群众依法办理群众自己的事情，促进城市基层社会主义民主和城市社会主义物质文明、精神文明建设的发展，根据宪法，制定本法。"

表 4-3　　社会治理系统指标评价体系(基本分 200 分，占总分值 13.3%)

一级指标	二级指标	三级指标		项目类型	基本分	评分标准
		序号	名　　称			
社会治理系统	1. 推进城市居民自治	1	城市居民自治委员会建立完备的管理体系、制度体系和运行机制	基本项	40	未落实扣 3 分
		2	城市居民自治委员会具有完备的社区公约，规定居委会产生的规程、重大事项决议规程、民主监督、居委会工作人员权力与职责、居民权利与责任等内容	基本项		未落实扣 3 分
		3	居民积极参与居民委员会的各项活动，积极行使权利	基本项		未落实扣 3 分
		4	城市居民自治委员会的产生严格遵守相关程序规范，民众参与度达到较高水平	基本项		未落实扣 3 分
		5	居民委员会自治章程能够迅速及时修改完善，符合相关修改程序和要求，居民积极参与居委会自治章程的修改和完善工作	发展项		已落实加 2 分，未落实不扣分
		6	居民积极参与社区的重大决策，做到群策群力、民主决策、科学决策	基本项		未落实扣 3 分
		7	居民积极监督社区干部，积极提出批评建议，设有批评建议传达和反馈机制	加分项		已落实加 2 分，未落实不扣分
		8	城市居委会设立居民互助小组、兴趣小组、志愿小组等，居民间关系和谐、互助互惠，构建安全共同体	发展项		已落实加 2 分，未落实不扣分
		9	社区具有独特的文化氛围，形成独特的社区文化体系	发展项		已落实加 2 分，未落实不扣分
		10	社区环境整洁卫生，环境优美，构建"绿色社区、最美社区、宜居社区"	加分项		已落实加 2 分，未落实不扣分
		11	社区居民获得良好的物业服务，卫生状况良好	基本项		未落实扣 3 分
		12	社区建立居民纠纷调解机制，设有专门的纠纷调解机构	发展项		已落实加 2 分，未落实不扣分

续表

一级指标	二级指标	三级指标		项目类型	基本分	评分标准
		序号	名　　称			
社会治理系统	2. 农村村民自治	1	农村村民自治委员会建立完备的管理体系、制度体系和运行机制	基本项	40	未落实扣3分
		2	农村村民自治委员会具有完备的村规民约，规定村委会产生的规程、重大事项决议规程、民主监督村委会工作人员的权力与职责、村民权利与责任等内容	基本项		未落实扣3分
		3	村民积极参与村委会的各项活动，积极行使权利	基本项		未落实扣3分
		4	农村村民自治委员会的产生严格遵守相关程序规范，村民参与度达到较高水平	基本项		未落实扣3分
		5	农村村民委员会对村规民约能够迅速及时修改完善，符合相关修改程序和要求，村民积极参与村委会自治村规民约的修改和完善工作	发展项		已落实加2分，未落实不扣分
		6	村民积极参与村委会的重大决策，做到群策群力、民主决策、科学决策	基本项		未落实扣3分
		7	村民监督村干部，积极提出批评建议，设有批评建议传达和反馈机制	加分项		已落实加2分，未落实不扣分
		8	村民设有互助小组、兴趣小组、志愿小组等，村民间关系和谐、互助互惠，构建安全共同体	发展项		已落实加2分，未落实不扣分
		9	国家各项扶贫政策落实到位，政策实施公平公正，村民评价满意度较高，如公益性岗位补助、贫困补助发放公平公正	加分项		已落实加2分，未落实不扣分
		10	农村环境整洁卫生，环境优美，构建"绿色乡村、最美乡村、宜居乡村"	发展项		已落实加2分，未落实不扣分
		11	村委会通过建立合作社、乡镇企业等方式为村民增收，村民入股参与度较高，成为村民稳定的收入来源	发展项		已落实加2分，未落实不扣分
		12	村委会宣传工作到位，村民能够及时知晓各项政策、决定，形成完备的信息公开机制	加分项		已落实加2分，未落实不扣分
		13	村委会建立村民纠纷调解机制，设有专门的纠纷调解机构，利用乡贤、熟人、亲缘关系人化解矛盾纠纷	发展项		已落实加2分，未落实不扣分

一级指标	二级指标	三级指标		项目类型	基本分	评分标准
		序号	名　称			
社会治理系统	3. 社会组织自治	1	社会组织具有完备的组织章程、规章制度体系，完成注册登记工作，相关资质经政府行政部门备案审批	基本项	20	未落实扣 3 分
		2	社会组织定期组织合法的团体活动，成员参与度较高，涉及活动合法性问题报有关部门备案审批	基本项		未落实扣 3 分
		3	社会组织设立党小组，与基层党组织保持密切联系，定期开展各项学习活动，密切联系群众	基本项		未落实扣 3 分
		4	社会组织的各项活动契合国家政策，具有实际意义和实践价值，符合社会组织创立的目的和宗旨	加分项		已落实加 2 分，未落实不扣分
		5	社会组织密切与政府合作，积极参与社会治理，通过各种方式积极履行社会责任	发展项		已落实加 2 分，未落实不扣分
	4. 行业协会自治	1	行业协会具有完备的组织章程、规章制度体系，完成注册登记工作，相关资质经政府行政部门备案审批	基本项	20	未落实扣 3 分
		2	行业协会依法高效完成国家的授权工作、履行管理职能	基本项		未落实扣 3 分
		3	建立健全行业标准，定期开展行业标准评估和完善工作	加分项		已落实加 2 分，未落实不扣分
		4	建立健全对行业从业人员的监督举报机制和失信惩戒机制	基本项		未落实扣 3 分
		5	定期开展行业从业人员的职业道德和专业技能培训活动，提升行业整体水平	加分项		已落实加 2 分，未落实不扣分
		6	组织行业从业人员积极参与社会公益性服务活动，解决基层社会治理中存在的难题	发展项		已落实加 2 分，未落实不扣分

续表

一级指标	二级指标	三级指标		项目类型	基本分	评分标准
		序号	名　称			
社会治理系统	5. 加强法律服务队伍建设	1	社会律师、公职律师、公司律师等优势互补、结构合理的律师管理体制建立健全	基本项	25	未落实扣3分
		2	律师事务所管理体制机制建立健全，律师职业行业规范	基本项		未落实扣3分
		3	律师协会的作用发挥充分	基本项		未落实扣3分
		4	强化律师准入、退出机制制度，执行违法违规惩戒制度规范	基本项		未落实扣3分
		5	律师行业党的组织体系健全完善，政治核心作用充分发挥	基本项		未落实扣3分
		6	基层党政机关和人民团体公职律师、企业公司律师的管理体制建立健全	基本项		未落实扣3分
		7	法律服务人才跨区域流动机制建立健全	发展项		已落实加2分，未落实不扣分
	6. 企业自治	1	企业具有完善的企业组织制度体系、运行制度体系，构建完整高效的现代企业制度	基本项	35	未落实扣3分
		2	企业主动建立完善企业合规制度体系	发展项		已落实加2分，未落实不扣分
		3	企业建立党小组，定期开展学习活动，密切联系群众	基本项		未落实扣3分
		4	企业监事会运行良好，积极履行监督职能	基本项		未落实扣3分
		5	企业积极参与社会公益活动，履行社会责任	发展项		已落实加3分，未落实不扣分
		6	企业注重建设优良的企业文化，注重对员工的关怀，定期开展团建活动，各项补贴发放到位	发展项		已落实加3分，未落实不扣分
		7	企业注重员工入股分红，设立股权激励机制	发展项		已落实加3分，未落实不扣分
		8	企业注重对企业内部的矛盾纠纷化解工作，形成良好的内部工作氛围	加分项		已落实加2分，未落实不扣分
		9	公证、司法鉴定、仲裁、调解等法律服务建设的数量和质量	基本项		未落实扣3分
		10	给具有法律背景的退休人员设立调解室及其担任调解员的数量	基本项		未落实扣3分

续表

一级指标	二级指标	三级指标		项目类型	基本分	评分标准
		序号	名　称			
社会治理系统	7.建立健全第三方评估机制	1	建立独立的第三方评估运行机制	基本项	20	未落实扣3分
		2	建立有效的第三方评估公众参与监督机制	加分项		已落实加2分，未落实不扣分
		3	第三方评估定期化与常态化	基本项		未落实扣3分
		4	定期开展第三方评估结果反馈和专家论证会	基本项		未落实扣3分
		5	认真落实第三方评估结果，依据评估结果落实整改方案和纠错惩戒机制	加分项		已落实加2分，未落实不扣分

完善。推进城市居民自治，有利于极大地减少政府压力，激发社会活力，将矛盾化解在基层，形成安定有序、尊老爱幼、和谐共建的社会秩序。据此，为测评居民参与基层社会治理的能力，提高公众参与社会治理的积极性和自觉性，拟设置如下指标：城市居民自治委员会建立完备的管理体系、制度体系和运行机制；城市居民自治委员会具有完备的社区公约，规定居委会产生的规程、重大事项决议规程、民主监督、居委会工作人员权力与职责、居民权利与责任等内容；居民积极参与居民委员会的各项活动，积极行使权利；城市居民自治委员会的产生严格遵守相关程序规范，民众参与度达到较高水平；居民委员会自治章程能够迅速及时修改完善，符合相关修改程序和要求，居民积极参与居委会自治章程的修改和完善工作；居民积极参与社区的重大决策，做到群策群力、民主决策、科学决策；居民积极监督社区干部，积极提出批评建议，设有批评建议传达和反馈机制；城市居委会设立居民互助小组、兴趣小组、志愿小组等，居民间关系和谐、互助互惠，构建安全共同体；社区具有独特的文化氛围，形成独特的社区文化体系；社区环境整洁卫生，环境优美，构建"绿色社区、最美社区、宜居社区"；社区居民获得良好的物业服务，卫生状况良好；社区建立居民纠纷调解机制，设有专门的纠纷调解机构。

2. 农村村民自治

首先应明确农村村民自治的重要意义。① 村民自治的好坏，关键在于完备的自治章程，适合本村发展的村规民约，村级事务决策的公开化、民主化等因素，此外，重视村两委、村民小组、村内宗族组织、治保会等村民组织在村民自治中的作用，是推动村民自治的重要基石，也是贯彻村民自治制度的重要内容。《村民委员会组织法》第 2 条规定了村民委员会等基层自治组织的性质定位、具体职能和管理方式，以法律的方式肯定了村民在基层社会治理中的作用。② 据此，为了解农村村民自治的现状，本书选择和设计了如下指标：农村村民自治委员会建立完备的管理体系、制度体系和运行机制；农村村民自治委员会具有完备的村规民约，规定村委会产生的规程、重大事项决议规程、民主监督村委会工作人员的权力与职责、村民权利与责任等内容；村民积极参与村委会的各项活动，积极行使权利；农村村民自治委员会的产生严格遵守相关程序规范，村民参与度达到较高水平；农村村民委员会对村规民约能够迅速及时修改完善，符合相关修改程序和要求，村民积极参与村委会自治村规民约的修改和完善工作；村民积极参与村委会的重大决策，做到群策群力、民主决策、科学决策；村民监督村干部，积极提出批评建议，设有批评建议传达和反馈机制；村民设有互助小组、兴趣小组、志愿小组等，村民间关系和谐、互助互惠，构建安全共同体；国家各项扶贫政策落实到位，政策实施公平公正，村民评价满意度较高，如公益性岗位补助、贫困补助发放公平公正；农村环境整洁卫生，环境优美，构建"绿色乡村、最美乡村、宜居乡村"；村委会通过建立合作社、乡镇企业等方式为村民增收，村民入股参与度较高，成为村民稳定的收入来源；村委会宣传工作到位，村民能够及时知晓各项政策、决定，形成完备的信息公开机制；村委会建立村民纠纷调解机制，设

---

① 农村村民自治制度作为国家的一项基本法律制度，是中国共产党领导广大农民群众实现当家作主的基本形式之一。参见徐勇. 现代国家乡土社会与制度建构[M]. 北京：中国物资出版社，2009：181.

② 《村民委员会组织法》第 2 条规定："村民委员会是村民自我管理、自我教育、自我服务的基层群众性自治组织，实行民主选举、民主决策、民主管理、民主监督。村民委员会办理本村的公共事务和公益事业，调解民间纠纷，协助维护社会治安，向人民政府反映村民的意见、要求和提出建议。"

有专门的纠纷调解机构，利用乡贤、熟人、亲缘关系人化解矛盾纠纷。

3. 社会组织自治

社会组织作为治理主体的一员，与居民或群众共同组成了良性互动群体。社会组织的良性发展离不开党委的正确领导，"枫桥经验"之所以长盛不衰，离不开诸暨市社会组织与基层党委、政府建立的融洽关系。随着市场经济的发展，政府部门各司其职、社会治理各领域监管到位是一种理想化状态，尤其是在科层制行政体制下的县级政府，在实际执行过程中难以应对复杂的现实情况。但是功能各异、种类繁多的社会组织则提供了"补位"功能，为政府与社会在社会治理领域的"共建共治共享"搭建起桥梁。据此，拟设置如下指标：社会组织具有完备的组织章程、规章制度体系，完成注册登记工作，相关资质经政府行政部门备案审批；社会组织定期组织合法的团体活动，成员参与度较高，涉及活动合法性问题报有关部门备案审批；社会组织设立党小组，与基层党组织保持密切联系，定期开展各项学习活动，密切联系群众；社会组织的各项活动契合国家政策，具有实际意义和实践价值，符合社会组织创立的目的和宗旨；社会组织密切与政府合作，积极参与社会治理，通过各种方式积极履行社会责任。

4. 行业协会自治

行业协会的诞生在经济飞速发展的今天已不足为奇，它们的数量和规模日益壮大。同一行业竞争激烈必然导致地区性同一行业的联合，共同探索行业发展规则，建立自律、自治性的行业协会。支持行业协会、商会的发展，建立与之相适应的公益性、互助性社会组织，充分发挥其在反映群众诉求、参与社会事务、维护公共利益、救助困难群众、协调群际关系、化解社会矛盾纠纷中的作用。本书以前述要求为依据，为测评行业协会自治的运行发展状况，选择和设计了如下指标：行业协会具有完备的组织章程、规章制度体系，完成注册登记工作，相关资质经政府行政部门备案审批；行业协会依法高效完成国家的授权工作、履行管理职能；建立健全行业标准，定期开展行业标准评估和完善工作；建立健全对行业从业人员的监督举报机制和失信惩戒机制；定期开展行业从业人员的职业道德和专业技能培训活动，提升行业整体水平；组织行业从业人员积极参与社会公益性服务活动，解决基层社会治理中存在的难题。

5. 加强法律服务队伍建设

法律服务队伍①作为中国法治工作队伍的重要组成部分，具有保障当事人合法权益、开展法治宣传教育、化解社会矛盾、维护社会公平正义的作用。根据2019年7月中共中央办公厅、国务院办公厅印发的《关于加快推进公共法律服务体系建设的意见》②，为测评基层法律服务工作队伍的建设状况，本书选择和设计了如下指标：社会律师、公职律师、公司律师等优势互补、结构合理的律师管理体制建立健全；律师事务所管理体制机制建立健全，律师职业行为规范；律师协会的作用发挥充分；强化律师准入、退出机制制度，执行违法违规惩戒制度规范；律师行业党的组织体系健全完善，政治核心作用充分发挥；基层党政机关和人民团体公职律师、企业公司律师的管理体制建立健全；法律服务人才跨区域流动机制建立健全。

6. 企业自治

企业是社会基本治理单位之一，在促进和谐劳动关系，促进企业平稳运行，提升企业经济效益、管理效益、社会效益中具有关键作用。为了更好地适应城市生活的需要，现代企业应将治理结构嵌入企业综治平台，贯穿企业内部治理与基层社会治理。企业治理的关键在于以员工为主体的党建引领、和谐的劳动关系、

---

① 法律服务队伍主要由律师队伍和公证、司法鉴定、仲裁、调解等法律服务工作队伍两部分组成，律师作为法律服务队伍的主体力量，是衡量一国法治建设水平的标准，坚持和加强党对律师工作的领导，完善律师职业权利保障制度机制，健全律师惩戒机制，发展公职律师、公司律师和政府机关、企事业单位、村(居)法律顾问队伍。此外，公证员、法律援助人员、基层法律服务工作者、人民调解员作为公共法律服务队伍的重要力量，对于化解基层矛盾纠纷、开展法治教育宣传、进行人民调解具有明显优势。
② 《关于加快推进公共法律服务体系建设的意见》提出："优化公共法律服务队伍结构，稳步增加律师、公证员、法律援助人员、仲裁员数量，加快发展政府法律顾问队伍，适应需要发展司法鉴定人队伍，积极发展专职人民调解员队伍，增加有专业背景的人民调解员数量，规范发展基层法律服务工作者队伍。"关于加快推进公共法律服务体系建设的意见[R/OL]. [2021-06-02]. http://www.gov.cn/zhengce/2019-07/10/content_5408010.htm.

合作共赢履行社会责任、妥善处理各类涉企矛盾纠纷等。据此，为测评企业作为社会治理主体承担社会职责的状况，本书拟设置如下指标：企业具有完善的企业组织制度体系、运行制度体系，构建完整高效的现代企业制度；企业主动建立完善企业合规制度体系；企业建立党小组，定期开展学习活动，密切联系群众；企业监事会运行良好，积极履行监督职能；企业积极参与社会公益活动，履行社会责任；企业注重建设优良的企业文化，注重对员工的关怀，定期开展团建活动，各项补贴发放到位；企业注重员工入股分红，设立股权激励机制；企业注重对企业内部的矛盾纠纷化解工作，形成良好的内部工作氛围；公证、司法鉴定、仲裁、调解等法律服务建设的数量和质量；给具有法律背景的退休人员设立调解室及其担任调解员的数量。

7. 建立健全第三方评估机制

基层社会治理评估是通过建立一套目标科学化、任务明确化、操作具体化、责任明晰化、监督管理规范化的量化考核标准，对特定地区的社会治理状况进行评价与考察。当前的评估进路主要有制度性进路和价值性进路两种，采用制度性评估的主体大多为政府相关部门或政府部门委托的第三方，价值性进路评估的主体多为独立的科研组织或跨国机构。① 我国目前主要采用的是"制度性"评价，由地方政府主导或者相关部门进行的法治评价，但各地区和各部门各自为政，易产生考核项目、考核活动标准不一，不仅容易出现考核结果有偏差，不能准确衡量不同地区的治理差异，更容易出现地方政府滥用职权，为了评估而评估，出现一律得高分的现象，与当地实际情况不符。据此，本指标旨在将独立的第三方作为基层社会治理的评估主体，确保测评主体的中立性，测评过程的公开性、透明性以及测评结果的公正性。具体指标包括建立独立的第三方评估运行机制；建立有效的第三方评估公众参与监督机制；第三方评估定期化与常态化；定期开展第三方评估结果反馈和专家论证会；认真落实第三方评估结果，依据评估结果落实整改方案和纠错惩戒机制。

---

① 张德森. 中国法治评估理论与实践探索[M]. 武汉：湖北人民出版社，2020：30.

(四)司法治理指标评价体系

在基层社会治理体系当中,基层司法活动是基层法院通过个案司法积极参与基层社会治理的一种重要途径,尤其表现在基层社会矛盾纠纷解决的具体案件中,法院在化解矛盾纠纷的功能系统中扮演重要角色。当前我国法治事业大步发展,人们法治意识不断增强,遇到纠纷自然想到依靠法律途径来解决,大量的社会纠纷涌入法院。有常见的突出社会治理难题:社会失序、谋杀、盗窃等;小违规和轻罪的治理难题:乞讨、醉酒、骚扰、破坏公物和涂鸦等;群体性治理难题:城中村拆迁、土地征收征用、水资源利用和山地资源确权;新型治理难题:环境污染、食品安全、物业产权等,都是当代基层社会治理中面临的难题,亟待司法有效解决。基层司法是现代社会治理体系中极其重要的环节,表现出特有的二元治理结构,一方面是承担纠纷解决等的司法性功能,另一方面是承担落实国家法律、执行政策和落实上级下达的各种社会发展目标等一般性的社会功能。首先,社会治理在司法中最明显的特征是注重调解,以司法调解为框架的"多元社会纠纷解决机制"是推动社会纠纷自我解决的重要路径。其次是合法性与合情理性的双重考量,既要严格贯彻国家法律,维护法律的可预测性和权威性,又要符合情理,具体结合当地道德观念、善良风俗等选择合理的解决方案。最后,是司法功能与治理功能的结合。在整个国家治理体系中,基层法院首先是一个司法部门,其基本职能是代表国家"独立、公正、中立、高效"地行使审判权。但同时也具备治理这一属性,是司法权的一个自然延伸,一方面,法院依法运用审判权审理案件、解决纠纷,是对社会关系的调整;另一方面,法院也承担着司法政策、任务的贯彻落实,向社会进行普法等职能,都是在回应社会治理实践中所面临的问题。(见表4-4)

1. 确保依法独立公正行使审判权、检察权的制度健全完善

依法独立行使检察权、审判权是指检察机关、审判机关以法律为遵循,独立公正行使检察权和审判权,不受其他因素的干预。为了维护社会稳定、节约司法资源、降低双方当事人的对抗性,侧重司法调解成为基层法院的普遍做法。例如在立案环节,法院会向当事人发送《调解劝导书》,引导当事人进行诉前调解。进

表 4-4　　司法治理系统评价指标体系(基本分 200 分,占总分值 13.3%)

一级指标	二级指标	三级指标		项目类型	基本分	评分标准
		序号	名　　称			
司法治理系统	1. 确保依法独立公正行使审判权、检察权的制度健全完善	1	党委对政法机关(审判、检察、公安、国家安全、司法行政机关)重大问题、重大事项的调研、决策、监督的领导体制机制健全完善	基本项		未落实扣 3 分
		2	政法机关党组织重大事项向党委报告制度建立健全	基本项		未落实扣 3 分
		3	党委政法委带头依法办事,保障宪法法律正确统一实施的组织体系和运行机制健全完善	基本项		未落实扣 3 分
		4	领导干部干预司法活动、插手具体案件处理的记录、通报和党纪政纪法律责任追究制度建立健全	加分项	45	已落实加 2 分,未落实不扣分
		5	党委支持排除干扰公正司法的制度建立健全	发展项		已落实加 3 分,未落实不扣分
		6	善于运用法治思维和法治方式推动基层领导干部培养、考核、选拔、使用的工作机制建立健全	发展项		已落实加 3 分,未落实不扣分
		7	政法经费保障与赃款追缴、诉讼费用交纳分离的财政保障机制、长效机制建立健全	基本项		未落实扣 3 分
		8	司法人员履行法定职责的保护机制建立健全,非因法定事由、非经法定程序,不得将基层法官、检察官调离、辞退或作出免职、降级等处分的规定执行到位	加分项		已落实加 2 分,未落实不扣分

续表

一级 指标	二级 指标	三级指标		项目 类型	基本 分	评分标准
		序号	名　称			
司法治理系统	2.司法权配置科学，运行机制建立健全	1	审判机关、检察机关、公安机关、国家安全机关、刑罚执行机关分工负责、互相配合、互相制约的机制建立健全	基本项	45	未落实扣3分
		2	审判机关、检察机关、公安机关、国家安全机关、刑罚执行机关组织体系、机构设置科学规范	基本项		未落实扣3分
		3	审判机关、检察机关、公安机关、国家安全机关、刑罚执行机关权力清单设置科学，权力行使程序规范	加分项		已落实加2分，未落实不扣分
		4	审判机关、检察机关、公安机关、国家安全机关、刑罚执行机关办案责任制改革落实到位	基本项		未落实扣3分
		5	法院的办案质量与考核标准建立健全	加分项		已落实加2分，未落实不扣分
		6	法院、检察院的行政事务和审判权、检察权相分离	加分项		已落实加2分，未落实不扣分
		7	对虚假诉讼、恶意诉讼、无理诉讼行为的依法惩治制度建立健全	基本项		未落实扣3分
		8	检察机关提起公益诉讼制度改革试点成效明显	发展项		已落实加3分，未落实不扣分
		9	派驻基层乡镇法庭、监察室、派出所、司法所执法办案管理规范，设施设备建设到位	发展项		已落实加3分，未落实不扣分

续表

一级指标	二级指标	三级指标		项目类型	基本分	评分标准
		序号	名　　称			
司法治理系统	3. 推进严格司法	1	司法人员工作职责、工作流程、工作标准明确，运行规范	基本项	35	未落实扣3分
		2	以事实为依据、以法律为准绳的执法办案制度建立健全	基本项		未落实扣3分
		3	贯彻证据裁判规则，依法收集、固定、保存、审查、运用证据的制度执行到位	基本项		未落实扣3分
		4	证人、鉴定人出庭制度落实	加分项		已落实加2分，未落实不扣分
		5	保证庭审在查明事实、认定证据、保护诉权、公正裁判中发挥决定性作用的制度完善，执行到位	发展项		已落实加3分，未落实不扣分
		6	办案质量终身负责制和错案责任倒查问责制健全完善，执行到位	加分项		已落实加2分，未落实不扣分
	4. 人民群众参与司法	1	保障人民群众参与司法调解、司法听证、涉诉信访等司法活动的制度健全完善，执行到位	基本项	30	未落实扣3分
		2	人民陪审员制度健全完善，公民陪审权利保障充分	基本项		未落实扣3分
		3	审判公开、检察公开、警务公开、狱务公开、司法行政公开的制度及程序健全完善	基本项		未落实扣3分
		4	执法办案网上流程管理、案件查询管理规范，司法文书上网落实到位	加分项		已落实加2分，未落实不扣分
		5	执法司法依据、程序、流程、结果和生效法律文书依法及时公开制度健全完善，执行到位	发展项		已落实加3分，未落实不扣分

续表

一级指标	二级指标	三级指标		项目类型	基本分	评分标准
		序号	名　　称			
司法治理系统	5. 加强对司法与司法行政执法活动的监督	1	司法机关自觉接受人大及其常委会的监督机制健全完善，运行规范	基本项	45	未落实扣3分
		2	审判机关、检察机关、公安机关、国家安全机关、刑罚执行机关、司法行政机关内部监督制约机制健全，运行规范	基本项		未落实扣3分
		3	刑事立案监督、侦查活动监督、审判与执行监督、民事行政诉讼活动检察监督机制健全，运行规范，成效明显	基本项		未落实扣3分
		4	对司法及司法行政执法活动的纪检监察监督机制建立健全，运行规范	基本项		未落实扣3分
		5	对司法及司法执法活动的新闻舆论监督机制建立健全，运行规范	加分项		已落实加2分，未落实不扣分
		6	人民监督员制度健全完善，对检察活动的监督成效明显	基本项		未落实扣3分
		7	对司法人员与当事人、律师、特殊关系人、中介组织交往行为管理规范，执行到位	加分项		已落实加2分，未落实不扣分
		8	公民、法人及其他组织对司法及司法行政执法活动的监督平台建立，渠道畅通	加分项		已落实加2分，未落实不扣分

入诉讼环节后，有专门针对弱势群体的法律援助；在判决书送达后，法院会开展司法答疑工作，以解决当事人的各种疑问。努力实现诉调对接，扮演审判与调解双重社会角色，是基层法院解决标的小、问题轻、关系简单的社会纠纷的关键。正如史蒂文·瓦戈指出：法律不仅会使现有民俗、道德或者传统习惯变成文化，而且会改变一个社会现有的行为选择和价值观念，而在引导其变迁时，法律需要考虑道德情感以及价值观的流行程度和强烈程度——无论是维持社会现状还是改

变社会现状。① 因此，基层法院在解决社会矛盾时除了依法审判外，更应主动进行司法调解，发挥道德的教化作用，使法律与道德相结合、执法与调解相配合，不断发挥司法在基层社会治理中的关键作用。依据党的十八大和党的十八届四中全会的要求②，为测度和评价司法机关依法独立公正行使审判权、检察权的状况，本书拟设置如下指标：党委对政法机关(审判、检察、公安、国家安全、司法行政机关)重大问题、重大事项的调研、决策、监督的领导体制机制健全完善；政法机关党组织重大事项向党委报告制度建立健全；党委政法委带头依法办事，保障宪法法律正确统一实施的组织体系和运行机制健全完善；领导干部干预司法活动、插手具体案件处理的记录、通报和党纪政纪法律责任追究制度建立健全；党委支持排除干扰公正司法的制度建立健全；善于运用法治思维和法治方式推动基层领导干部培养、考核、选拔、使用的工作机制建立健全；政法经费保障与赃款追缴、诉讼费用交纳分离的财政保障机制、长效机制建立健全；司法人员履行法定职责的保护机制建立健全，非因法定事由、非经法定程序，不得将基层法官、检察官调离、辞退或作出免职、降级等处分的规定执行到位。

2. 司法权配置科学，运行机制建立健全

司法权配置科学、合理，有利于我国司法资源的分配均衡，促进每个司法部门或环节都能发挥其应有的作用，充分履行其职能。但我国司法职权配置尚存在诸多难题，从司法权配置主体上看，各级司法部门权力分配不明，上级司法权易对下级司法权形成不当干预；司法系统各部门职权分工模糊，职权配置交叉错位，司法权与司法行政事务权尚未有效分离，行政色彩浓厚。从基层社会治理相关事项中看，不是所有的法院工作都与社会治理有关，也并不是所有的社会治理内容都由法院管辖，两者既有区别又存在交集。必须完善法院有关社会治理的体

---

① ［美］史蒂文瓦戈．法律与社会［M］．梁坤，等，译．北京：中国人民大学出版社，2011：259.

② 党的十八大以来，中央作出了深化司法改革的重大要求部署："确保依法独立公正行使审判权、检察权"，党的十八届四中全会进一步强调："任何党政机关和领导干部都不得让司法机关做违反法定职责、有碍司法公正的事情，任何司法机关都不得执行党政机关和领导干部违法干预司法活动的要求。"

制机制，确保制度的科学性和民主性，为基层社会治理的司法化提供制度性框架。根据党的十九届四中全会要求①，为测度基层社会治理司法权的配置状况，本书拟设置如下指标：审判机关、检察机关、公安机关、国家安全机关、刑罚执行机关分工负责、互相配合、互相制约的机制建立健全；审判机关、检察机关、公安机关、国家安全机关、刑罚执行机关组织体系、机构设置科学规范；审判机关、检察机关、公安机关、国家安全机关、刑罚执行机关权力清单设置科学，权力行使程序规范；审判机关、检察机关、公安机关、国家安全机关、刑罚执行机关办案责任制改革落实到位；法院的办案质量与考核标准建立健全；法院、检察院的行政事务和审判权、检察权相分离；对虚假诉讼、恶意诉讼、无理诉讼行为的依法惩治制度建立健全；检察机关提起公益诉讼制度改革试点成效明显；派驻基层乡镇法庭、监察室、派出所、司法所执法办案管理规范，设施设备建设到位。

3. 推进严格司法

司法权同样需要约束，在审判过程中，司法机关掌握着正义的"天平"，不仅要考虑结果正义，也要考虑程序正义。而唯有严格公正司法②，才能确保不会偏袒任一方当事人，作出相对公平正义的裁决。据此，为测度和评价司法机关公正司法的状况，本书选择和设计了如下指标：司法人员工作职责、工作流程、工作标准明确，运行规范；以事实为依据、以法律为准绳的执法办案制度建立健全；贯彻证据裁判规则，依法收集、固定、保存、审查、运用证据的制度执行到位；

---

① 党的十九届四中全会提出："健全保证宪法全面实施的体制机制"，"健全社会公平正义法治保障制度。深化司法体制综合配套改革，完善审判制度、检察制度，全面落实司法责任制，加强对司法活动的监督"。

② 严格司法是公正司法的前提，是在个案司法审判实践中，依靠法律法规的权威性来有效解决社会矛盾纠纷，切实提高司法公正的能力和水平，通过制定相关的规则来引领司法正义、保障社会公正。自党的十八届四中全会确立"严格司法"以来，中央高度重视严格公正司法，把它作为公正高效权威的社会主义司法制度、建设法治中国的重要内容。严格司法作为我国司法实践的指导性司法政策，是维护国家法治统一的基本前提，也是贯彻具有普遍性法治主义原则和司法责任追究原则。只有不断推进严格司法的深入开展，确保司法程序正当、重视证据事实、实行办案终身负责制，才能切实保障个案中公正司法的普遍存在，提升我国司法权威性与社会公信力。

证人、鉴定人出庭制度落实；保证庭审在查明事实、认定证据、保护诉权、公正裁判中发挥决定性作用的制度完善，执行到位；办案质量终身负责制和错案责任倒查问责制健全完善，执行到位。

4. 人民群众参与司法

人民群众不仅是司法公平的监督者，更应当是参与者。这不仅是人民主体地位的体现，也彰显着重视人民利益的优秀品质。人民群众参与司法，可以从另一方面实现司法程序透明化，更好地防止司法权滥用，最大限度地减少冤假错案的发生。在诸多试点地区，鼓励人民群众参与司法取得了卓越的成效，如2011年在江新社区成立的"江大姐调解室"，最初就是由十几名能说会道的大姐组成，经过十多年调解工作经验的积累，特别是法院退休老同志、律师的加入，极大地提升了调解的成功率。他们能够结合社区情况和本土文化，将"情、理、法"相结合，自主解决社区矛盾。根据党的十八届四中全会内容①，为明晰人民群众参与司法活动的现状，拟设置如下指标：保障人民群众参与司法调解、司法听证、涉诉信访等司法活动的制度健全完善，执行到位；人民陪审制度健全完善，公民陪审权利保障充分；审判公开、检察公开、警务公开、狱务公开、司法行政公开的制度及程序健全完善；执法办案网上流程管理、案件查询管理规范，司法文书上网落实到位；执法司法依据、程序、流程、结果和生效法律文书依法及时公开制度健全完善，执行到位。

5. 加强对司法与司法执法活动的监督

司法权需要被监督，这是司法正义的内在要求。而司法权的行使不仅仅在于审判过程，还体现在其他的方方面面，如司法行政执法活动。当前，司法不公现象依旧存在，司法人员徇私枉法，行政人员干涉司法独立的事件仍有发生。这都需要外在力量对司法与司法执法活动进行约束和规范。在我国监督体系中，对司

---

① 党的十八届四中全会强调："坚持人民司法为人民，依靠人民推进公正司法，通过公正司法维护人民权益。"坚持司法为民公正司法 努力维护社会公平正义 [R/OL]. [2021-06-02]. http：//theory. people. com. cn/n/2014/0301/c40531-24499887. html.

法权的监督涵盖人大及其常委会权力机关的监督，检察机关的法律监督，司法机关的自我监督，纪检监督，新闻舆论和人民群众的社会监督。据此，为测评司法与司法执法活动的监督状况，推动司法权公正廉洁行使，本书选择和设计了如下指标：司法机关自觉接受人大及其常委会的监督机制健全完善，运行规范；审判机关、检察机关、公安机关、国家安全机关、刑罚执行机关、司法行政机关内部监督制约机制健全，运行规范；刑事立案监督、侦查活动监督、审判与执行监督、民事行政诉讼活动检察监督机制健全，运行规范，成效明显；对司法及司法行政执法活动的纪检监察监督机制建立健全，运行规范；对司法及司法执法活动的新闻舆论监督机制建立健全，运行规范；人民监督员制度健全完善，对检察活动的监督成效明显；对司法人员与当事人、律师、特殊关系人、中介组织交往行为管理规范，执行到位；公民、法人及其他组织对司法及司法执法活动的监督平台建立，渠道畅通。

第五章 基层社会治理客体绩效评价指标体系

一、基层社会治理客体评价的基本原则

(一)基层社会治理客体评价指标的设计原则

在指标体系的构建中,各项指标的设计要符合相对完整、全面、客观、科学、合理等方面的要求,并且应当严格遵循相应的原则。为了提高评价的科学性、准确性、可靠性与有效性,可以建立多级评价指标体系。为更好地制定基层社会治理客体评价指标体系,本书参考了不同省份的实践做法,某些省份的绩效评价指标体系采用了三级指标方法:一级指标用于对不同领域中公权力主体的基本权能进行分类;二级指标用于对公权力主体的基本权能进一步细化;三级指标则具体描述公权力主体基本权能的具体内容。在构建基层社会治理绩效评价体系的过程中,通过在指标体系中引入权重,可以使评价结果更具客观性、准确性和可靠性。[①] 尽管不同主体的指标体系中所应当包含的具体指标内容不尽相同,但是在指标体系涉及的原则方面可以寻找到相通之处,指标体系的设计具有设计原理、设计目标和层次体系上的相似性,不过落实到具体的指标设计上,则应当与具体的主体、对象和内容相结合。

1. 指标全覆盖与可操作性相统一

绩效评价指标的设计是否具有全面性、具体性、可测量性、可操作性以及评

---

① 石富覃. 地方政府绩效评价指标体系设计的导向和原则研究[J]. 开发研究,2007
(3): 140-143.

价标准是否具有合理性、科学性等问题都是基层社会治理绩效评价体系能否应用的前提性问题。因此，需要将基层社会治理客体评价指标体系的价值进行量化分解，将抽象的价值追求转变为具体的指标，实现宏观层面与微观层面的统一，将对基层社会治理客体评价指标体系的内在价值转化为操作性较强的量化指标。只有在指标设计过程中充分考虑与测评对象相关的各个方面，对其进行权衡筛选，才能设计出相对全面、完整的评价指标。如果二级指标的数量不足，则无法全面衡量基层社会治理工作的质量和成效。如果三级指标的数量不足或涵盖面不全，则无法科学、有效地进行测评工作。所以，该体系的指标设计应全面覆盖基层社会治理各个系统，充分考虑现实中的可操作性条件。最终基层社会治理客体绩效评价体系应当建立在全面性、可操作性、便捷性、具体性的基础之上，在不同评价主体之间达成共识，构建为民众所认可的评价指标体系。

2. 措施指标与效果指标相结合

措施指标用于评价基层社会治理工作开展过程中各项措施的实施和落实情况。过程性指标通常用以反映参与基层社会治理的各主体是否做了某方面的工作，开展工作的过程是否符合相应要求、是否合法合理等。该类指标的设置有利于发现各主体在参与基层社会治理过程中所存在的主要问题和基层社会治理的薄弱环节，并加以纠正和改进，以提高基层社会治理能力。而效果指标是用以评价基层社会治理各项举措实施后所呈现的实际成效的结果性指标，可以验收基层社会治理的最终成效。创新基层社会治理模式、提高基层社会治理能力是新时代基层治理现代化的重要方向，评价者除了需明确"基层社会治理的系统有哪些"之外，对"各子治理系统运行状况如何、运行成效如何"也需要加以关注，该评价直接关系到基层社会治理运行的体制机制和实际效用问题，属于由表象深入实质的评价问题。因此，基层社会治理绩效评价指标体系需要兼顾措施性指标和实效性指标，真正实现对基层社会治理实际状况的测度。

3. 动态指标与静态指标相协调

基层社会治理指标体系的构建需要随时代变化而调整，不同时期的方针政策、法律法规等内容的变动，直接影响到绩效评价指标体系的建构。因此，基层社会治理绩效指标体系也应当及时感知并反映相关变化，定时定期修订相关指标，使之适应经济社会的发展。然而，基层社会治理的某些方面在较长时期内都会是考核的重点，其对应的考核指标是相对稳定的、静态的。例如基层社会治理工作人员的责任追究评价指标和职责落实评价指标等，无论基层社会治理绩效考核评价体系如何调整，对于相关领域以及相关职权都会加以测度，其考核指标具有一定的稳定性。因此，在设计基层社会治理绩效指标体系时，需要综合考量动态指标和静态指标，将两者结合更能有效提升指标体系的科学性、全面性和相对稳定性。

(二)基层社会治理客体评价指标的考核原则

1. 考核方法科学完备

虽然基层社会治理的落脚点最后都会集中到基层组织，但切不可因此犯"多头评价"的错误，这样只会使人员疲于应付考察而忽视了工作的本质。一个行之有效的工作绩效考核评价体系应具备"系统完备、科学规范、有效管用、简便易行"几大特点。为此，在制定基层社会治理考核标准时，要注意统筹考察主体、渠道和评价理念，工作重点明确、指标精准明确、评价内容实事求是、考核实践与时俱进，既要注重效率，又要注重评价的公正性，并且要注意倾听人民群众的声音，将民众对机关部门的期望和要求体现在指标体系中。有压力便催生动力，考核是一种对执政态度与工作的合理监督；"没有规矩不成方圆"，只有用科学的观念和方法指导考核工作，才能实现其真正目的，做到有的放矢。

2. 考核程序有序运行

建立了科学的考核评价标准后，为了实现制度的落实，应当辅以合理的考核程序。在一整套评价体系落实过程中，每一个步骤都应做到井然有序：评价主体如何产生，与被评价主体的工作如何衔接，评价工作的监督如何进行，等等。既不可以遗漏步骤，影响评价行动的公正性与合法性；也不可平添冗余的评价环节，影响评价主体和被评价主体的正常工作。确定行之有效的工作流程可以为基层社会治理绩效考核工作搭建稳定高效的行动框架，使整体绩效评价工作事半功倍。

3. 考核制度规范合理

基层社会治理客体评价指标的考核制度应具有导向性，其方式与程序的设置都应始终围绕评价治理成效这一核心，其主要目标应是能够准确地评判基层工作人员工作成效的好坏。首先，规范就应当是可执行的，考核的标准与现实的尺度能够保证一致性，此为公正性；其次，制度规范还应具有甄别性，即能够通过一定的标准区分不同层次的考核对象，发挥鉴别作用，从而实现考核体系建设的基本目标；最后，在结合科学方法和有序程序的基础上，考核规范必须具有可操作性，避免过于抽象，这既是为了使治理主体便捷高效地履行职责，也有助于绩效评价者发现问题、及时指正。

二、基层社会治理客体评价指标体系内容

罗西瑙认为："国家和社会的治理媒介既包括正式的政府手段，也包括非正式的社会手段，随着治理内容的扩大和治理水平的要求提升，不同的群体、个体都能通过这些手段满足自身需求，使社会得以良性运转。"[①]社会治理强调多元主体通过协商、协作的方式实现对社会事务的合作管理，主要是党委、政府、社会组织、公众多元主体通过共同参与的形式对社会进行治理。在基层社会治理系统中，总结梳理政党治理系统、政府治理系统、社会治理系统以及公众治理系统中各要素体系所发挥的作用与不足，是进一步促进社会治理向好的关键环节。而设计科学完备的指标评价体系并将其运用于社会治理实践则有助于明确不同治理系统的不足，从而探寻更优的解决路径。

（一）基层社会治理组织互动体系

在推进国家治理体系和治理能力现代化的背景下，我们不再强调过去"国

---

① 詹姆斯·N.罗西瑙. 没有政府的治理[M]. 张胜军，刘小林，等，译. 南昌：江西人民出版社，2001：5.

家—社会"的二元社会治理结构、以政府为主体对社会进行管理，而是逐渐进行治理模式转型，政府与社会组织、公众等不同主体共同作为国家和社会治理的主体，形成协作甚至合作关系，进一步提升社会治理效能。但当前多元主体协同参与的新型社会治理格局并非否定了政府所发挥的作用与扮演的角色，在某些领域政府仍然发挥主导功能，但在"有限政府"理念下，政府应当明确其职责边界，做到有所为、有所不为。政府作为国家权力的执行机关、国家行政机关与国家权威的象征，始终依法承担着对国家政治、经济与社会公共事务进行管理的职责，发挥着相应的功能。随着社会的进步与发展，尤其是在社会非正式力量发展起来之后，社会自治体系的构建进一步促使政府对其管理者的角色进行调整和转变。但这种调整与转变并非意味着政府管理作用的削弱，而是意味着政府以崭新的面貌和状态重新诠释其"管理者"的角色。因此，构建科学合理的评价指标体系是实现政府在整个国家治理与社会治理过程中有效发挥其职能作用的关键，这一体系有助于更科学、全面、客观地衡量政府的职能定位与基本管理、服务职能的履行情况，能够为国家制定促进社会发展的政策措施提供科学依据，使社会管理组织体系的构架更具科学性。具体而言，在基层社会治理组织体系中的指标设计与体系构建过程中，我们主要围绕各基层政府部门与社会组织间的互动成效、基层政府部门与基层社区的互动成效、志愿者团体等社会组织的自治成效、城乡居民社区自治成效、加强基层民主建设成效五个方面设计更细化的指标。基层社会治理组织互动评价指标体系的具体构成及评分标准如表 5-1 所示。

1. 基层政府部门与社会组织间的互动成效

社会组织作为基层社会治理的重要力量，其重要的特征之一就是专业性。社会组织是由具有共同目标或兴趣、专业的人组成的共同体，对所属行业、专业非常熟悉。因此，社会组织是专业共同体的集合，其自治行为必然具有专业性的特征。社会组织自治具有保护性和同质性，这主要体现在其往往针对特定行业、专业、协会等特殊利益团体进行自我管理与服务。一方面，社会组织有利于本专业、行业的利益发展；另一方面，由于其独特的垄断性，可能对社会其他行业或团体的利益造成损害。因而，必须正确认识社会组织的自治功能。对于各基层政府部门与社会组织间互动成效的测度，我们主要从以下几个方面进行：基层政府

表 5-1　　**基层社会治理组织互动评价指标体系(基本分 150 分,占总分值 10%)**

一级指标	二级指标	三级指标		项目类型	基本分	评分标准
		序号	名　称			
基层社会治理组织互动体系	1. 基层政府部门与社会组织间的互动成效	1	基层政府部门对社会组织分类周延、登记管理规范、备案监督完备	基本项	40	未落实扣 3 分
		2	基层政府部门对社会组织的培养、扶持有相应的配套资金	基本项		未落实扣 3 分
		3	基层政府部门为社会组织提供专门的创业孵化基地和配套的基础设施	加分项		已落实加 2 分,未落实不扣分
		4	基层政府部门购买社会组织专业服务,服务社会治理工作,成效显著	加分项		已落实加 2 分,未落实不扣分
		5	政府部门将社会组织发展情况纳入工作绩效考核指标体系	基本项		未落实扣 3 分
		6	社会组织积极参与政府购买、合作服务项目,参与程度较高	基本项		未落实扣 3 分
		7	民众对社会组织提供的服务质量评价较好、满意度高	加分项		已落实加 2 分,未落实不扣分
		8	社会组织积极承担社会责任,无偿参与社会服务、社会救助和社会改造等工作	发展项		已落实加 3 分,未落实不扣分
	2. 基层政府部门与基层社区的互动成效	1	乡镇(街道)政府管理与基层社区自治职责分工明确、制度规范完善、衔接机制健全	基本项	20	未落实扣 3 分
		2	乡镇(街道)政府部门与社区工作人员之间在政策落实等方面协调有力	基本项		未落实扣 3 分
		3	乡镇(街道)政府部门定期深入社区指导社区自治工作	加分项		已落实加 2 分,未落实不扣分
		4	乡镇(街道)政府部门定期深入社区开展政务专项办理工作	加分项		已落实加 2 分,未落实不扣分
		5	基层社区对社区治理中的困难及时向基层政府部门反映,解决及时	基本项		未落实扣 3 分

续表

一级指标	二级指标	三级指标		项目类型	基本分	评分标准
		序号	名 称			
基层社会治理组织互动体系	3. 志愿者团体等社会组织的自治成效	1	各社会组织内部的制度规范建立健全	基本项	20	未落实扣3分
		2	社会组织吸纳成员能力较强，管理规范	基本项		未落实扣3分
		3	社会组织的行为符合政府或国家法律法规的规定	基本项		未落实扣3分
		4	群众参与社会组织的积极性较高，对该组织评价优良	加分项		已落实加2分，未落实不扣分
		5	社会组织契合社区或社会治理需求，能协助社区或基层政府有效解决治理难题	基本项		未落实扣3分
	4. 城乡居民社区自治成效	1	居民自治章程完善，流程规范，权利义务明晰	基本项	40	未落实扣3分
		2	社区重大事项均经过居委会(村委会)讨论决定	基本项		未落实扣3分
		3	居委会(村委会)主任等管理人员经过全体居民公平公正选举产生	基本项		未落实扣3分
		4	社区事务的执行监督机制建立健全	基本项		未落实扣3分
		5	社区及时听取居民的批评和建议，并及时回应或采纳落实	基本项		未落实扣3分
		6	社区自治事务公开、准确、及时、全面	基本项		未落实扣3分
		7	社区居民间矛盾纠纷自我化解能力强，无上访、闹访事件	加分项		已落实加2分，未落实不扣分
		8	居民对社区自治事务参与度高	基本项		未落实扣3分
		9	社区安防水平高，有群众自发的安全巡逻组织	加分项		已落实加2分，未落实不扣分

一级指标	二级指标	三级指标		项目类型	基本分	评分标准
		序号	名　　　称			
基层社会治理组织互动体系	5. 加强基层民主建设成效	1	乡镇(街道)民主决策制度建设有力，监督机制运行到位	基本项	30	未落实扣3分
		2	乡镇(街道)政务公开制度建设有力，监督机制运行到位	基本项		未落实扣3分
		3	乡镇人大监督职能制度建设有力，监督运行成效明显	基本项		未落实扣3分
		4	村(居)民委员会直接选举全面落实，成效显著	基本项		未落实扣3分
		5	推动开展村务公开民主管理示范单位创建活动规范	基本项		未落实扣3分
		6	企、事业单位工会、职代会、事务公开制度建设有力，监督机制运行到位	基本项		未落实扣3分

部门对社会组织分类周延、登记管理规范、备案监督完备；基层政府部门对社会组织的培养、扶持有相应的配套资金；基层政府部门为社会组织提供专门的创业孵化基地和配套的基础设施；基层政府部门购买社会组织专业服务，服务社会治理工作，成效显著；政府部门将社会组织发展情况纳入工作绩效考核指标体系；社会组织积极参与政府购买、合作服务项目，参与程度较高；民众对社会组织提供的服务质量评价较好、满意度高；社会组织积极承担社会责任，无偿参与社会服务、社会救助和社会改造等工作。

2. 基层政府部门与基层社区的互动成效

当前基层社会治理中的各级政府积极响应国家"放管服"的改革政策，主动将政府部分管理职能逐步下放至社区，明确了农村和城市居民自治的权利范畴。但我国社区自诞生之日起，就具有较强的行政色彩，并且随着社区建设的不断深人，社区卷入"行政捆绑"的程度也日益加深。① 政府控制社区自我管理、自我建设的主要原因在于巩固基层政权和便于基层社会服务职能的落实，这导致社区的基本职能和定位在实践中出现偏差，被异化为政府管理基层的媒介和手段。② 由于社区自治的资源很大一部分来源于政府，因而社区需要完成政府部门各种各样的任务，这会使得居民误认为社区依附于政府部门，导致社区真正成为"上面千条线，下面一根针"的"针尖"，贬损了社区的自治效能。因此，我们需要对基层社会治理中政府与社区的互动性进行测度，以便更好地发现并解决问题。具体而言，我们主要从以下几个方面进行测评：乡镇（街道）政府管理与基层社区自治职责分工明确、制度规范完善、衔接机制健全；乡镇（街道）政府部门与社区工作人员之间在政策落实等方面协调有力；乡镇（街道）政府部门定期深入社区指导社区自治工作；乡镇（街道）政府部门定期深入社区开展政务专项办理工作；基层社区对社区治理中的困难及时向基层政府部门反映，解决及时等。

3. 志愿者团体等社会组织的自治成效

志愿者团体既包括共青团组织及其授权的志愿者组织，也包括临时性、自愿性、相对专业性的组织。我国大部分志愿者组织的成员主要"来源于社区，服务于社区"，以满足社区安全秩序等需求为主要服务内容，成员主要为社区内的居民。对志愿者团体等社会组织的自治成效进行测评时，我们主要关注以下几个方面：各社会组织内部是否建立了完善的制度规范；社会组织是否具备较强的成员吸纳能力和规范的管理体系；社会组织的行为是否符合政府或国家法律法规的规定；群众参与社会组织的积极性及是否对该组织有良好的评价；社会组织是否契合社区或社会治理需求，能否协助社区或基层政府有效解决治理难题。

4. 城乡居民社区自治成效

社会自治主要有村民自治、社区自治和社会组织自治三种形式，这些形式丰

---

① 陈伟东，许宝君. 社区治理责任与治理能力错位及其化解——基于对湖北 12 个社区的调查[J]. 华中农业大学学报（社会科学版），2016(1)：101-107.

② 陈伟东，李雪萍. 社区行政化：不经济的社会重组机制[J]. 中州学刊，2005(2)：78-82.

富了社会自治的内容，使其得以具体落实。为了贯彻落实具体形式的社会自治，需要制定一系列具体的、可操作的制度来辅助其运作。社会自治主体通过一系列具有民主性和自治性的活动来行使居民自治权。社区是社区居民聚居的具体表现，由于地域范围有限，社区居民形成了利益共同体和互助共同体。通过居民自我管理与服务，社区治理更加方便、快捷和有效。由于社区由居民聚居而成，相近的聚居地使得不同的居民之间产生了较为固定和相对熟悉的社会关系。因此，社区范围内居民社会关系的相对固定决定了由内部群体进行自我管理与服务更为科学、便捷。社区自治的形式能够把相对孤立的居民连接起来，进而形成一个有机团结互助的微型社会。因此，我们需要从以下几个方面来测度城乡居民社区的自治成效：居民自治章程是否完善，流程是否规范，权利义务是否明晰；社区重大事项是否均经过居委会(村委会)讨论决定；居委会(村委会)主任等管理人员是否经过全体居民公平公正选举产生；社区事务的执行监督机制是否建立健全；社区是否及时听取居民的批评和建议，并及时回应或采纳落实；社区自治事务是否公开、准确、及时、全面；社区居民间是否有较强的矛盾纠纷自我化解能力，无上访、闹访事件；居民对社区自治事务是否有较高的参与度；社区是否有较高的安防水平，有群众自发的安全巡逻组织等。

5. 加强基层民主建设成效

"发展基层民主"既是完善国家民主集中制的基础性工程，也是推动党科学执政、政府依法行政的重要举措。基层民主建设包括以农村村民和城市居民直接选举为核心的民主选举制度，以职工代表大会为核心的企事业单位基层民主建设，以民主评议、民主监督、民主投票、信息公开为核心的基层民主决策制度，它们共同构成了我国基层民主政治建设的科学体系。评价基层民主建设成效，关键是考核当前基层在民主选举、民主决策、民主管理和民主监督等体系建设方面是否达到应有的标准和目标。本指标以前述要求为依据，设置了以下指标：乡镇(街道)民主决策制度建设有力，监督机制运行到位；乡镇(街道)政务公开制度建设有力，监督机制运行到位；乡镇人大监督职能制度建设有力，监督运行成效显著；村(居)民委员会直接选举全面落实，成效显著；推动开展村务公开民主管理示范单位创建活动规范；企、事业单位工会、职代会、事务公开制度建设有力，监督机制运行到位等，这些指标旨在测度和评价基层民主政治建设的制度建立及运行状况。

(二)社会管理服务体系

基层社会治理效能和水平也会从侧面反映政府的能力，不仅影响政府在居民群众心目中的地位，也影响群众对幸福的感知以及对政府能力的评价。实践中，政府往往需要从多个方面和不同层次入手，努力扮演好服务者的角色，切实履行服务职能。一方面，基层政府对于基本公共服务供给要有所保障，通过与市场合作、购买服务等方式满足民众的公共服务需求，提高服务质量；另一方面，基层政府要在了解基层民众现实需求的基础上，通过丰富公共服务的内容，创新公共服务的提供方式，提供有针对性的、精细化的服务。而且，基层社区(无论是农村还是城市)的公共服务水平、公共服务需求都呈现出不同的特点，不同地区的农村与城市社区又各有差异，因此，政府在提供公共服务的过程中，也需要充分考虑这一差异，满足民众多样化的需求。我们将社会管理服务体系指标的测评内容主要分为城乡社区公共服务供给的全面性与实效性、城乡社区公共服务供给的便利性与智能化、城乡社区教育资源分配的科学性与合理性、劳动者就业和收入分配权益得到充分保障、城乡社会保障体系建设全面完善五个方面。社会管理服务评价指标体系的具体构成及评分标准如表5-2所示。

1. 城乡社区公共服务供给的全面性与实效性

全面保障公共产品和服务的有效供给，满足基层民众日益增长的公共利益需求是基层政府的主要职责之一。加强和优化政府公共服务，建设法治政府与服务型政府，关键在于进一步完善城乡一体化、相对均衡化的公共服务供给体制，健全透明型、责任型的权力运行机制，提升基层政府公共服务供给的绩效。基层政府公共服务的供给涵盖医疗、就业、教育、社会保障等各个领域，而不同地区公共产品与公共服务的供给尚不均衡，这种不均衡不仅体现在城乡之间，也体现在不同地区的城市之间和乡村之间。党的十九大从技能培训、鼓励创业、改善人才市场的体制机制等方面为探索多渠道就业提供了指导。党的十九届四中全会决议从多个层面强调了公共服务的重要性。基于此，我们从以下几个方面对城乡社区公共服务供给的全面性与实效性进行测度：城乡基本公共服务制度、体制机制建立健全；城乡基本公共服务标准体系、运行程序建立健全；村（居）民委员会、基层社区公共服务体系与运行机制建立健全；社区公共基础设施投入费用是否占社区总费用的30%以上，经费保障充足；复退荣誉军人及军烈属、残疾人、鳏寡孤独、刑满释放人员等特殊人群的基本公共服务标准体系、落实程序建立健全；公共服务项目的依据、条件、要求、过程的告知公开制度建立健全，落实到位；城乡公共卫生服务建设规划明确，服务体系建立健全，辖区内公共卫生服务基础设施、人员、设备、服务功能达到规定要求等。

表5-2 社会管理服务体系评价指标（基本分200分，占总分值13.3%）

一级指标	二级指标	三级指标		项目类型	基本分	评分标准
		序号	名 称			
社会管理服务体系	1. 城乡社区公共服务供给的全面性与实效性	1	城乡基本公共服务制度、体制机制建立健全	基本项	30	未落实扣3分
		2	城乡基本公共服务标准体系、运行程序建立健全	基本项		未落实扣3分
		3	村(居)民委员会、基层社区公共服务体系与运行机制建立健全	基本项		未落实扣3分
		4	社区公共基础设施投入费用是否占社区总费用的30%以上，经费保障充足	加分项		已落实加2分，未落实不扣分
		5	复退荣誉军人及军烈属、残疾人、鳏寡孤独、刑满释放人员等特殊人群的基本公共服务标准体系、落实程序建立健全	加分项		已落实加2分，未落实不扣分
		6	公共服务项目的依据、条件、要求、过程的告知公开制度建立健全，落实到位	基本项		未落实扣3分
		7	城乡公共卫生服务建设规划明确，服务体系建立健全，辖区内公共卫生服务基础设施、人员、设备、服务功能达到规定要求	加分项		已落实加2分，未落实不扣分

续表

一级指标	二级指标	三级指标		项目类型	基本分	评分标准
		序号	名称			
社会管理服务体系	2. 城乡社区公共服务供给的便利性与智能化	1	政府部门行政许可、行政审批"一站式"服务的成效明显	加分项	40	已落实加2分,未落实不扣分
		2	政府部门与社会团体、私人机构的沟通互动机制完善	加分项		已落实加2分,未落实不扣分
		3	民众问题反馈的社区综合服务智能化平台与机制建立健全、运行顺畅	基本项		未落实扣3分
		4	行政许可目录公开方式多元化,线上线下查阅结合,管理规范	基本项		未落实扣3分
		5	基层政务公开平台(含网站、App)建立健全,确保信息公开及时、更新常态化	加分项		已落实加2分,未落实不扣分
		6	政务公开平台(含网站、App)使用率较高,老年人等弱势群体使用便捷	发展项		已落实加3分,未落实不扣分
		7	学校、医院、养老院等公共服务机构资源数字化逐步实现,开放共享和应用成效显著	发展项		已落实加3分,未落实不扣分
	3. 城乡社区教育资源分配的科学性与合理性	1	严格落实国家教育中长期和人才规划与年度计划	基本项	40	未落实扣3分
		2	教育经费投入充足,保障基层学生就近上学	基本项		未落实扣3分
		3	适龄儿童接受义务教育水平达到国家规定要求	基本项		未落实扣3分
		4	农村居民子女大学升学水平明显提高,入学率较高	加分项		已落实加2分,未落实不扣分
		5	相关部门依法治教,学校依法治校	基本项		未落实扣3分
		6	学校注重教师队伍道德修养、法律素质培育工作	基本项		未落实扣3分
		7	区域间及学校间优质师资资源分配进一步均衡	加分项		已落实加2分,未落实不扣分
		8	学校进一步推进学生综合素质教育,主动为学生减负	加分项		已落实加2分,未落实不扣分
		9	师资力量在专业素养与综合素质方面都达到较高水平	加分项		已落实加2分,未落实不扣分

续表

一级指标	二级指标	三级指标		项目类型	基本分	评分标准
		序号	名　　称			
社会管理服务体系	4. 劳动者就业和收入分配权益得到充分保障	1	建立健全劳动标准体系和劳动关系协调机制	基本项	40	未落实扣3分
		2	城镇职工最低工资保障标准动态调整机制建立健全	基本项		未落实扣3分
		3	农民工工资及时发放及保障制度建立健全	基本项		未落实扣3分
		4	劳动合同沟通协商机制建立健全	基本项		未落实扣3分
		5	积极拓宽城乡居民就业渠道，保障并提升居民就业率	基本项		未落实扣3分
		6	健全城镇失业率登记制度，保障居民基本失业补贴	基本项		未落实扣3分
		7	将城乡居民失业率控制在本地区规定范围之内	基本项		未落实扣3分
		8	健全劳动保障监察、争议调解仲裁与司法保护衔接机制	发展项		已落实加3分，未落实不扣分
		9	建立健全企业工会制度，发挥工会组织协调能力，保障工人合法权益	加分项		已落实加2分，未落实不扣分
		10	多种途径灵活提升城乡居民年度可支配收入	发展项		已落实加3分，未落实不扣分
	5. 城乡社会保障体系建设全面完善	1	全覆盖、保基本、多层次、可持续的社会保障体制机制建立健全，保障范围和标准达到国家和省规定的要求	基本项	50	未落实扣3分
		2	城乡基本养老保险、基本医疗保险、失业保险、工伤保险、生育保险等社会保障制度健全完善，社会保障覆盖面达到国家和省规定的要求	基本项		未落实扣3分
		3	"五险一金"跨地区、跨行业有序流动与移转衔接机制建立健全，管理运行规范	基本项		未落实扣3分
		4	辖区内社会保险福利、优抚安置、救济、社会救助等社会保障事业管理有序	加分项		已落实加2分，未落实不扣分

一级指标	二级指标	三级指标		项目类型	基本分	评分标准
		序号	名　称			
社会管理服务体系	5.城乡社会保障体系建设全面完善	5	城镇居民廉租房、保障用房建设安置率达到省规定的要求	基本项	50	未落实扣3分
		6	辖区内移民安置率达到省规定的标准，城镇棚户区改造率达到省规定的要求	基本项		未落实扣3分
		7	城乡居民最低生活保障制度建立健全，具体保障工作落实到位	基本项		未落实扣3分
		8	妇女土地承包经营权，教育、劳动、就业、住房、医疗、收入分配、养老等权益得到有效保障	加分项		已落实加2分，未落实不扣分
		9	儿童的各项权益得到有效保障，孤儿救助、留守儿童关爱政策具体完备，落实到位	基本项		未落实扣3分
		10	老龄服务事业和产业发展的规划明确，制度完善，并落实到位，老龄基础服务设施建设达到省规定的要求，高龄老人、空巢老人社会关爱制度落实到位	基本项		未落实扣3分
		11	残疾人社会保障和服务体系建立健全，残疾人教育、医疗、就业、收入、住房、福利及最低生活保障标准等权益得到保障	基本项		未落实扣3分
		12	医疗机构及其从业人员和医疗技术的许可、准入管理规范	基本项		未落实扣3分
		13	医患当事人的合法权益得到切实有效保障，医患纠纷诉求表达、利益协调、矛盾调处机制建立健全	基本项		未落实扣3分

2. 城乡社区公共服务供给的便利性与智能化

大数据、互联网、人工智能等科学技术的发展和应用对政府的管理服务模式变革提出了新要求，精准化治理、循证决策、信息互联共享等均成为政府治理模式创新变革的重要内容。近年来，国内外纷纷探索和挖掘大数据的潜能，将其运用于推动城市发展的各项领域。但就我国基层社会治理而言，要推动和实现国家治理体系和治理能力现代化，大数据、人工智能等技术与基层社会治理的全方位、多领域融合至关重要。但当前我国各地区之间科学技术与基层治理的融合度并不均衡，有些地区仍然比较落后，尤其在沿海与内陆、南北方、城乡之间仍存在较大差距。此外，各地区在对大数据等网络技术运用的过程中还存在理念革新与动力机制不足、综合性平台层次较低、数据标准不统一、部门间数据壁垒严重等问题。因此，政府部门需要统一数据标准、培养专门人才、建立数据共享体制机制、完善个性化服务，不断提升政府智能化和信息化水平。针对城乡社区公共服务供给的便利性与智能化测评，我们主要从以下几个方面展开：政府部门行政许可、行政审批"一站式"服务的成效明显；政府部门与社会团体、私人机构的沟通互动机制完善；民众问题反馈的社区综合服务智能化平台与机制建立健全、运行顺畅；行政许可目录公开方式多元化，线上线下查阅结合，管理规范；基层政务公开平台(含网站、App)建立健全，确保信息公开及时、更新常态化；政务公开平台(含网站、App)使用率较高，老年人等弱势群体使用便捷；学校、医院、养老院等公共服务机构资源数字化逐步实现，开放共享和应用成效显著等。

3. 城乡社区教育资源分配的科学性与合理性

教育强国是国家和社会治理的基础工程，将教育资源科学合理地分配至基层地区，是提升国家整体教育水平的根源性举措。因此，持续推动素质教育公平化，促进城乡义务教育一体化发展是实现科教兴国战略的重要措施。在城乡社区教育资源分配与教育水平评价指标设计方面，需要从教育领域综合改革入手，以人民的满意度和国民整体素质作为最根本的评价标准。在评价指标的内容涵盖上，我们设置了以下几个方面的内容：严格落实国家教育中长期和人才规划与年度计划；教育经费投入充足，保障基层学生就近上学；适龄儿童接受义务教育水平达到国家规定要求；农村居民子女大学升学水平明显提高，入学率较高；相关部门依法治教，学校依法治校；学校注重教师队伍道德修养、法律素质培育工作；区域间及学校间优质师资资源分配进一步均衡；学校进一步推进学生综合素质教育，主动为学生减负；师资力量在专业素养与综合素质方面都达到较高水平等。这些指标旨在测度和评价人民群众对教育增长需要的状况，助推城乡教育体系和教育能力一体化、现代化进程。

4. 劳动者就业和收入分配权益得到充分保障

"就业是民生之本"，设置劳动者就业和收入分配权益维护的评价指标，需要从理念植入、直面问题、决策引导三个方面进行谋划与构建。理念植入层面，评价指标要把充分保障劳动者的就业权与获得收入分配权作为人权保障的第一选择，不断强化对个体生存权和发展权的保障。劳动者就业和收入分配保障指标体系的目标就是要对劳动力供求不均、就业存在结构性矛盾、不同行业间的差别性歧视、就业政策更新不及时等问题的解决进行绩效评估，通过评估发现基层就业保障和收入保障中仍然存在的效能转化不足，对此进行相关体制机制优化。在决策引导方面，指标要以党的十九大以来中央关于保障劳动者充分就业权和收入分配权的新要求为内容。为此，本指标设置了以下项目：城镇职工最低工资保障标准动态调整机制建立健全；农民工工资及时发放及保障制度建立健全；劳动合同沟通协商机制建立健全；积极拓宽城乡居民就业渠道，保障并提升居民就业率；健全城镇失业率登记制度，保障居民基本失业补贴；将城乡居民失业率控制在本地区规定范围之内；健全劳动保障监察、争议调解仲裁与司法保护衔接机制；建立健全企业工会制度，发挥工会组织协调能力，保障工人合法权益；多种途径灵活提升城乡居民年度可支配收入等，以测度和评价维护劳动者就业和收入分配权益运行状况。

5. 城乡社会保障体系建设全面完善

城乡社会保障制度和体系建设是保障民众基本生活需求、促进社会收入分配相对均衡的重要方式和方法，主要手段包括社会保险、社会救助、社会福利和慈善事业等内容。设置评价促进城乡社会保障体系建设的指标，需要准确定位，破解难题，贯彻决策，科学设计。在破解难题方面，我们要直面社会保障中存在的"城乡分割""地区分割""身份保障""标准不一""保障乏力"结构性矛盾，破解城乡最低生活保障，住房、医疗、特殊群体的服务保障等方面的难题，从指标体系设计测度评价入手，推动城乡社会保障制度顶层设计的完善。在贯彻决策方面，我们需要以党的十九大以来中央关于统筹城乡社会保障体系建设的新要求为指导，通过指标设计与测度运行，推进建立相对公平、具有激励性、可持续的社会保障政策体系、制度体系和运行机制。因此，我们将本指标的内容设计为以下几个方面：全覆盖、保基本、多层次、可持续的社会保障体制机制建立健全，保障范围和标准达到国家和省规定的要求；城乡基本养老保险、基本医疗保险、失业保险、工伤保险、生育保险等社会保障制度健全完善，社会保障覆盖面达到国家和省规定的要求；"五险一金"跨地区、跨行业有序流动与转移衔接机制建立健全，管理运行规范；辖区内社会保险福利、优抚安置、救济、社会救助等社会保障事业管理有序；城镇居民廉租房、保障用房建设安置率达到省规定的要求；辖区内移民安置率达到省规定的标准，城镇棚户区改造率达到省规定的要求；城乡居民最低生活保障制度建立健全，具体保障工作落实到位；妇女土地承包经营权，教育、劳动、就业、住房、医疗、收入分配、养老等权益得到有效保障；儿童的各项权益得到有效保障，孤儿救助、留守儿童关爱政策具体完备，落实到位；老龄服务事业和产业发展的规划明确，制度完善，并落实到位，老龄基础服务设施建设达到省规定的要求，高龄老人、空巢老人社会关爱制度落实到位；残疾人社会保障和服务体系建立健全，残疾人教育、医疗、就业、收入、住房、福利及最低生活保障标准等权益得到保障；医疗机构及其从业人员和医疗技术的许可、准入管理规范；医患当事人的合法权益得到切实有效保障，医患纠纷诉求表达、利益协调、矛盾调处机制建立健全等，这些指标用以测度和评价城乡社会保障体系建设情况。

(三)社会矛盾化解体系

党的十九大报告指出："打造共建共治共享的社会治理格局。加强预防和化解社会矛盾机制建设，正确处理人民内部矛盾。"为此，我们需要坚持和发展新时代"枫桥经验"，完善社会矛盾纠纷多元预防调处化解综合机制，努力将矛盾纠纷化解在基层。国家治理体系和治理能力现代化之路任重道远，特别是在新科技革命和风险社会的背景下，诸多新型复杂社会问题随时可能涌现，基层党组织与政府部门要坚持专群相结合的工作方法，从群众中来，到群众中去，倾听群众的声音，在工作中结合实际，从而形成切实有效的、满足群众需求的、与群众生活相结合的矛盾化解方式。当前社会矛盾纠纷数量增加，而有效的矛盾消解方式和方法尚显不足，国家也希望通过多元纠纷解决机制的构建将矛盾化解在基层。因此，社会矛盾化解体系的绩效评价指标体系分为矛盾化解机制的健全完善与矛盾化解对民众合法权益的维护情况两部分。社会矛盾化解体系评价指标的具体构成如表5-3所示。

1. 矛盾化解机制的健全完善情况

社会矛盾化解机制的健全与完善程度直接决定着社会矛盾的化解效能。基层政府及其有关职能部门应当着力保障调解体系和调解机制的完善工作，保障人民调解、行政调解和司法调解工作的顺利运行和有效配合。在工作中注重沟通，与群众共同努力营造"共治"的良好社会治理新局面。同时，基层各部门应建立健全信访渠道和信访实效体制机制，依法依规解决群众反映的问题，依法维护群众合法权益，这样才能树立良好的法治风尚，为推进"共建共治共享"的社会治理体系建设保驾护航。对此，我们将从以下几个方面测度矛盾化解机制的健全完善情况：社会稳定风险动态评估机制建立健全；社会矛盾调处联合接访机制建立健全；社会矛盾化解的经费保障充足；信访接待领导责任制健全；人民调解机制建立健全且运行良好；司法调解机制建立健全且运行良好；行政调解机制建立健全且运行良好；人民调解、司法调解、行政调解等联动机制建立健全，做到高效分流；矛盾纠纷大多数通过调解的方式解决，避免陷入诉累之中；诉调对接机制建立健全，运行良好；社区构建"声望高""品性高"者有效参与机制，化解居民间矛盾纠纷；社区民警、社区工作人员参与居民矛盾纠纷调解比率较高，成效明显等。

表 5-3　　　　**社会矛盾化解体系评价指标(基本分90分，占总分值6%)**

一级指标	二级指标	三级指标		项目类型	基本分	评分标准
		序号	名　称			
社会矛盾化解体系评价	1. 矛盾化解机制的健全完善情况	1	社会稳定风险动态评估机制建立健全	基本项	60	未落实扣3分
		2	社会矛盾调处联合接访机制建立健全	基本项		未落实扣3分
		3	社会矛盾化解的经费保障充足	基本项		未落实扣3分
		4	信访接待领导责任制建立健全	基本项		未落实扣3分
		5	人民调解机制建立健全且运行良好	基本项		未落实扣3分
		6	司法调解机制建立健全且运行良好	基本项		未落实扣3分
		7	行政调解机制建立健全且运行良好	基本项		未落实扣3分
		8	人民调解、司法调解、行政调解等联动机制建立健全，做到高效分流	加分项		已落实加2分，未落实不扣分
		9	矛盾纠纷大多数通过调解的方式解决，避免陷入诉累之中	基本项		未落实扣3分
		10	诉调对接机制建立健全，运行良好	基本项		未落实扣3分
		11	社区构建"声望高""品性高"者有效参与机制，化解居民间矛盾纠纷	加分项		已落实加2分，未落实不扣分
		12	社区民警、社区工作人员参与居民矛盾纠纷调解比率较高，成效明显	加分项		已落实加2分，未落实不扣分
	2. 矛盾化解对民众合法权益的维护情况	1	矛盾纠纷大多数能够得到相对公平公正、合理高效的化解	基本项	30	未落实扣3分
		2	民众对调解结果的满意度达到95%以上	加分项		已落实加2分，未落实不扣分
		3	人民群众对矛盾调处的评价反馈机制建立健全	基本项		未落实扣3分
		4	民间矛盾纠纷化解工作登记备案和统计建立健全	基本项		未落实扣3分
		5	民间纠纷调处后回访追踪机制建立健全	发展项		已落实加3分，未落实不扣分
		6	矛盾纠纷双方在调解过程中受到教育，过错一方真诚悔过	加分项		已落实加2分，未落实不扣分

2. 矛盾化解对民众合法权益的维护情况

国家一直高度重视社会矛盾的化解，并不断积累实践经验以巩固其所取得的实效。从 1963 年我国对"四类分子"予以改造开始，诸暨市枫桥镇便逐渐形成了以"矛盾不上交、就地解决"的"枫桥经验"，这一矛盾化解方法由于成效显著而被全国推广学习。时至今日，我们仍然在不断学习"枫桥经验"，不断丰富其内涵。准确、及时、有效地化解人民在生活中遇到的问题，理应作为考核基层组织办事绩效的有力标准。为有效及时化解社会矛盾，国家提出了多种矛盾化解方式，如构筑"点线面"相结合的大调解模式。所谓"点"即"点多"，在基层社区中广泛布置调解工作人员与组织，力争覆盖每家每户；"线"即"线长"，调解工作环环相扣、有序推进，让人民群众能从一整套调解流程中获得满意的结果；"面"即"面广"，使调解内容全面覆盖公民生活的方方面面，为公民排忧解难，解决每一个民生问题。将群众面临的问题解决在萌芽阶段，将基层矛盾纠纷化解在基层，最大限度地维护和保持基层民众间良好的人际关系，这也是"枫桥经验"在新时代给予我们的最佳启示。对此，我们将从以下几个方面对矛盾化解取得的实效进行测评：矛盾纠纷大多数能够得到相对公平公正、合理高效的化解；民众对调解结果的满意度达到95%以上；人民群众对矛盾调处的评价反馈机制建立健全；民间矛盾纠纷化解工作登记备案和统计建立健全；民间纠纷调处后回访追踪机制建立健全；矛盾纠纷双方在调解过程中受到教育，过错一方真诚悔过等。

（四）社会安全防控体系

党的十九届五中全会强调："要坚持总体国家安全观，加强国家安全体系和能力建设，确保国家经济安全，保障人民生命安全，维护社会稳定和安全。"社会治理是国家治理的重要方面，总体国家安全能力的提升有助于实现社会稳定安全，构建社会安全防控体系，也有助于保障国家安全。当前涉及范围广、影响范围大的社会安全问题主要在食品、药品、医疗、生产安全、突发事件的应对处置以及社会治安的防控等方面。对此，我们要重视社会安全防控体系构建中各方面能力的测度和提升。社会安全防控体系评价指标的具体构成如表5-4所示。

表 5-4　　**社会安全防控体系评价指标(基本分 130 分,占总分值 8.6%)**

一级指标	二级指标	三级指标		项目类型	基本分	评分标准
		序号	名　　　称			
社会安全防控体系评价	1. 食品、药品、医疗方面的安全保障能力	1	食品、药品、医疗方面的法治保障体系建设完善	基本项	25	未落实扣 3 分
		2	食品、药品生产安全与医疗安全的责任落实到位	基本项		未落实扣 3 分
		3	食品、药品、医疗设备生产及医疗活动进行的监管机制构建完善	基本项		未落实扣 3 分
		4	严厉查处食品、药品、医疗设备违法犯罪行为,行政处罚与刑事责任追究落实到位	基本项		未落实扣 3 分
		5	食品、药品、医疗设备社会供给充分,价格变动基本平稳,受市场价格机制动态调整	加分项		已落实加 2 分,未落实不扣分
	2. 安全生产的保障能力	1	安全生产的相关法律法规体系建设完备	基本项	30	未落实扣 3 分
		2	安全生产主体责任追究和落实到位	基本项		未落实扣 3 分
		3	对安全生产的执法监督有力	基本项		未落实扣 3 分
		4	安全生产者的安全意识与法律意识较强	基本项		未落实扣 3 分
		5	生产者生命健康权益、劳动权益得到充分保障,薪资发放及时	基本项		未落实扣 3 分
		6	劳动生产者利益诉求表达渠道畅通,相关利益诉求能够及时有效得到回应	基本项		未落实扣 3 分
	3. 突发事件应对能力	1	自然灾害的预防监测、应急处置、恢复重建体系建立健全	基本项	20	未落实扣 3 分
		2	事故灾难的预防监测、应急处置、恢复重建体系建立健全	基本项		未落实扣 3 分
		3	公共卫生事件的预防监测、应急处置、恢复重建体系建立健全	基本项		未落实扣 3 分
		4	社会安全事件的预防监测、应急处置、恢复重建体系建立健全	基本项		未落实扣 3 分

续表

一级指标	二级指标	三级指标		项目类型	基本分	评分标准
		序号	名　称			
社会安全防控体系评价	4. 社会治安防控能力	1	社会治安数据信息平台与系统的建设完善完备	发展项	55	已落实加3分，未落实不扣分
		2	各社会治安防控参与主体间的互通联动机制建立健全	加分项		已落实加2分，未落实不扣分
		3	实有人口、流动人口与实有房屋管理服务制度健全，工作规范	基本项		未落实扣3分
		4	社会治安防控网络的构建严密	基本项		未落实扣3分
		5	辖区内街面见警率达到相应标准	基本项		未落实扣3分
		6	预防和依法惩治各类刑事犯罪的措施有力，辖区三年平均刑事犯罪率低于全省平均水平	加分项		已落实加2分，未落实不扣分
		7	刑满释放人员回归社会制度健全，再犯率不超过本地区近三年平均再犯率	加分项		已落实加2分，未落实不扣分
		8	社区矫正制度建立健全，社区矫正人员回归社会率达到省规定的要求	加分项		已落实加2分，未落实不扣分
		9	预防青少年违法犯罪与帮教制度建立健全，帮教措施落实到位	基本项		未落实扣3分
		10	预防精神病人肇事肇祸及处置机制建立健全，工作落实到位	基本项		未落实扣3分
		11	无毒社区创建活动规范，符合条件的吸毒人员强制戒毒、艾滋病患者和精神病患者强制医疗达到省规定的要求	基本项		未落实扣3分

1. 食品、药品、医疗方面的安全保障能力

食品、药品、医疗方面的安全保障是切实关系人民群众安全感的重要内容。而以行政手段为主是我国政府监管食药安全问题的一贯理念，这导致食药安全规制的刑法供给不足，进而成为食药安全问题屡禁不止的重要原因。因此，完善食

药安全法律责任体系，是解决食药安全问题的有效途径。食药安全相关主体严格按照法律规范从事研发、生产、经营、使用等活动，是确保食药安全的根本要求。法律责任通过使违法者承担不利的法律后果，促使食药安全各项法律规范得以有效执行，保障公众食药安全。从历史上发生的食药事件来看，食药安全问题不仅加大了对公众健康损害的风险，而且极易引起社会公众的心理恐慌和非理性行为。倘若食药安全不能得到有效保障，势必影响人民群众的幸福感、安全感和对政府的满意度。进一步完善食药安全法律责任体系，可以有效遏制违法行为，保障公众食药安全，促进社会和谐稳定。我们主要具体从五个方面入手对基层社会治理中食品、药品、医疗安全的保障能力予以测度：食品、药品、医疗方面的法治保障体系建设完善；食品、药品生产安全与医疗安全的责任落实到位；食品、药品、医疗设备生产及医疗活动进行的监管机制构建完善；严厉查处食品、药品、医疗设备违法犯罪行为，行政处罚与刑事责任追究落实到位；食品、药品、医疗设备社会供给充分，价格变动基本平稳，受市场价格机制动态调整等。

2. 安全生产的保障能力

党的十九届五中全会通过的《中共中央关于制定国民经济和社会发展第十四个五年规划和二〇三五年远景目标的建议》对建设更高水平的平安中国作出了重要部署，并强调坚持人民至上、生命至上，把保护人民生命安全摆在首位，全面提高公共安全保障能力。具体则要完善和落实安全生产责任制，加强安全生产监管执法，有效遏制危险化学品、矿山、建筑施工、交通等重特大安全事故。基于此，如何实现安全生产风险的防控、提高生产安全的保障能力便成为亟须重视的问题。当前我国在安全生产方面所面临的问题主要有以下几点：第一，我国关于安全生产的相关法律法规体系尚不完善，已有法律规定也并未落实在具体的安全生产中，真正发挥其保护人民群众生命安全的作用；第二，在生产过程中，由于对生产主体的责任界定不明确，安全主体自身的责任意识、法律意识不强，盲目追求经济效益，忽视安全生产的基本预防和防护工作，在安全事故发生后无法追责，责任主体不明确，责任落实不到位；第三，虽然对安全生产进行监督执法是预防安全生产事故发生的有效手段，但在实践中并未发挥其实质效用，当前监督执法存在模式单一、奖惩制度不完善等问题；第四，在整个安全生产风险防控的过程中，全体参与生产人员自身的安全意识与法律意识仍相对缺乏。因此，我们将主要从六个方面展开对生产安全保障能力的测度：安全生产的相关法律法规体系建设完备；安全生产主体责任追究和落实到位；对安全生产的执法监督有力；安全生产者的安全意识与法律意识较强；生产者生命健康权益、劳动权益得到充分保障，薪资发放及时；劳动生产者利益诉求表达渠道畅通，相关利益诉求能够及时有效得到回应等。

3. 突发事件应对能力

国家应急管理体系的优化和应急管理能力的提升是实现我国治理体系和治理能力现代化的重要一环。社会的发展进步总是与一定的矛盾风险相伴存在，随着社会的快速发展和矛盾风险的日益增多，特别是近年来频繁发生的自然灾害、公共卫生事件等，国家在应急管理体系方面的短板和不足逐渐显现，如何从根本上提高国家应急管理水平，实现国家应急管理体系的协同化、机制化、法治化，成为当前国家治理体系和治理能力现代化过程中亟须解决的重要问题。在风险社会背景下，单一灾害的发生，可能会导致整个灾害链的扩大与延伸，对人民生命财产安全构成潜在威胁。为保障人民生命安全，统筹发展和安全，建设更高水平的平安中国，提升自然灾害风险防控能力至关重要。一方面，火灾的发生、控制、救援处置等各个环节都与社会中的人、物、技术等直接相关，社会科学技术的运用与整体防控水平的提高有助于更好地保障公共安全；另一方面，公共安全保障的体系化、机制化与法治化都将进一步提高社会效益。因此，在自然灾害风险治理策略中，应重在防治，以防为主，防打结合，完善应急预案。同时，借助 AI、大数据技术，提升灾害防控能力，把保护社会中人的生命、财产安全放在第一位。对于基层社会治理中突发事件应对能力的测度，我们主要从四个方面展开：自然灾害的预防监测、应急处置、恢复重建体系建立健全；事故灾难的预防监测、应急处置、恢复重建体系建立健全；公共卫生事件的预防监测、应急处置、恢复重建体系建立健全；社会安全事件的预防监测、应急处置、恢复重建体系建立健全等。

4. 社会治安防控能力

我国社会治安防控能力的高低主要体现在社会治安防控体系建设上。我国于2001年首次明确提出各地要建立和完善社会治安防控体系。此后，全国各地积极响应党中央号召，探索和构建本地区的治安防控体系，在探索与建设过程中构建了多种各具特色的社会治安防控网络。之后，在党中央的多次会议与多个文件中都强调了社会治安防控体系建设的重要性。党的十九届四中全会强调："要坚持专群结合、群防群治，提高社会治安立体化、法治化、专业化、智能化水平，形成问题联治、工作联动、平安联创的工作机制。"基于此，我们将从以下几个方面入手，对社会治安防控能力进行测度：社会治安数据信息平台与系统的建设完善完备；各社会治安防控参与主体间的互通联动机制建立健全；实有人口、流动人口与实有房屋管理服务制度健全，工作规范；社会治安防控网络的构建严密；辖区内街面见警率达到相应标准；预防和依法惩治各类刑事犯罪的措施有力，辖区三年平均刑事犯罪率低于全省平均水平；刑满释放人员回归社会制度健全，再犯率不超过本地区近三年平均再犯率；社区矫正制度建立健全，社区矫正人员回归社会率达到省规定的要求；预防青少年违法犯罪与帮教制度建立健全，帮教措施落实到位；预防精神病人肇事肇祸及处置机制建立健全，工作落实到位；无毒社区创建活动规范，符合条件的吸毒人员强制戒毒、艾滋病患者和精神病患者强制医疗达到省规定的要求等。

（五）社会管理信息体系

构建社会管理信息体系评价指标，既要直面大数据背景下我国信息网络体系建设面临的诸多挑战，又要以中央高层决策精神为指导，构建体现"全媒体"条件下评价社会管理信息体系建设的指标体系。党的十九大报告提出了要使社会治理的"智能化"水平进一步提升的目标。在新一轮信息技术革命的浪潮中，我国凭借一系列自主创新研发的电子信息科技成果，已跻身世界互联网大国梯队前列。从技术革新的角度来说，信息化治理是顺应时代潮流乃至推动社会发展之举；从高效便民的角度来看，将部分治理权能转移至互联网上实现，使足不出户与秩序和谐一举两得，"排队难、回应难、解决难"等传统行政难题得以解决。

社会管理信息体系评价指标的具体构成如表 5-5 所示。

表 5-5　　　社会管理信息体系评价指标(基本分 90 分，占总分值 6%)

一级指标	二级指标	三级指标		项目类型	基本分	评分标准
		序号	名　称			
社会管理信息体系评价	1. 政府部门及各行业领域信息网络建设	1	各行业领域内部信息库统计完备、更新及时	基本项	40	未落实扣 3 分
		2	各行业领域与政府部门信息共享机制建立健全	基本项		未落实扣 3 分
		3	政府部门综合信息数据库完善，更新机制构建良好	加分项		已落实加 2 分，未落实不扣分
		4	政府部门综合信息数据库的运行与管理有序	基本项		未落实扣 3 分
		5	政府部门综合信息平台与民众需求相对应且实现良性衔接	发展项		已落实加 3 分，未落实不扣分
		6	对通过信息网络渠道反映基层治理问题、维护自身合法利益的公民信息严格保密	基本项		未落实扣 3 分
		7	金融等重点行业领域的信息化安全防控机制健全完善	基本项		未落实扣 3 分
		8	重大安全信息统一发布机制建立健全	基本项		未落实扣 3 分
	2. 基层主体信息互通网络建设	1	各参与主体间的信息共享机制建立健全	基本项	25	未落实扣 3 分
		2	各主体内部之间线上线下信息流通与共享机制建立健全	基本项		未落实扣 3 分
		3	公共数据信息跨地区、跨部门、跨层级的开放共享机制健全	发展项		已落实加 3 分，未落实不扣分
		4	民意表达渠道多样、完善且操作简单，能够切实发挥作用	加分项		已落实加 2 分，未落实不扣分
		5	信息共享主体间的信息使用监督备案机制建立健全	加分项		已落实加 2 分，未落实不扣分

续表

一级 指标	二级 指标	三级指标		项目 类型	基本 分	评分标准
		序号	名　　称			
社会 管理 信息 体系 评价	3.公民个 人信息规 范及保护 制度的完 善	1	建立个人收入和财产信息系统	基本项	25	未落实扣3分
		2	现代支付和收入监测体系建立健全	加分项		已落实加2分， 未落实不扣分
		3	各部门各单位对涉及个人信息保护的相关法 律规定的学习掌握情况	加分项		已落实加2分， 未落实不扣分
		4	各部门各单位的信息收集与管理细则制定情 况完善	基本项		未落实扣3分
		5	各部门各单位的信息使用流程与管理制度情 况完善	基本项		未落实扣3分

1. 政府部门及各行业领域信息网络建设

党的十九届四中全会指出，新时代社会治理格局应加强"公众参与"和"科技支撑"方面建设。将互联网平台构建和信息化事务办理纳入基层社会治理考核内容正是呼应了国家和社会治理的需求。积极打造"互联网+社会治理"的创新模式，需要依托基础信息平台和社区网格化管理协同配合，建成应用"信息联通、回应及时、对接精准"的信息服务系统，进一步实现从线下"低效僵化"的管理模式向"技术型、智能型、服务型、高效型"治理模式的转变。在基层治理实践中，最重要的是能使居民真正地乘上新技术发展的"快车"。全国各地基层组织在抗击新冠疫情的过程中，纷纷出台了符合本地实际的信息化服务系统以帮助居民渡过难关，通过互联网有效地满足了居民饮食、医药等基本生活起居要求，最大限度地减少了人员出行与聚集，极大地推动了战胜疫情的进程。对此，我们主要从以下几个方面来具体测评基层政务信息网络建设情况：各行业领域内部信息库统计完备、更新及时；各行业领域与政府部门信息共享机制建立健全；政府部门综合信息数据库完善，更新机制构建良好；政府部门综合信息数据库的运行与管理有序；政府部门综合信息平台与民众需求相对应且实现良性衔接；对通过信息网络渠道反映基层治理问题、维护自身合法利益的公民信息严格保密；金融等重点行业领域的信息化安全防控机制健全完善；重大安全信息统一发布机制建立健全等。

2. 基层主体信息互通网络建设

各类业务应用平台应广泛适用于政务实践中，逐步推进网上办公、网上办案，推动各类数据、信息在政府平台间有序、高效流动，进而实现相关部门间信息的有效共享。这既有利于政府职能部门精确快速地履行职责，也降低了行政成本，同时能使群众足不出户地解决生活难题。在抗击新冠疫情的过程中，地方政府组织与企事业单位积极灵活启用互联网信息交互平台恢复运作，助力国家复工复产，这些宝贵经验有助于形成"网上网下互联、线上线下互动"的社会治理新格局。基层政府应注重建立网上议政平台，通过机关主页、微信、微博、抖音等平台构建移动互联网背景下的社会新治理模式，可以通过引领发展网民群众当中的"网络评论员""网络新闻发言人"和"网络大V"三类主体，接收来自群众的声音，实现民众与政府间信息的快速流通，及时了解民众需求、解决民众难题。我们主要从以下几个方面对基层信息互通网络建设情况予以测评：各参与主体间的信息共享机制建立健全；各主体内部之间线上线下信息流通与共享机制建立健全；公共数据信息跨地区、跨部门、跨层级的开放共享机制健全；民意表达渠道多样、完善且操作简单，能够切实发挥作用；信息共享主体间的信息使用监督备案机制建立健全等。

3. 公民个人信息规范及保护制度的完善

大数据、人工智能等技术在给个人生活带来极大便利的同时，也使得个人信息权保护面临严峻的挑战。当前在通过信息共享促进基层社会治理的过程中暴露出了许多公民个人信息受到侵犯、损害的现实问题，因此在利用信息的同时也必须要注意对信息安全性的有效保护。虽然在国家法律层面，自 2009 年第十一届全国人民代表大会常委会第七次会议审议通过的《刑法修正案（七）》首次将侵犯个人信息的严重行为纳入刑法的打击范围开始，国家对公民个人信息保护的重视程度日益加强，随后分别于 2016 年第十二届全国人民代表大会常务委员会第二十四次会议审议通过了作为公法的《中华人民共和国网络安全法》，并于 2020 年第十三届全国人民代表大会第三次会议审议通过了作为私法的《中华人民共和国民法典》（以下简称《民法典》）。《民法典》中明确规定"自然人的个人信息受法律保护"，并于人格权编以专章的形式对个人信息的概念、种类、使用原则、程序、与隐私权的概念界分等内容进行体系化规定。但在各地方，对法律规定的严格遵守情况以及对当地负责收集信息的部门、第三方机构等的严格有效管理则是需要进一步跟进和评估的问题。因此，我们对个人信息保护制度是否完善的测评主要从以下几个方面展开：个人收入和财产信息系统的建立情况；现代支付和收入监测体系建立健全；各部门各单位对涉及个人信息保护的相关法律规定的学习掌握情况；各部门各单位的信息收集与管理细则制定情况完善；各部门各单位的信息使用流程与管理制度情况完善等。

（六）社会信用诚信体系

社会信用是市场经济良性运行、社会治理各要素良性互动的基石。它包含政务诚信、商务诚信、社会诚信、司法公信等方面。构建社会信用评价体系需要从问题导向、决策导引与结构科学入手。问题导引层面，我国当下社会发展、运行与治理体系中受到强烈挑战的是"信用危机"、社会信用体系不完善、信用守诚与监管失灵、信用约束责罚机制不健全、与实际问题不匹配等问题，需要构建科学的评价指标体系，助推现代社会信用体系建立。决策引导层面，党的十八大以来，党中央就建立健全社会信用体系作出了一系列部署要求，包括："加强政务诚信、商务诚信、社会诚信和司法公信建设"，"建立健全社会征信体系，褒扬诚信，惩戒失信"；党的十八届四中全会进一步强调"加强社会诚信建设"；党的十九届四中全会也再次强调"完善诚信建设长效机制，健全覆盖全社会的征信体系，加强失信惩戒"；国务院也曾发布了《社会信用体系建设规划纲要》等。社会信用评价指标体系以上述政策思想为依据和指导，将其内容主要分为现代社会信用法律法规及规章制度建设情况、各行业领域诚信基础数据库建设情况、失信预防与惩戒机制建设情况、信用等级评定及考核评价机制建设情况等。社会信用体系评价指标的具体构成如表5-6所示。

表 5-6　　　　社会信用体系评价指标(基本分 130 分,占总分值 8.6%)

一级指标	二级指标	三级指标		项目类型	基本分	评分标准
		序号	名　称			
社会信用体系评价	1. 现代社会信用法律法规及规章制度建设	1	制定专门的信用法律法规且落实到位,成效显著	基本项	35	未落实扣 3 分
		2	制定统一的失信惩戒标准	基本项		未落实扣 3 分
		3	专门性法律规范与国家基本法有效衔接	基本项		未落实扣 3 分
		4	不同位阶法律规范的价值目标一致、不存在冲突、适用规范	基本项		未落实扣 3 分
		5	公共信用信息目录和失信惩戒措施清单完备	加分项		已落实加 2 分,未落实不扣分
		6	信用承诺制度建立健全	基本项		未落实扣 3 分
		7	信用信息安全管理制度建立健全,信用主体合法权益得到保障	基本项		未落实扣 3 分
	2. 各行业领域诚信基础数据库建设	1	政务诚信基础数据库建立健全、及时更新	基本项	35	未落实扣 3 分
		2	商务诚信基础数据库建立健全、及时更新	基本项		未落实扣 3 分
		3	社会诚信基础数据库建立健全、及时更新	基本项		未落实扣 3 分
		4	司法公信基础数据库建立健全、及时更新	基本项		未落实扣 3 分
		5	惠民便企信用产品与服务信息数据完备、及时更新	加分项		已落实加 2 分,未落实不扣分
		6	各行业领域的信用信息归集、共享、公开和应用程序制度规范、运行有效	发展项		已落实加 3 分,未落实不扣分
		7	公共信用信息和金融信息的共享整合机制建立健全	加分项		已落实加 2 分,未落实不扣分
	3. 失信预防与惩戒机制建设	1	失信惩戒法律规范制定且完善	基本项	30	未落实扣 3 分
		2	失信惩戒法律规范与相关法律有效衔接	基本项		未落实扣 3 分
		3	政府失信责任追究制度建立健全	基本项		未落实扣 3 分
		4	公民、法人及其他组织失信违法犯罪档案查询制度建立健全	加分项		已落实加 2 分,未落实不扣分
		5	失信主体信用修复程序和机制建立健全	加分项		已落实加 2 分,未落实不扣分

续表

一级指标	二级指标	三级指标		项目类型	基本分	评分标准
		序号	名　称			
社会信用体系评价	4. 信用等级评定及考核评价机制建设	1	个人信用等级评定及考核标准办法完善可行	基本项	30	未落实扣3分
		2	法人信用等级评定及考核标准办法完善可行	基本项		未落实扣3分
		3	中介机构信用等级评定及考核标准办法完善可行	基本项		未落实扣3分
		4	其他社会组织信用等级评定及考核标准办法完善可行	发展项		已落实加3分，未落实不扣分
		5	授予合格的信用单位比例达到相关规定的要求	加分项		已落实加2分，未落实不扣分
		6	建立具有国际竞争力的企业征信机构和信用评级机构	发展项		已落实加3分，未落实不扣分

1. 现代社会信用法律法规及规章制度建设

随着我国营商环境的改善，我国社会信用体系建设经历了从"理论和制度建构"到"理论完善和效能提升"的转变，特别是党的十八大以来，社会信用体系建设力度不断加强。[1] 我国已然建立了较为完善的国家法律法规体系，地方也积极制定地方标准加以具体化落实，形成了层次分明、结构完备的社会信用制度体系和落实机制。国家出台了《征信业管理条例》《企业信息公示暂行条例》等专门性法律法规，[2] 各省（区）市也陆续出台了近30部信用法律法规。[3] 因此，我国国家和社会信用体系逐步向体系化、统一化和规范化发展。具体表现为：第一，国家性的统一信用平台建立，实现了个人信用信息的互联互通，极大便利了社会信用

---

① 蔡旭. 新中国成立以来我国社会信用体系建设的历程、经验与展望[J]. 云梦学刊，2020，41（2）：32-38.

② 汪育明. 失信联合惩戒入法引发的思考[J]. 中国信用，2020（7）：115-118.

③ 王文婷. 地方信用立法的理论与实践反哺浅析[J]. 中国信用，2020（3）：106-113.

管理工作；第二，建立了失信惩戒制度，严厉打击失信行为，营造了互信互惠的良好社会氛围和营商环境；第三，信用评价机制的建立为社会经济快速发展提供了强大动力，也为实现国家治理体系和治理能力现代化提供了保障。[①] 为此，需要全方位对社会信用体系进行评价，进而观察信用体系的实效，弥补信用体系的现实缺陷。对社会诚信制度体系是否健全的测评可以从以下几个方面展开：制定专门的信用法律法规且落实到位，成效显著；制定统一的失信惩戒标准；专门性法律规范与国家基本法有效衔接；不同位阶法律规范的价值目标一致、不存在冲突、适用规范；公共信用信息目录和失信惩戒措施清单完备；信用承诺制度建立健全；信用信息安全管理制度建立健全，信用主体合法权益得到保障等。

2. 各行业领域诚信基础数据库建设

建立各行业领域诚信基础数据库建设是开展后续失信预防与惩戒工作的前提，当前的社会信用体系主要包括商务信用、政务信用、社会信用、政府信用等方面。以商业征信体系为例，商业征信体系主要是以行业协会组织及其会员为主导进行建设，以政府、企业、个人为主要用户，以企业和个人为征信对象，以信用信息在组织内部及相应市场范围内互联互通、共同防范信用交易与管理风险为主要目的的商业征信系统及信用管理运行机制的总称。[②] 我国商业征信体系的建设和发展取决于授信机构承担风险、享受收益的能力，受信人守信有益、失信受罚的规则以及中介机构以信息商品与服务为业务维持经营的情况。当前的商业征信体系只是作为诸多征信体系的一个代表，其他类型的信用体系或基本数据库建设也需要不断完善。因此，我们要从以下几个方面进行评价：政务诚信基础数据库建立健全、及时更新；商务诚信基础数据库建立健全、及时更新；社会诚信基础数据库建立健全、及时更新；司法公信基础数据库建立健全、及时更新；惠民便企信用产品与服务信息数据完备、及时更新；各行业领域的信用信息归集、共

---

① 刘宇飞. 地方先行立法的基本原则与规制路径——基于社会信用地方立法的实证研究[J]. 山西省政法管理干部学院学报，2020，33（2）：20-23.

② 吴晶妹. 未来中国征信：三大数据体系[J]. 征信，2013，31（1）：4-12.

享、公开和应用程序制度规范、运行有效；公共信用信息和金融信息的共享整合机制建立健全等。

3. 失信预防与惩戒机制建设

失信预防与惩戒机制的建立健全是社会信用体系建设的重中之重。自国家明确提出要加强对社会信用体系的建设以来，虽然目前尚未为此制定专门性法律，但在许多地方性法规与规章之中都可洞见有关失信惩戒机制建设的内容。在部门规章层面，如《认证机构管理办法》《工程咨询行业管理办法》《中华人民共和国海关企业信用管理暂行办法》中的部分条文对失信惩戒进行了相关规定。此外，由最高人民法院发布的《最高人民法院关于限制被执行人高消费及有关消费的若干规定》以及最高人民法院联合中央和国务院发布的《关于对失信被执行人实施联合惩戒的合作备忘录》都从限制消费方面对失信人员予以相应的惩戒。但现实中由失信引发的问题仍然涉及多个方面，失信预防与惩戒机制有待进一步健全和完善。因此，我们将对失信预防与惩戒机制建设情况的测评指标分为以下几个具体指标：失信惩戒法律规范制定且完善；失信惩戒法律规范与相关法律有效衔接；政府失信责任追究制度建立健全；公民、法人及其他组织失信违法犯罪档案查询制度建立健全；失信主体信用修复程序和机制建立健全等。

4. 信用等级评定及考核评价机制建设

诚信已经成为当前社会发展过程中的宝贵品质，因失信引发的一系列社会问题不断提醒我们要加强对个人信用的考量、记录与重视。因此，建立完善的个人信用等级评定机制则成为当前亟须重视的问题。个人信用等级评定及考核机制的构建将适用于社会治理的各个领域，为实现精准治理以及创新和优化基层社会治理提供更加科学的依据。对此，我们将从以下几个方面进行测度：个人信用等级评定及考核标准办法完善可行；法人信用等级评定及考核标准办法完善可行；中介机构信用等级评定及考核标准办法完善可行；其他社会组织信用等级评定及考核标准办法完善可行；授予合格的信用单位比例达到相关规定的要求；建立具有国际竞争力的企业征信机构和信用评级机构等。

（七）基层生态文明体系

推进生态文明建设是全面建设社会主义现代化国家的目标任务之一。构建基层生态文明体系的评价指标，需要强化全国上下的生态保护意识，贯彻党中央决策部署，通过自治、法治、德治相结合的多元化途径共同助推生态文明体系建设。在理念引领层面，评价指标体系必须嵌入新理念、新意识，生态环境是人类生存发展的第一资源，我们应通过制度、法律、道德、民约乡规等手段发挥人民群众的力量来保护生态环境，增强全社会对生态文明建设的思想自觉与行动自觉。在贯彻要求层面，要把党的十八大以来尤其是党的十九大以来中央关于推进生态文明建设的新部署、新要求作为基本内容，使中央关于"建立系统完整的生态文明制度体系""建设美丽中国"的要求以及环境保护、环境影响评价等法律法规的执行落到实处。基层生态文明评价指标体系的具体构成如表 5-7 所示。

表 5-7　　基层生态文明体系评价指标(基本分 110 分，占总分值 7.3%)

一级指标	二级指标	三级指标		项目类型	基本分	评分标准
		序号	名　称			
基层生态文明体系评价	1. 生态环境质量和稳定性提升机制建设	1	严格落实科学的国土空间规划方案和用途管控办法	基本项	30	未落实扣 3 分
		2	严格落实生态保护红线、永久基本农田、城镇开发边界以及各类海域保护线	基本项		未落实扣 3 分
		3	稳步推进所辖区重点生态区域的生态屏障建设工作	基本项		未落实扣 3 分
		4	国土绿化工作、水土流失和荒漠化、石漠化综合治理工作有序推进，实效明显	基本项		未落实扣 3 分
		5	自然保护地、生态保护红线监管制度完善，开展生态系统保护成效监测评估	加分项		已落实加 2 分，未落实不扣分
		6	重点生态功能区、重要水系源头地区的多元化生态补偿办法制定并得到有效落实	发展项		已落实加 3 分，未落实不扣分

续表

一级指标	二级指标	三级指标		项目类型	基本分	评分标准
		序号	名　　称			
基层生态文明体系评价	2. 污染防治机制建设	1	大气质量达标管理制度落实到位，$PM_{2.5}$浓度下降明显，O_3浓度增长趋势得到有效遏制，基本消除重污染天气	基本项	50	未落实扣3分
		2	严格落实和创新当地清洁取暖、工业窑炉治理、非电行业超低排放改造方案，效果明显	基本项		未落实扣3分
		3	重视对挥发性有机物排放的综合整治，氮氧化物和挥发性有机物排放总量持续下降，并保持在良好水平	基本项		未落实扣3分
		4	江河湖海化学需氧量和氨氮排放总量下降，并保持在一定水平，基本消除劣 V 类国控断面和城市黑臭水体	基本项		未落实扣3分
		5	农村污水管道全覆盖，后续维修保障机制完善	基本项		未落实扣3分
		6	垃圾分类回收站点配备完善，流动回收得到普及，严格落实国家垃圾分类回收政策方案且具有完备的实施和处罚细则	加分项		已落实加2分，未落实不扣分
		7	城乡废弃物集中处理点健全，且废弃物处理系统运转有序	基本项		未落实扣3分
		8	塑料污染全链条防治措施办法制定且实施，效果明显	基本项		未落实扣3分
		9	持续重视噪声污染防治，具有相应完善的防治办法，落实到位	基本项		未落实扣3分
		10	制定新污染物治理方案和办法，且能迅速投入使用，见效明显	发展项		已落实加3分，未落实不扣分

一级指标	二级指标	三级指标		项目类型	基本分	评分标准
		序号	名　称			
基层生态文明体系评价	3. 环境风险防控机制建设	1	重点风险源评估预警、应急处置方案和办法制定到位且可操作性强	基本项	30	未落实扣 3 分
		2	固体废物非法堆存整治方案完备可行且效果明显，危险废弃物监管和风险防范能力达到全省水平	基本项		未落实扣 3 分
		3	重金属污染监控预警制度建立健全，实施有效	基本项		未落实扣 3 分
		4	有毒有害化学物质环境风险管理制度和办法建立健全，重点地区危险化学品生产企业搬迁改造完成	基本项		未落实扣 3 分
		5	核与辐射安全监管办法制定落实到位，放射性污染得到有效防治	基本项		未落实扣 3 分

1. 生态环境质量和稳定性提升机制建设

提升生态环境质量和稳定性主要在于加强对自然环境及其生态系统的保护，促进其良性循环与可持续发展。《中华人民共和国国民经济和社会发展第十四个五年规划和 2035 年远景目标纲要》(以下简称"十四五"规划)提出："要坚持绿水青山就是金山银山理念，坚持尊重自然、顺应自然、保护自然，坚持节约优先、保护优先、自然恢复为主，实施可持续发展战略，完善生态文明领域统筹协调机制，构建生态文明体系，推动经济社会发展全面绿色转型，建设美丽中国。"这一目标要求不仅着重强调了自然环境的重要性，也指出了生态文明体系建设对全面建设社会主义现代化国家的重要意义。对生态环境质量和稳定性提升机制建设水平的测评从以下几个方面展开：严格落实科学的国土空间规划方案和用途管控办法；严格落实生态保护红线、永久基本农田、城镇开发边界以及各类海域保护线；稳步推进所辖区重点生态区域的生态屏障建设工作；国土绿化工作、水土流失和荒漠化、石漠化综合治理工作有序推进，实效明显；自然保护地、生态保护红线监管制度完善，开展生态系统保护成效监测评估；重点生态功能区、重要水系源头地区的多元化生态补偿办法制定并得到有效落实。

2. 污染防治机制建设

在党的领导和各方力量的共同努力下，我国生态文明建设取得了长足进步，国土空间开发保护格局不断优化，生产生活方式绿色转型升级成效显著，能源资源配置更加合理、利用效率大幅提高，生态环境持续改善。但是环境污染仍然是长期困扰现代社会可持续发展的重要问题，也是制约社会主义现代化国家建设进程的重要因素。基于此，我们从以下几个方面对污染防治机制建设情况进行具体测度：大气质量达标管理制度落实到位，$PM_{2.5}$浓度下降明显，O_3浓度增长趋势得到有效遏制，基本消除重污染天气；严格落实和创新当地清洁取暖、工业窑炉治理、非电行业超低排放改造方案，效果明显；重视对挥发性有机物排放的综合整治，氮氧化物和挥发性有机物排放总量持续下降，并保持在良好水平；江河湖海化学需氧量和氨氮排放总量下降，并保持在一定水平，基本消除劣Ⅴ类国控断面和城市黑臭水体；农村污水管道全覆盖，后续维修保障机制完善；垃圾分类回收站点配备完善，流动回收得到普及，严格落实国家垃圾分类回收政策方案且具有完备的实施和处罚细则；城乡废弃物集中处理点健全，且废弃物处理系统运转有序；塑料污染全链条防治措施办法制定且实施，效果明显；持续重视噪声污染防治，具有相应完善的防治办法，落实到位；制定新污染物治理方案和办法，且能迅速投入使用，见效明显等。

3. 环境风险防控机制建设

环境风险防控机制的构建也是生态文明体系建设的重要内容。因此，对环境风险防控机制建设水平的评价也成为生态文明体系建设评价的重要内容。在对该机制评价指标设计的过程中，我们仍然需要以科学性、可操作性、全面性等原则为指导，构建具有实践参考和指导意义的指标体系。基于此，我们主要从以下几个方面展开对环境风险防控机制建设情况的测度：重点风险源评估预警、应急处置方案和办法制定到位且可操作性强；固体废物非法堆存整治方案完备可行且效果明显，危险废弃物监管和风险防范能力达到全省水平；重金属污染监控预警制度建立健全，实施有效；有毒有害化学物质环境风险管理制度和办法建立健全，重点地区危险化学品生产企业搬迁改造完成；核与辐射安全监管办法制定落实到位，放射性污染得到有效防治等。

基层社会治理指标评价体系使用说明如下：

基层社会治理指标评价体系共分为主、客体两大类指标，其中主体指标中一级指标 4 个，二级指标 24 个，三级指标 179 个；客体指标中一级指标 7 个，二级指标 26 个，三级指标 188 个，社会治理指标评价体系三级指标总计 367 个。社会治理指标评价体系将三级指标分为三类，分别为基本项、加分项和发展项三类，其中基本项是基层社会治理所应达到的基本要求，采用扣分制，即在基础分上每项未完成者扣 3 分；加分项是在某些领域作出积极有益探索，相较于基础项，其完成具有较高的要求，该项目采用加分制，即能够落实加 2 分，不能够落实不扣分；发展项是在某些领域具有重大创新和探索，能够解决基层社会治理中疑难问题的项目，该项目也采用加分制，即能够落实加 3 分，不能够落实不扣分。基层社会治理指标评价体系基础分共 1500 分，其中综合评分能够达到 1140 分的地区为合格，达到 1320 分的地区为良好，达到 1410 分的地区为优秀。

第六章 基层社会治理绩效评价
体系的实然困境

国家和社会治理是地方性实践智识，也是历史发展、经验凝练的产物。一个地区治理方式的选择在一定程度上取决于地方自然环境、历史环境、经济环境、制度环境等多方面因素。① 社会治理绩效评估体系，作为社会治理活动中的关键组成部分，必须结合不同地区的体制结构、法律文化和公民法律意识进行量身定制的构建。要求评估体系需要在体系化的同时，也要具备普适性，以确保评估结果既能够反映出地区的特色，又能够与更广泛的社会治理标准相衔接。随着国家治理的深化、"枫桥经验"的凝练和基层社会治理法治化实践的深入，治理者也逐渐认识到经验的普遍性和地方实践的特殊性。法人类学和法社会学理论的进一步完善，也为地方性智识的研究提供更多的理论支撑和方法工具，进而能够更多地考虑本土化和地方性因素。② 以社会治理指数为代表的社会治理绩效评估实践是否契合我国社会治理的本土性和地方性情境，已开展的区域社会治理绩效评估是否建立了具有可操作性和科学性的评估方法，以及这些评估是否真正成为"中国社会治理绩效评估的试验田"等问题亟须商讨与回应。

一、基层社会治理绩效评价的方式选择

社会治理绩效指标体系及考核标准，作为一种特殊的社会发展指标评价工

---

① 克利福德·吉尔兹. 地方性知识：事实与法律的比较遵视[M]. 邓正来，译. 北京：三联书店，1994：73.

② 钱弘道，戈含锋，王朝霞，等. 法治评估及其中国应用[J]. 中国社会科学，2012(4)：140-160.

具，在不同的社会物质条件下呈现出独具特色的形成、发展和实践模式。在我国的多层次"区域化""行业化"的背景下，基层社会治理绩效评估实践具备其特有的"地方性"，并由此衍生出不同的运作模式。当前按照"余杭""北京""四川"等地的实践为蓝本的模式进行分类，但这种"过度公约主义"的方法并不足以充分展示基层社会治理绩效评估理论的解释力和实践的多样性，这可能会限制理论的深入发展和对实践的有效指导。国外评估模式的分类研究有古巴和美国林肯时代模式分类体系，阿尔金的树状模式分类体系，施托克曼和梅耶的功能模式分类体系，菲茨帕特里克、桑德斯和沃尔森的运用模式分类体系，等等。① 这些研究为国际评估理论研究和实践带来新的思维模式与新范式，也为本研究提供了良好的参照和知识资源。通过对基层社会治理绩效评估实践进行系统的类型化研究，我们能够从"模式"的角度理解基层社会治理绩效评估的多维面相，进而推进理论思考的多元化，以此作为反思中国基层社会治理绩效评估实践"理想类型"的基础。

当前，我国基层社会治理绩效评估尚未形成统一模式，各地区、各行业基层社会治理绩效评估实践呈现多样化的组织及运作方式。这些不同的模式选择，无论是直接还是间接，都对基层社会治理绩效评估的过程与效果产生了显著影响。以评价组织和运作形式为标准，基层社会治理绩效评价的方式可分为自组织评价方式、第三方评价方式、协同参与评价方式。

（一）自组织评价方式

自组织评价方式是一种内源性的评价机制，其中评价主体依据组织的特性、制度设计以及工作绩效的考核目标，以单个部门为单位，以整个系统为整体，来制定社会治理的指标体系和考核标准。目前，这种模式在我国基层社会治理绩效评估实践中得到了广泛的应用。国家市场监督管理总局推出的"法治工商建设评价指标体系"和各地的"法治政府指标体系"都是这一模式的实践案例。这种自组织评价方式的优势在于评价主体对本行业的社会治理建设指标体系有着深刻的理解和全面的掌握，能够轻松获取关于制度设计、执行过程和运行效果的直接信

---

① 郑志龙，赵春草. 乡镇政府社会治理能力的评估与提升路径[J]. 行政论坛，2020，27(5)：46-51.

息。通过建立有效的自我评价指标和考核标准，它能为决策层和管理层提供关于组织内部法治运行状况的实时信息。这种模式是一种自上而下实施的硬性考核，具有硬约束的调整机制，主要提供管理型解决方案。其考核结果往往被用作衡量一个地区或行业基层社会治理水平和状态的绩效。这些结果常与政府绩效考核中的"目标责任制"和"首问责任制"相结合，因此其采纳度较高，可以直接影响决策的形成与执行。此外，这些考核结果还常常被视为衡量地方或行业政绩优劣的重要风向标和权威性标尺。

然而，这种自组织评价模式也存在一些缺陷。由于评价主体和评价客体在某些情况下属于同一系统的不同部分，具有损益同构的利害关系，这可能导致缺乏独立的外部监督。在这种情况下，评价结果也往往受到内部利益的影响，导致自我消化、自我"公开"的现象，易陷入"既当运动员，又当裁判员"的实践悖论中，使考核评价异化为"政绩工程考核"，社会公信力相对较低。

(二)第三方评价方式

第三方评价方式是指评估的全过程均由专业机构(高校和研究机构等)、社会组织、中介组织或公众等被考核者以外的第三方独立完成，不受其他任何对象的控制。这种评价方式具有非强制性、公益性、民间性、中立性的特点。但它在获取全面和真实数据方面面临较大挑战。"没有全面而可靠的数据，任何评估也不可能得出全面、正确的结果"[1]，因此第三方评价模式所具有的局限性一定程度上限制了该模式评估结论的公正性和可靠性。另外，该模式可以反映公众对社会治理建设状况的认同度、满意度及其支持度，发挥着评价、测度一个国家或地区社会文明进步的间接功能作用。但这类模式作为一种"软约束机制"，提供的是引导性建议，缺乏国家强制力来确保这些建议的实施。因此其实际发挥的效用往往有限。被评价主体是否依据考核分值高低及时调整工作思维、方式、方法，是否出台相应举措以及时有效回应，取决于其对这种社会治理指标考核结果的主观能动性。这种行为取向可能表现为回应层面的"积极作为""不作为"或"乱作为"，其结果可能是正面的或负面的。因此这类"软约束机制"在一定条件下可能带来不

---

① 俞可平. 国家治理评估——中国与世界[M]. 北京：中央编译出版社，2009：5.

确定性，增加被评估主体的认知成本、协调成本、执行成本以及监督成本。这可能导致在整体功效上呈现"边际效用递减"的现象，即为实现"引导性建议"而持续增加的投入成本与所产生的社会治理建设收益之间呈现递减的趋势。

(三)协同参与评价方式

协同参与评价方式是一种将考核者、被考核者以及其他利益相关者纳入同一评价体系的评估模式。这一模式遵循"上下一体、内外协作、整体统筹"的原则，共同设计、实施、分析、解释、评价、贯彻和执行社会治理建设的指标体系及考核标准。它的特点在于实现了多方参与性和结果有效性的有机结合。协同参与评价的核心理念是通过"协同参与式"的工作方法和工具，让利益相关者共同参与基层社会治理绩效评估的过程。如此可以充分考虑各方的意见和建议，力求使评价过程达到客观性、公正性、科学性和民主性。与自组织评价相比，协同参与型模式引入了外部压力机制，打破了自组织评价的封闭性，使评价过程更加客观和理性，不再是单方面的自我评价。通常，这种评价模式由政府部门发起和组织，提供评价要求、经费和资料支持，并配合后续的调研工作。独立的第三方评价机构负责具体执行，包括前期的问卷设计、中期的调研以及后期的调研报告撰写。在这个过程中，被考核者不仅是评价过程的发起者和组织者，还是支持者。被考核者负责制定评价目标，并组织第三方评价机构实施评价。第三方评价机构作为评价的具体执行者，在公共部门的支持下，通过问卷调查了解法治的运行效果，并根据调查结果撰写评价报告，提交给主管部门。目标群体则根据自身的感受对法治状况进行评价，并提交改进建议，从而不再是评估过程的旁观者，而是成为评估过程的参与者、见证者和建议者。

这种评估模式产生的"治理性方案"不仅直接影响社会心理层面的认同度、满意度和支持度，还深刻作用于特定地区和行业的领导集团，包括他们的价值观、决策方式、政策导向、执行机制和行为模式。评估结果往往与这些领导集团的政绩考核和个人晋升密切相关。因此他们倾向于采取积极的措施来应对评估结果，如矫治、修正、调整、补救和完善等，通过争取立法权力机关修改或制定法律，以及其他上层建筑的调整，以确保基层社会治理建设的持续稳定收益。这些努力旨在适应经济和社会发展的快速变化，客观上促进了社会治理建设的进程，优化了治理状况，并提升了治理水平。例如，"余杭法治指数"就是采用这种协同参与评价模式。在评估实践中，作为发起者同时也是评估对象的政府，为评估提供了现实素材和政治资源，将其作为法治工程的核心和推动力。在评估的客体与对象、评估团队的组建、评估数据的获取、评估的应用等方面，实现了充分的协同参与。这一模式体现了"政府发起、专家主导、公众参与"的协同参与价值理念和实践运行模式，具有"先行探索"的积极意义。

二、基层社会治理绩效评价数据的独立性与监控缺失

基层社会治理绩效评价结论的信度和效度取决于多方面的因素，其中指标设计是关键，但并非唯一决定因素。在评价数据收集阶段，真实数据的获取很大程度上依赖于数据采集者与提供者之间形成真挚坦诚的沟通。然而，由于主体间性、数据收集者本身的立场问题或固有思维模式，可能会在无意识中导致数据收集偏差，进而有损数据的真实性。因此测度结果的真实性和有效性不仅源于指标设计的合理性和科学性，更源于收集数据和获取样本的真实性，这直接关系到绩效评估活动的价值和意义。目前，在中国基层社会治理绩效评估实践中，数据收集的价值与作用面临着以下挑战。

抽样方法的不规范是一个突出问题。抽样是一种通过特定程序和方法进行的系统化随机选择过程，其核心在于确保调查结果的实用性。为了确保基层社会治理绩效评价体系能够科学、真实地评估目标对象，必须采用经过科学验证的抽样方法，并保证其程序的完整性和有效性。虽然全面普查是实践中的一种重要调研手段，但由于其涉及的样本量巨大，会消耗大量的资源，因此在没有充足的财力、人力和物力支持的情况下，不宜采用全面普查的方式。此外，全面普查在社会治理指标的覆盖上也存在局限性，抽样调查仍然是不可避免的选择。在实施抽样调查时，可以采用分地区、分年龄、分收入群体等分层抽样方法，以确保评估样本的全面性和科学性，尽可能减少样本误差和片面性。

样本数据的质量监控是一个关键问题。样本数据的质量已经成为影响信息有效传递和真实反映的主要障碍。确保数据的真实性和有效性是解决数据问题的核心，因此，需要将重点放在数据收集的标准和错误数据的排除上。在设计基层社

会治理评价指标体系时，应首先明确数据收集的标准和规范，对数据的收集和录入进行规范和培训，以避免因人为因素导致数据无效。同时，还应建立数据收集后的核查和监督机制，进一步验证数据的真实性和有效性，并剔除无效数据。主要的方法可以包括电话回访、实地回访以及通过自动化或人工方式剔除不合逻辑的数据。

三、基层社会治理绩效评价的量化和质性难以兼容

基层社会治理作为一个抽象的理论概念，其量化的可能性一直是学者们所期待的。学者们期望通过量化方法实现对中国社会治理发展状态的准确认识，这是一种建设性的态度。但是，量化方法的使用也应当考虑到限制性因素的制约作用，否则基层社会治理绩效评估可能会流于形式。首先，应当明确基层社会治理指标体系中可量化的前提性指标，如前述设计的相关指标中提到的"党委（党组）中心组每年开展党性教育与基层社会治理（讲座）不少于 4 次，内容涉及包括自治、法治、德治内容"，这样的指标便可以通过实际讲座次数予以量化和评估。因此，在诸多基层社会治理测评因素中，需要明确可以量化的相关指标，而这些指标的数量往往是相当可观的。其次，明确量化评价与定性评价相结合的原则，将定性评价作为定量评价的目标，借助两种方法的协同作用来进行评价。基层社会治理的最终评价标准应当是在同一标准下的等级评价，其最终会聚焦于基层社会治理效能，即基层社会治理的好坏。这种评价需要尽可能统一评价标准，进而需要客观数据和同类个体的主观评价相结合，以全面评价基层社会治理成效。例如，检察机关推出的"案—件比"指标便能更直观地反映检察机关的办案实效。因此在构建基层社会治理评价指标体系时，我们也应当注重这类量化评价指标的构建。同时，质性研究通过采取实地调研、田野调查、实地访谈和观察等多种方法，进而获得观察主体对观察客体的价值性评价，这有助于明确量化数据结论的价值指向。

基层社会治理绩效评估体系的量化评估对于衡量基层社会治理的实际效果具有重要意义，但这种评估方法并非完美无缺。在量化评估中，虽然数据统计和分析技术能够在很大程度上实现价值中立，但在选择评估指标时，人的主观意志仍

然起着作用，这可能导致价值判断和选择的偏差，进而影响量化评估的结果。因此，确立基层社会治理绩效评价的价值标准是确保量化评估有效性的关键。通过协商民主的方式，广泛听取各方利益主体的意见，进行全面的考量，是避免价值偏差的有效途径。① 同时，指标本身可能无法全面反映基层社会治理的全貌，只代表基层社会治理的片断或大部分情况，这使得基层社会治理制度评价具有先天局限性，作为基层社会治理评价指标体系的设计者必须明确此前提，进而尽可能实现基层社会治理指标评价体系设计的全面性；另一方面，我们也应当集中精力解决主要问题的主要矛盾，并不需要面面俱到。量化评估不能完全反映基层社会治理现实。② 在对基层社会治理进行定量分析的时候，我们应当结合统计学、经济学的专业知识，科学设计指标体系，做到定量与定性、部分与整体的结合。③

四、基层社会治理绩效评价的开放性和纠错性平衡困难

基层社会治理指标体系具有"嵌入性"的特质，既是评价基层社会治理的机制和方法，又因其与实践的深度结合，成为治理体系的重要组成部分。因此社会治理绩效评估体系可能会陷入不适应社会治理发展需求的窘境，进而无法兼顾时间维度差异而产生的新问题、新情况。事实上，国外社会治理绩效评估实践已经意识到此问题，如世界正义工程的法律治理指数自 2008 年提出以来，每年都会依据新发展状况系统化增补相关指标。所以，基层社会治理绩效评估指标体系也应定期评估其本身的科学性与合理性，做到相对开放和因时而变，进而更好地适应基层社会治理的实践要求。例如，基层社会治理绩效评估方案的设计可采用民主听证或多部门联席讨论的方式，结合政策导向及不同部门、群体的利益诉求。一方面，通过征求不同专家学者的有益建议，合理评价各方群体对基层社会治理评价指标体系的接受度；另一方面，通过对指标体系中相

---

① 克利福德·科布，克雷格·里克斯福德，宾建成．社会指标的历史教训[J]．经济社会体制比较，2011(5)：1-12.
② 风笑天．社会学方法二十年：应用与研究[J]．社会学研究，2000(1)：1-11.
③ 袁方．社会研究方法教程[M]．北京：北京大学出版社，1997：199.

关错误和不足进行修正，契合政策导向和实践需要。通过组织座谈会或论证会，邀请不同行业的专家学者、人大代表、群众代表等多元群体参与，共同为社会治理指标体系的改进和完善提供建议。这种集思广益的方式，能够有效促进社会治理指标体系的自我更新和完善，确保其始终与时代发展同步，更好地服务于基层社会治理的实践。

此外，在基层社会治理效能调研中普遍呈现调查主体多元化或内容多样化趋势，但也应当注意调研地区的差异性和同一性，避免失之偏颇，否则可能出现区域分割式的社会治理绩效评估局面，不利于社会治理绩效评估的相对稳定性和可比较性。笔者建议以省为最大单位，以省内不同地区经济发展水平为衡量指标，分为高、中、低收入地区进行横向比较，从而较为公平公正地比较和总结不同地区的基层社会治理经验。此种方式也便于不同省份间进行横向比较。至于存在争议的个别指标或特定区域的地方性要素，可以建立基础治理绩效指标体系，不同地区可根据自身特色在此基础上进行微调，在统计分析的时候通过微调变量的单列说明或在横向对比时借助统计技术对微调变量进行模糊化处理的方式进行比较，也可以通过质性方法获取特殊个案资料对争议事项或争议数据信息作出补充和解释。保持基层社会治理绩效评估体系的开放性和纠错性，从长远来看，可以实现对我国基层社会治理效能作出较为全面且准确的评估，提升我国基层社会治理的能力和水平。

五、基层社会治理绩效评价的考核结果异化

"基层社会治理现代化建设"是一个涉及多领域、多层级、多部门的复杂开放系统。科学有序推进基层社会主义现代化建设，一方面，需要依靠"社会内生性力量"长期作用与形塑，形成法治的"自生秩序扩展"；另一方面，需要有意识地"理性设计"和"人为引导"，优化社会资源配置，促使社会系统各要素资源相互作用、相融相长。我国发展的关键优势在于善于发挥制度和组织优势。加强党的组织领导和落实保障措施，是基层社会主义现代化建设的基本要求。这包括坚持党的领导，确保组织领导有力；科学规划并有序落实基层社会治理制度体系；规范开展各类法治创建活动；确保基层社会治理建设的考核评价规范运行并提供有

力保障。同时，基层社会治理必须高度重视社会公众的总体评价，这是检验基层社会治理成效和组织实施的重要标尺。基层社会治理指标体系构建和评价依靠谁，运用什么模式，如何纳入人民群众的评价视野，始终是检验指标体系设置科学性、实施有效性的重要问题。在评价主体层面，人民群众对社会治理建设的测度评价，始终是检验社会治理成效的根本标准。人民对社会治理建设的认可度、满意度、支持度决定社会治理建设的动力来源、人心向背和发展方向。只有重视社会公众对社会治理建设的评判，才能确保社会治理建设考核的精准定位，从而推动基层社会主义现代化建设朝着正确的方向发展。

在考核模式层面，只有摒弃传统的"单一层级考核""领导人意志考核"、狭隘的"部门封闭考核"等模式，采取区域综合性考核、第三方评估考核与社会公众开放考核相结合，以基层社会治理建设指标体系考核与法治指数评价相结合的方式实现考核模式的转型，确保社会治理建设评价体系和机制沿着正确的方向发展，从而增强考核评价的公信力。在依靠人民群众和社会公众评价机制的构建层面，我们需要坚持问卷调查、社区走访、调查研究等传统方法与运用报纸、电视、网络现代媒介相结合，从更高层次、更宽领域、更多渠道拓宽人民群众参与基层社会治理的积极性，使社会公众自觉成为法治评价的"观察员""运动员""裁判员"和"监督员"，形成组织推动评价与社会评价互动，区域层级评价与社会第三方评价融合，增强社会治理建设测度评价的科学性、精准性与导向性。

在考核方式方面，根据我国一些省、市、地区社会治理建设指标体系考核标准模型的运行机理，考核方式总体可以归纳为属地与上级考核结合、主管部门与行业考核结合、定性分析与定量评分结合、职能部门负责与公众参与结合等方式。部分地区探索邀请人大代表、政协委员、专家学者、新闻媒体等不同主体参与。这种考核方式呈现出专属性、行业性、代表性、客观性、主观性等多方面深度融合的多维结构，也反映出绩效考核本身的复杂性与专业性。其中，考核频次问题是衡量考核效果与公信度的关键环节。一方面，考核本身是一项复杂的系统工程，需要相应的制度构架、人员构成、配套保障机制等；另一方面，涉及考核的成本与收益，频繁无序的考核不仅不利于社会治理建设，而且往往给基层社会治理建设带来负效用，形成"悖论效应"。因此大多数地方选择每年实施一次或每两年实施一次的频次。在考核公开性方面，基层社会治理建设考核的标准、过程和结果应当公开，并接受社会监督。①

严密规范的考核程序设计可保障结果公正性，通过"作茧自缚"式的自我约束机制，能有效抑制评估过程中的主观随意性，保证评估的理性选择，规避潜在的风险。结合当前中国基层社会治理绩效评估、政策评估和治理评估的实践，考核程序包括评估筹备、实施、反馈和结果公布四个阶段，可以设计为制订实施计划→选择评估主体→选择评价方法→收集处理评价信息与数据→撰写评估报告→评估结果的应用（设定救济机制）→公布评估结果。具体为：

1. 制订实施计划。计划是评估的先驱和向导，决定了后续环节的实体和程序内容。考核主体根据国家社会治理建设的总体战略、主要任务、行动方案等，结合本地区或本系统年度社会治理建设工作部署，每年3月制定基层社会治理绩效评估的具体工作规划，包括测度对象，内容标准，方式方法，程序步骤，具体要求，人力、财力、物力保障等事项。

2. 自组织检查。被考核对象对照考核方案，对本地区、本部门的社会治理建设工作情况进行自查总结，形成社会治理建设年度自查报告，连同年度社会治理建设工作台账，于次年规定时间一并上报考核主体。

3. 考核实施。考核主体先通过审阅相关数据、听取工作汇报、基层群众访谈、现场查阅档案资料等方式，依据地方制定的考核办法对考核对象进行全面考核，得出所得分值后，考核主体按照考核办法对考核对象进行考核的同时，考核主体自行组织或者委托专业调查机构开展社会公众抽样调查，得出社会公众评价的分值。积极听取第三方独立评估的反馈意见，将其作为重要参考内容进行整改。

4. 考核结果评定。考核主体根据专门考核、社会公众评价、第三方评估的分值，确定被考核对象的综合得分与考核等次，并书面通知被考核对象。

5. 考核结果通知。书面通知被考核对象考核结果，并附考核依据和理由。

6. 考核救济机制。被考核机关如果对考核结果有异议的，可以在收到考核结果之日起7个工作日内向考核机关书面提出复核申请，并附相关理由；考核主

①　王郅强，张晓君."结构性矛盾"与社会治理体系的构建[J].行政论坛，2017(2)：87-92.

体应当在收到复核申请之日起 7 个工作日内进行复核，并将复核结果书面告知被考核机关。

六、基层社会治理绩效评价本土化改造欠缺

"基层社会治理绩效评估的本土化"不仅契合了国家治理体系和治理能力现代化的要求，而且体现了打造中国特色的学科体系、学术体系、话语体系的新要求。当前基层社会治理绩效评估实践中所面临的"价值哲学之争""制度指向混乱""功能指向的定位不清晰""评估结果的公正性以及可行性"等方面质疑，恰恰也是基层社会治理绩效评估的症结所在。基层社会治理绩效评估，作为"自然科学认知模式"带动下的实证科学生产机制的产物，其实践面向包含建构和表征的内在方法论张力。当前中国正在步入知识经济的时代，知识在社会中发挥着举足轻重的作用。研究知识和社会之间的关系是学者们的使命。从知识社会学的观点来看，任何学术活动都是社会活动，它与一般人的日常生活紧密相关，并受制于制度环境。库恩(Thomas Kuhn)研究西方科学发展史时指出，任何科学的发展都遵循其固有的范式。他将科学运行的状态比作抽丝剥茧的工作，被称为"常规科学"。知识社会学视角下的生产机制为基层社会治理绩效评估提供了宝贵的启示和镜鉴：科学的方法尽管具备一定的适宜性和精确性，但并非放之四海皆准，其方法使用和程序操作需要根据特定的社会条件进行调整或者变革。因此在不同的体制或者是同一体制下的不同时空情境，法治的内涵界定、指标体系的设计及执行也会呈现出多样化的特点。基于此，基层社会治理绩效评估的方法论不应仅仅关注其可行性，还要关注其本土化的适应性。简言之，只有关注其基本面向，评估方法才被认为是合理可行且具有实质意义的。

"基层社会治理绩效评估方法的本土化"这一命题涉及对基层社会治理绩效评估原始意蕴的反思与重构。这一研究领域不仅关注制度构建的内在属性，也强调将科学方法融入评估实践之中。在充分认识基层社会治理实践的历史传统、发展规律和本土化特征的前提下，探究从理论层面和实验操作中加以调整和改造，使其能够真正服务于中国当下的基层社会主义现代化建设。从全球范围内法治成为普遍共识的大背景来看，基层社会治理绩效评估的兴起和推广具有嵌入性特征。

一方面，评估作为一种强有力的外部监督工具，能够促进治理的透明度和公正性；另一方面，作为中国法治体系的重要组成部分，基层社会治理绩效评估应当是一个渐进的试错过程，遵循实验主义法治的基本路径。这一点从世界各地基层社会治理绩效评估项目不断调整和优化的实践中可以得到最好的例证。

因而，基层社会治理绩效评估方法的本土化应当坚持以问题为导向的自省性思路。在对已有的评估主题进行反思的基础上，我们应不断地优化评估的应用空间。同时，解读基层社会治理绩效评估方法的内涵，应该遵循问题导向的自省思路，依据知识社会学的生产机制，认识到本土化不仅涉及研究主题和对象的确定、理论架构、内涵界定、评估方法的移植和创新等，更为重要的是如何树立起基层社会治理绩效评估的方法论取向。前文已经对中国基层社会治理绩效评估的本土性格进行简略阐述，这正是基层社会治理绩效评价方法本土化因应时代背景所努力的方向。基层社会治理绩效评估方法本土化意味着在研究的过程中，我们要遵循实现科学性与社会性的整合。方法的选择和适用的过程本身就是一种行动完善，我们应当更注重指标体系科学性和社会性的完善过程，强调各种知识构成要素之间的供给与融合，以确保评估方法能够真正反映和服务于中国基层社会治理的实际需求。

七、基层社会治理绩效评价的共性与个性难以统一

近年来，不同地区开展基层社会治理绩效评价的地方性实践，国内基层社会治理绩效评估的发展已成为新的基层社会治理的实践与理论增长点，成为推动治理主体不断创新的重要动力。2008 年，"余杭法治试验"开创了基层社会治理绩效评估的先河。随后，北京、深圳、上海、昆明、成都等多个地区也都进行了相关尝试和探索。基层社会治理绩效评价在当前阶段面临成效与问题、支持与反对并行的局面。目前，学界大多对基层社会治理绩效评估持积极态度，大部分学者认为基层社会治理指标体系对治理实践的测度具有极为重要的意义，是一种"看得见的治理"，是基层社会治理由潜移默化转为具象化、符号化，进而增加了民众对基层社会治理的认同感，并成为政府、社会、社会组织、民众四方良性互动的重要方式。但少数学者对基层社会治理指标评价体系的普适性提出疑问，他们

认为基层社会治理是地方性知识的产物，其推广存在难度，需要采取差异化的方法对其进行划分，同时对基层社会绩效评价的技术性问题和经验性问题尚未得到有效的解决，其应用应当慎之又慎。因此对基层社会治理评价指标体系的实践存在两种截然相反的态度。这种理性的反思实际上也在促进基层社会治理绩效评价指标体系的完善和实践应用。

基层社会治理绩效评价实践中存在评价主体的弱反身性、评价内容的弱实践性以及评价方法的科学性相对不足等问题。在基层社会治理评估进路的选择上，存在着科层式进路与价值性进路的分化：科层评估进路则存在着行政命令干预基层社会治理评价结果、评价结果的透明度和社会认可度较低、评估结果的事后反思性和纠正性不足等局限。价值性进路存在着过多强调建构性而忽视基层社会治理的实践面向，无法勾勒基层社会治理实施的真实样态，进而难以观照当下基层社会治理等困境。因此应当本着"破"与"立"的辩证法思维，统合行动系统、规则系统与反思系统，实现三者的同源同构，消除价值性进路和科层式进路的障碍，使基层社会治理评价结果真正惠及基层社会治理效能。

八、基层社会治理绩效评价的监督复核乏力

在基层社会治理绩效评价中，"操作规程、样本的选取与删除、数据的录入与处理等方面一旦出现问题，均可能导致基层社会治理评价的结果异化"①。因此，为了确保评价结果的准确性和可靠性，必须构建一个严格的监督复核机制。首先，在提取样本数据的过程中应当注重质量。针对社会治理绩效评估的客观数据，研究者可以通过对数正态分布检验法等统计学方法对异常数据进行识别，还可以随机抽取部分数据来对原始的调研评估材料进行复查，进一步确保数据和信息的一致性与真实性。而主观评价指标的相关数据可以通过电话回访的方式对被调研对象进行再次访谈，以确认相关数据和信息的真实性。研究者作为评估主体，必须确保样本数据分析的科学性和结论的可解释性。最后，针对基层社会治

---

① 陈云松，吴晓刚."复制性研究"：社会科学定量分析新趋势[N]. 中国社会科学报，2012-08-31(2).

理绩效评价系统的相关结论可能出现主观臆断的情形，可以借助多专家评价模式，增强评价的客观性和权威性，从而降低单一评估者主观意愿的干扰。同时，部分非涉密数据的公开机制也有助于多元主体介入社会治理绩效评估研究，促进基层社会治理实践和科研的发展。

第七章　基层社会治理绩效评价体系的应然选择

基层社会治理绩效评估的进路选择大致有体制性进路和中立性进路两种类型。评价的实现路径和逻辑起点在于将实践性与价值性以及客观性与主观性有机结合。基层社会治理的有效性虽然在很大程度上依赖人的主观评价，但同时也是对制度设计的理性设计和制度效能的理性实践。同时，基层社会治理的实践运作又是因人、因时、因地而变的，其具有较强的客观性，受到物质性的制约和限制。全球化背景下，社会的同构性、人权与法治价值的相似性以及人类命运共同体的构建，为基层社会治理经验的总结和升华以及治理实践的多样性和丰富性提供了实践基础和理论供给，进而为基层社会治理的实效提供支持、借鉴和指引。不同地区基层社会治理绩效评价的实践表明，其评价体系的构建进路以及地域特色的融入应当超越表征与建构的二元对立，认识到其本质上是同源同构的。前述基层社会治理绩效评价体系中存在的问题基本可以分为四类，分别为主体问题、客体问题、理论问题和实践问题。在统合规则系统和行动结构的思路下，我们可以回应并破解当前基层社会治理绩效评估中的实践困局，基于此，本书从主体维度、客体维度、时空维度、实践维度四个方面探究基层社会治理绩效评估的实践运行逻辑。

一、基层社会治理绩效评价的主体视角
——法律赋能的必要性和可行性

从主体维度来看，基层社会治理绩效评价必须依赖人的参与和评价工作，因此，主体素养的培养和提升至关重要。过去 30 多年，基层社会治理一直处于错位与缺失的状态，具体表现为基层社会治理的权力主体刚性管理、权利主体自我

管理缺位、服务和治理理念缺失，进而导致互信合作意识淡化，法治意识相对单薄，社会道德水平出现下滑。为了解决基层社会治理所面临的困境，提升基层社会治理的效能，必须从问题的根源入手，从实践表象出发，找寻其内在的深层的逻辑难题，并通过相关理论指导来重构基层社会治理实践。在国家治理转型时期，由于公权力的部分限缩和基层公民权利的部分扩张，导致基层的相对权力真空，使社会陷入失序状态，权力制约和权利保障机制的缺失使得基层社会治理的基础变得表面化，进而引发种种社会治理难题。

为了实现基层社会治理的效能，我们应当将关注点聚焦于人本身，认识到人的内在价值和主观能动性。这要求我们培育人的主体性，使其认识到其在基层社会治理中所处的地位和角色，使其认识到自己的权利和义务，明白互信与合作在社会治理中的重要性。当前，法治赋权的核心在于建立以"权利"为基础的制度体系和机制运行体系，其宗旨在于实现社会的良法善治，这正是基层社会治理的内在精髓。法律赋能的逻辑在于人的世界需要规则，而规则的强约束性促使人自觉遵守最低的道德标准，进而形成全社会的主体自觉性。但这种自觉性并不是人自发形成的，需要人的内在动力来唤醒治理意识，激发主体自发性。因此，基层社会治理评价主体和被测评主体均需完成从自觉性到自发性的转变。第一，建立自觉性规则，对测评主体而言，其自发性的形成需要外在规范的约束，严格的评价标准和规程有助于其实现对相关行为自觉性约束，从而避免主体评价的偏差。第二，完善政策导向和激励惩戒机制，政策导向直接从外源环境促使评价主体形成客观公正、理性评价的意识，起到了激励作用。同时，激励惩戒机制能够进一步激发评价主体和被评价主体的自觉意识，促使他们遵循客观实际，作出正确的行为选择。第三，注重个体自发意识的培养，激发治理理念。个体应当加强理念和意识培训，激发对基层社会治理的参与意识和绩效评价的公正意识，从而提升基层社会治理的整体效能。

二、基层社会治理绩效评价的客体视角
——治理面向的现实情境

社会治理的客体维度实际上关注的是对"治"的规范，其核心在于规范公共权力的运行和保障私人权利的实现。社会治理的构建应以"将权力关进制度的笼子"

为策略，以推动依法治权和依法维权的实现。本书认为，中国基层社会治理的目光应聚焦于现实生活的具体场域，而非仅仅着眼于未来可能的生活图景。数据测量作为一种技术手段，其背后所反映的基层社会治理的"短板"，这才是我们真正需要直面的现实问题。基层社会治理绩效评估作为一种诊断式工具，具备描述、监测、对比和预测的功能。其根本目的在于提升社会治理的效能，监督权力运行的规范性，提高决策的科学性和民主性，以及推动基层社会治理的实践创新。基层社会治理绩效评估的深入应用应当识别并弥补治理的短板，关注不同群体的利益诉求，记录政府治理实践的行动轨迹。这样的治理能够以一种可见的方式运行，而治理的场景化也是基层社会治理绩效评估应当关注的一个重要实践维度。通过这种方式，我们可以确保治理实践更加贴近民众的实际需求，从而实现更加有效和公正的社会治理。

从基层社会治理建设的客体角度出发，基层社会治理绩效评估虽然能够在实践层面验证治理的实际成效，并实现不同区域间治理绩效的横向比较，但它本身也存在局限性。这些局限性包括复杂的客观因素、主观因素、评估侧重点的差异性以及研究方法的不足，这些因素都可能限制评估效能的充分发挥。正如社会治理的建设是一个逐步实现均衡发展的过程，基层社会治理绩效评估的深入应用也是一个渐进的实验过程。简而言之，要确保评估的有效性，需要把握好以下几个关键点：第一，明确基层社会治理绩效评估的价值基准。在社会治理的背景下，主观上应坚守良法善治的价值导向，推动基层社会治理的普适价值与本土资源的有机结合，不断在事实与规范之间进行权衡；客观上则要求基层社会治理的价值要素与实践相契合，比如普遍守法、公权力的限制、私权利的保护以及民主程序的遵循。第二，基层社会治理的量化评估方法应与政府治理社会的各个方面相协调。当前，对于基层社会治理的各个方面，应防止基层政府抱有不切实际的期望，避免盲目跟风，确保基层社会治理不会沦为政绩工程，而是真正服务于民众，解决实际问题。

三、基层社会治理绩效评估的时空视角
——规则系统与行动逻辑的并行不悖

从时间维度来审视，基层社会治理体系不仅构成了一套规则系统，更是一个生动的行动逻辑体系，其中时间和空间是基层社会治理形成和运作的基本要素。基层社会治理应当融合可行性的生活场景与可欲性的理想追求，共同描绘出"中国之治"的宏伟蓝图。在解决当前民众面临的社会需求问题时，通过实地调研和反馈活动，实现国家与政府供给同民众需求之间的有效对接，从而推动基层社会治理向精细化、实效化和服务化发展。基层社会治理绩效评价，作为微观层面治理效度的评估实践，应当通过实证研究来回应国家治理体系和治理能力现代化过程中遇到的各种挑战和困境。其主要任务是将制度优势转化为实际的治理效能，这是一项根本性的挑战。通过这种评价机制，可以确保基层社会治理不仅在理论上可行，而且在实践中有效，真正满足民众的需求，提升社会治理的整体水平。

从空间维度来观察，"良法善治"已成为中国乃至全球追求的国家和社会治理的典范。基层社会治理的经验和模式，以及由此发展出的理论，不仅属于中国，更是全人类共同的财富。在设计基层社会治理绩效指标时，我们强调"本土化之治"的特色，将"枫桥经验"等治理理念融入指标体系，涵盖自治、法治、德治、政治、智治等多元治理理念，这是中国特色的实践创新。基层社会治理作为一种"规则之治"，将制度构建的前瞻性与客观现实的实践性相结合，实现了从制度效能到实践效能的跨越。因此，社会治理应被视为一种"实践向度"。在破解基层社会治理绩效评估的实践困局时，我们应当兼顾社会治理的时空维度，既要体现对规则的尊重，也要保持开放的态度，吸收全球范围内的优秀成果和本土资源。基层社会治理绩效评估不应仅仅作为一种衡量工具，而应发挥其正向激励的功能。在行动逻辑层面，它应促进"良法善治"的实现，通过评估实践来推动基层社会治理的创新和发展，确保治理模式能够适应不断变化的社会需求和挑战。通过这样的评估机制，我们可以确保基层社会治理不仅在理论上先进，在实践中也能有效解决问题，为构建和谐社会提供坚实的基础。

综合上述观点，基层社会治理体现了主体构建性与客观现实性的有机统一。它不仅关注国家治理制度和架构的整体建设，也着眼于微观治理实践中的困境解决，以及理论到制度的跃升。因此，基层社会治理的建设不仅具有当前的紧迫性，也对长远发展产生影响。基层社会治理绩效评估——作为这一宏伟蓝图的微观观测和实验创新，承载着对其能够回应法治实施本土情境的期待。它需要不断完善理论视角和实践维度，以充分发挥其正向激励功能，成为推动实践创新的治理工具。通过这样的评估，我们期待能够激发基层社会治理的活力，促进治理模式的持续改进和创新，确保治理实践能够适应社会的发展需求，为实现社会的长期稳定和发展提供有力支撑。

四、基层社会治理绩效评价的方法视角
——本土化的反思与优化

基层社会治理绩效评估的移植性质可能导致其原创性和想象力的不足，这意味着即使是引进先进的方法和成果，也可能并不完全适用于具体实际，缺乏必要的恰切性和适宜性。因此，基层社会治理绩效评价特别强调方法的科学性和概念的贴切性。基层社会治理绩效评价，作为一个抽象的理论概念，通过科学的评估方法能够实现对基层社会治理的精确理解，恰当地捕捉到特定时空背景下基层社会治理的真实情况。这种方法体现了建构主义的态度，即将科学表征的方法论融入基层社会治理绩效评估的知识生产过程。然而，基层社会治理绩效评估不可避免地存在方法上的局限性。无论是数据收集还是统计技术，这些方法都可能带有研究者自身的价值取向。即便某种方法在特定区域或时段能够收集到准确的资料，但这并不意味着它在其他地区或时间也具有同样的适用性，能够同样有效地捕捉到基层社会治理的真实面貌。此外，基层社会治理绩效评估方法在功能上也存在空白。例如，相同的数据可能会有不同的解读，并不能直接推导出一个治理指数。这些都直接影响了基层社会治理绩效评估结果的公正性和实效性。因此，为了提高评估的准确性和实用性，需要不断探索和完善评估方法，确保评估结果能够真实反映基层社会治理的实际情况，并为政策制定和实践提供有力的支持。

以世界正义工程（World Justice Project，WJP）法治指数的定量分析为例，该项目通过精心设计的问卷分类，推出了面向普通公众的调查问卷（General Population Poll，GPP）和面向各领域专家的调查问卷（Qualified Respondent Questionnaire，QRQ）。WJP问卷设计包含两大类问题：基于经验的问题和基于感知的问题。基于经验的问题要求受访者依据个人经历作答，虽然这种提问方式的应用范围有限；而基于感知的问题则通过设定假设情境，对那些无法亲身经历的情况进行探索，从而提供有价值的替代信息。从国际经验来看，问卷调查法在基层社会治理

绩效评估中占据显著地位，并被广泛认为具有较高的可信度。在中国，受教育水平与发达国家相比存在一定差距，许多人不愿意透露内心的真实想法。即便是在匿名问卷的情况下，受访者可能出于对隐私的担忧或对社会期望的敏感性，而不愿表达真实感受。因此，若在中国的基层社会治理绩效评估中引入类似世界正义工程的民意调查，可能会遇到更多的问题和挑战。特别是当问卷涉及隐私或敏感问题时，受访者可能会因为社会期望性或需求特征的影响而隐藏真实想法或揣测调查者的意图。除了问卷设计，李克特量表等指标测评工具在社会调查领域也得到了广泛应用，其分析结果普遍受到认可。这些工具的应用进一步增强了社会调查的科学性和准确性。因此，在借鉴国际经验的同时，我们需要深入考虑本土文化和社会特点，以确保评估方法的有效性和适应性。

然而，李克特量表在应用于教育水平较低的受访者时存在明显缺陷。要求这部分人群精确地量化他们内心态度的细微差异是非常困难的，这无疑会大大降低调查结果的可信度。在设计基层社会治理绩效评估的具体指标时，如果受访者缺乏亲身体验、理论认知，或者不具备敏锐的观察力和深思熟虑的意识，他们很难提供准确的态度和明确的答案。在日常生活中，人们对于生活的感知往往处于两极之间的模糊地带，比如好与坏、喜欢与不喜欢、对与错等，他们的态度可能在这两端之间徘徊，或者感到困惑不清，不知道如何选择。李克特量表的五分法设计，尽管旨在提高测量的精细度，但在实际应用中，由于上述原因，其精确度和准确性往往受到严重影响。因此，对于基层社会治理绩效评估的问卷设计，需要考虑到受访者的实际能力和心理状态，采用更符合目标群体特点的评估工具。

在借鉴国际经验，将量表应用于基层社会治理绩效评估的民意测验时，我们面临的挑战不仅包括因精确度不足可能导致的偏差，更关键的是，量表在引入后需要根据本土情境进行必要的修改和调整。这一过程中，必须对量表进行信度和效度的检验，以确保评估结果的精确性和客观性。基层社会治理绩效评估的方法可比性，虽然体现在我们可以引进和借鉴国外的量表内容确实具有借鉴意义和研究价值，但这种引进必须建立在深入考虑本土文化和社会历史背景的基础之上。进行比较研究时，我们必须充分考虑到本土的社会情境性和方法的妥帖性。对于当前基层社会治理绩效评估方法的研究而言，应持开放的态度去发现和解决有意义的问题。方法始终是为目的服务的，基层社会治理绩效评估的研究能否触及中国当前社会治理建设的实际运行状况，这正是其知识贡献和研究的根基所在。因此，我们在研究中应当以开放的心态，结合本土实际不断探索和完善评估方法，以确保其能够有效地支持基层社会治理的实践和发展。

纵观当前的基层社会治理绩效评估实践，基层社会治理绩效评估的研究呈现出移植性有余而本土化不足的特点，研究方法和技术手段的实证性和实用性均存在着不足的问题。通过与域外基层社会治理绩效评估项目的比较，我们发现中国的基层社会治理绩效评估的研究架构仍旧采用的是西方的分析模型和范式，这种研究本身就是存在疑问和争议。基层社会治理绩效评估的理想状态应当是一面镜子，能够找出社会治理建设的缺陷和短板所在，从而找出问题，解决问题，为决策服务。但是，对于当前中国的基层社会治理绩效评估而言，基层社会治理绩效评估的理论基础仍旧难以体现出中国社会治理建设的文化特性，通过对比国内已有的基层社会治理绩效评估项目，比如余杭法治指数、司法透明指数、司法文明指数等，发现其对法治内涵的界定大多是从西方经典法治理论中寻找依归和基石。这种人为建构出来的法治内涵，实际上仍然难逃西方主流法治观念的束缚，未必是生活在中国的民众所实际感受到的真切存在的法治实施状况。基层社会治理绩效评估不是为了评估而评估，它的终极目标在于能够通过精确、客观的法治诊断，帮助有关部门了解社会治理建设的短板和缺失，找出症结所在，以便进行更有针对性的改进和优化。探究本土特色的基层社会治理绩效评估，关注中国基层社会治理绩效评估的特点以及亟待解决的问题，基层社会治理量化评估的方法必须融入基层社会治理现象的分析和研究。

显然，当前国内的基层社会治理绩效评估在本土特色上存在明显的不足。这种评估往往基于西方经典法治理论的对照，而忽视了中国社会独特的法治现象和运行规律，未能充分考虑到生活在这个社会中的人们对法治的理解和行为模式。这种从一开始就受到西方文明影响、缺乏独立思考的态度，与评估工作所要求的严谨求证和科学客观精神并不相符。对于当前基层社会治理绩效评估实践中的移植和模仿之风盛行，而并没有踏踏实实真正地关切到中国当下的社会治理建设的事实，即便是拥有一套看似完善的研究方法和技术手段作为支撑，以西方社会的法治模型作为参考来开展研究，但其结果由于缺少了对于本土的社会情境的清醒认知和理解，由此得出的结论很有可能产生"南橘北枳"的负面效应。因此，对于基层社会治理绩效评估中无论是理论准备还是实践样态的种种谜题，我们需要以一种反省和批判的态度关注隐藏在评估背后的法治运行的实际状况和运作规律，真正观照到当下本土特色的实际意义。

实际上，基层社会治理绩效评估本身就是一项实用且基于实证的活动，其实施与深化应当遵循一个本土化的试错和完善的过程。其关注的就是治理的实际运行状况，研究的素材也应当是中国当下真真切切存在的实际问题。因而基层社会治理绩效评估的方法论基础乃是实证主义，这就决定了其应当具有工具理性，成为中国基层社会治理的有力抓手和新的增长点，进而融入世界法治文明的历史潮流。基层社会治理绩效评估试图采取自然科学的认知模式作为方法论的基础，基层社会治理绩效评估的作用也被认为是发现社会治理建设中的短板，并提供解决方案。基层社会治理绩效评估是建立在实证基础上以实用为导向的量化评估研究，其生存与发展必须考虑到对移植而来的方法和概念进行"本土化"的反思和优化，在考虑本土情境的基础上慎重地选择研究方向。

结语一　基层社会治理的重要地位、内在逻辑与优化路径

习近平总书记在党的二十大报告中强调，"完善社会治理体系，健全共建共治共享的社会治理制度，提升社会治理效能"，突出强调了完善社会治理体系的努力方向和工作要求。推进我国基层社会治理现代化是提升我国国家治理体系和治理能力的重要抓手，也是提升人民幸福感和满意度的重要途径。因此，准确认知基层社会治理的重要地位，明确把握基层社会治理的逻辑关系，探索完善基层社会治理的优化路径是当前提升社会治理效能亟待解决的重要问题，也是本书关注的重点。

一、基层社会治理是国家治理体系的基础

基层社会治理作为国家治理体系的一部分，具有非同寻常的意义、地位。①一方面，基层所涵盖的范围广、涉及的主体多，是广大群众正常开展生产、生活的基本场域。另一方面，基层社会的矛盾与问题复杂多样，基层社会的治理状况是国家整体治理水平的微观体现。因此，对基层社会的有效治理不仅是国家政策得以落实的重要依据，也是实现国家治理体系和治理能力现代化的重要基础。以

---

① 基层社会治理是国家治理的基础，是整个社会治理的核心，是推动国家治理体系和治理能力现代化的内生动力。基层社会治理涉及面广，不仅密切关系到党和国家大政方针的贯彻落实，也对群众切身利益和城乡社区的和谐稳定有着重要影响。基层是国家治理的"神经末梢"，是公共服务供给的"最后一公里"。社会治理的重心在基层，社会矛盾问题大量集聚在基层。因此，解决好基层社会治理中存在的诸多问题，直接关系到民众的满意度和幸福感，直接关系到我国基层社会的长治久安。同时，基层社会治理是国家治理体系和治理能力现代化的重要组成部分和重要衡量标准。

"枫桥经验"为代表且在不断创新的诸多基层治理模式的探索、实践及所取得的成效也反复强调着基层社会治理之于国家治理的特殊意义。基层社会治理能力与水平的提升体现在其运行机制上，也体现在公众的参与程度与参与实效上。只有基层社会治理能力与水平提升，才能从根本上提高国家治理体系和治理能力现代化水平。总体而言，基层社会治理不仅是"党的领导"的实现路径和"国家政策"的落地媒介，也是"政府治理"的现实归宿和"市域治理"的重要基础。

（一）基层社会治理是"党的领导"的实现路径

党的领导在基层社会治理中起着关键作用。在党的领导下，基层社会治理才有了保证，才能在和谐、顺利的环境下平稳运行。党的领导体现在构建基层社会治理的顶层设计层面，而基层社会治理所做的各项工作中运用的方式、策略、技术、手段均表现出"党的领导"的具体化和现实化。在基层社会治理的各环节、全过程均体现出党的引领作用，如基层的脱贫攻坚，党员干部冲在一线，以身作则，乐于奉献，真正将自己投身于基层治理建设当中；提高基层社会治理的覆盖范围，应进行网格化管理，每一网格都由党员干部管理，细节化、精细化、紧凑化，使得每一位居民的矛盾都能够被重视，每家每户的问题都得以解决；将党的路线、指导方针、政策等宣传到人民群众当中，不能只喊口号，而应注重实施，将路线、方针、政策等落实到位，使得人民群众从中受惠，提高其满意度和信赖度。

人民群众的重要地位在党和国家治理社会的过程中得到了全面的体现。人民福祉、群众利益是始终不能忘记的重点。无论是社会建设还是社会治理，都要以人民群众为中心。即使基层社会治理过程困难重重，也要迎难而上，以具体有效的措施为群众服务。解决了老百姓的生活问题，老百姓自然会更加信赖党，对党的各项路线、方针、政策认可，这是一条通过实践得来的重要经验。① 党对国家的领导主要是思想领导和组织领导，其中，思想领导主要表现在基层社会治理的最小组织单位均建立了党组织，包括社区和社群，均会定期开展党的方针政策、党的理论等内容

---

① 党和国家在社会治理过程中，坚定不移的价值立场便是"人民至上"，保障人民当家作主。党的领导通过基层社会治理得以落实，党以人民为中心的价值立场也通过基层社会治理得以彰显。基层社会治理作为国家治理的组成细胞，是党领导人民实现中国特色社会主义国家建设目标的重要抓手。

的学习讨论，进一步深化对基层社会中党员群众的思想引领。而组织领导主要表现在基层社会的主要领导干部绝大部分是党员，主要原因还在于其具有党员的先进性和为民服务意识，进而能够在党的领导下实现基层社会的有效治理。

(二)基层社会治理是"国家政策"的落地媒介

改革创新的政策来自基层实践的发现、习得。长期以来，我们党在出台重要方针政策、作出重大决策部署前，都要深入基层调查研究，了解和掌握第一手材料，坚持群众路线，从而使我们的各项决策和工作部署集中民智，体现民意，反映民情。基层社会治理体系通过方针、政策等一系列制度性安排，对治理工作进行确认以及推进，直接促进、兑现、达成国家政策的落地。如近年出台的诸如"扫黑除恶"专项运动、"绿色发展"理念、"服务三农"等政策构筑起基层社会治理的公共政策体系，运动的展开和公共政策体系的构建最终会发挥其应有的作用，即影响社会治理尤其是基层社会治理的成效，基层治理以其独特的功能为国家治理、社会治理贡献力量。基层社会治理的一系列政策安排和措施保障绝不是纸上谈兵，而是通过诸如以上的具体措施予以展开，使得国家政策真正落实到群众生活当中，群众切实通过国家政策手段获益，解决矛盾，感受与反馈党的政策成效，这才是基层社会治理的关键所在。

国家对黑恶势力打击从未停息，① 只因其关系到社会安定，更关系到基层社会治理的成效。基层社会中存在的群众矛盾，这是属于生活层面的内部矛盾，其

---

① 2018 年 1 月 24 日，中共中央、国务院下发《关于开展扫黑除恶专项斗争的通知》(以下简称《通知》)，扫黑除恶专项斗争正式在全国范围启动。《通知》中强调，各地区各部门要进一步提高政治站位，切实增强"四个意识"，充分认识开展扫黑除恶专项斗争的重大意义，坚决打赢扫黑除恶专项斗争这场攻坚仗。该《通知》仍然将"扫黑除恶"作为一项政治运动开展，与先前不同的是从中共中央层面提出扫黑除恶，并明确提出严打"保护伞"、打早打小、除恶务尽、深挖彻查等要求，作为对于黑恶势力威胁基层政权稳定的现实回应。在《通知》中强调注重政治效果、社会效果、法律效果的统一，实现了现实、政治与法治三驾马车同向而行的效果。以党中央和国务院的名义发出通知，注重了政治优位，更有利于统合各方力量，共同实现对黑恶势力的治理，高站位也有助于保障治理效果。《通知》要求，在各级党委领导下，发挥社会治安综合治理优势，推动各部门各司其职、齐抓共管，综合运用各种手段预防和解决黑恶势力违法犯罪突出问题。把扫黑除恶和加强基层组织建设结合起来，既有力打击震摄黑恶势力犯罪，形成压倒性态势，又有效铲除黑恶势力滋生土壤，形成长效机制。

影响范围小，大多是基于对象之间，所以在处理时也较为简单，如安排相关人员进行调解就可化解纠纷，操作过程由党员干部或法律服务工作者负责，通过网格化等手段，解决起来往往简单且群众也比较配合。但扫黑除恶则不同，黑恶势力所产生的矛盾极为复杂，其受自身利益、恶性的驱使，为非作歹，称霸一方，且往往与当地官员勾结，解决起来相当困难，而且国家下达的普通政策难以落实，唯有靠强制。但扫黑除恶所影响的又是大范围的社会秩序稳定，在社会治理的过程中更是不可规避。国家治理水平要提高，基层治理要完善，黑恶势力必须坚决扫除。扫黑除恶不同于群众间纠纷解决，其顽固性强，盘根错节，在扫除和打击时必须采用特殊的方式和手段，必要时更要动用政治力量。这是扫黑除恶在基层社会治理中的重要性，绝不能忽视和懈怠。作为社会治理的专项任务，"扫黑除恶"专项斗争这一社会综合治理政策实现了政策执行的有效落地，附带了较强的政治性和政策性。在基层社会治理领域，党的领导力量与行政统摄辐射到基层，使制度推进与政策执行在基层党组织、政府部门的日常工作中常态化，促进社会治理政策的落实进入基层社区，并获得优先性地位与强劲执行力。这是基层社会治理制度执行的精准把控与政策有效落地过程中重要的组织机制和动力来源，最终实现将国家建构的制度体系转化成治理效能，实现国家良法善治和长治久安的目标。

(三)基层社会治理是"政府治理"的现实归宿

政府治理是基层社会治理的重要方式。政府治理在基层社会治理中占据重要地位。党的十八届三中全会将传统的政府管理模式转向政府治理模式。传统的政府管理模式注重通过政府单一控制的方式对社会进行刚性管理，这种政府管控的方式在 20 世纪八九十年代起到较为明显的效果，一定程度上契合了改革开放初期各项制度尚未完善和社会的无序和混乱状况。在刑事司法活动中，尤其表现在公安机关的"严打"政策，对维护基层社会秩序的稳定起到了关键的作用。此时，政府管理不仅是基层社会治理的重要方式，更是主要方式。但造成的后果就是基层社会活性降低，国家日益陷入"全能政府"的资源黑洞，基层执法的负累不断加重。随着经济秩序和制度体系的不断完善，基层社会秩序逐渐稳定，政府管理模式的弊端逐渐显露。加之，西方治理理论的引入促成我国政府管理模式的转型。

　　"全能政府"转向"有限政府"，政府成为"有所为有所不为"的服务主体。一方面，在国家大政方针的指引下，政府在法律授权之下从事各项社会服务工作，落实国家的政策，使政府真正成为便民利民的政府。政府在不断提高服务效能，简化行政审批流程，推进行政公开的同时，也在不断避免刚性的行政裁决和行政处罚，针对行政纠纷，通过柔性的行政调解方式化解纠纷，最大限度地修复社会关系，这成为解决基层矛盾纠纷的重要方式。另一方面，政府也认识到自身资源的有限性，引入社会主体的力量，进行社会治理，如社会组织、公民参与等。同时，政府也通过购买服务满足基层社会治理的需要。作为基层社会治理的主体，政府治理的重要作用就是培育其他治理主体的力量，进而弥补政府治理的有限性。多元的社会网络构造了多元的社会资本类型，而其中那些具有水平结构、弱关系、包容异质成员的连接性社会网络更加易于人们形成良好的人际关系，如互助合作、彼此信任，进而借助情感链接凝练社会资本存量，提升社会资本质量，最终成为提高制度绩效的润滑剂。① 从政府治理转型来看，其目的就是转变思路，将基层社会作为重要的服务对象，引入多元力量更好地实现基层社会治理。因此，基层社会治理的重要实现方式为政府治理。

　　政府治理是国家治理体系的关键部分，而基层社会治理又是政府治理的出发点和落脚点。唯有将基层社会治理落实到位，政府治理才有前进的动力和基础。在新时代，社会治理之下的基层治理无疑占据了至关重要的地位，实践证明，只有将基层社会治理处理好，群众的问题才能从根本上得以解决，政府治理才能卓有成效，国家治理体系和水平才能提高。政府治理要解决的正是基层社会治理中的问题，如政府简化审批程序，便是基于为基层营造良好的营商环境；政府推进环境政治，便是为了满足基层民众对于绿水青山的急切需求；政府开展扫黑除恶专项行动，便是为了巩固基层政权，打击违法犯罪，为基层社会的平稳运行营造良好的平安环境；政府推进行政公开，便是保障基层民众的知情权和监督权，将民众的宪法性权利通过现实制度和实践予以落实和贯彻。因此，基层民众的需求直接决定了政府的政策制定和政策执行。

---

　　① 焦俊峰，李晓东. 网络恐怖主义犯罪的治理路径选择[J]. 重庆大学学报(社会科学版)，2020，26(6)：176-185.

政府治理作为国家和社会治理的重要方式，其最终目的就是要满足"人民日益增长的美好生活需要"。由此可见，基层民众生活需要领域拓展、层次提升。[①]而政府治理能否满足民众的现实需求，其最终评价主体仍然在基层民众，基层社会治理成效真实地反映了政府治理的实际效能。因此，构建基层社会治理评价指标体系的目的也就是希望有效衡量政府作为社会治理的重要主体的治理成效如何，进而使治理成效能够得到相对全面和准确的呈现。政府各项方针政策直接需要基层政府部门进行落实，基层政府所面临的"上面千条线，底下一根针"的困局才能打破，实现基层社会的有效治理，这也是政府的职权收缩和执行机制不断改革所力求达到的目标。从这个角度而言，基层社会治理的成效直接反映政府治理的成效，基层社会治理是政府治理的落脚点。

（四）基层社会治理是"市域治理"的重要基础

基层社会治理是"市域治理"的重要组成部分。基层社会治理从行政层级上看包括农村和城市的基层，其中所谓的"基层"包括街道一级和乡镇一级，自然而然，城市社区和农村社区也纳入基层社会治理的范畴。张文显教授认为，省域、市域、县域治理均属于地方治理范畴。地方治理与国家治理共同构成了一个有机整体，"市域"治理介于省域治理与县域治理之间，具有承上启下的枢纽作用。[②]因此，市域治理应然地统合了县域治理，其主要是出于一种整体性考量，即城市的资源富集，公关决策能力和水平更高，进而更有助于实现资源的合理配置，经济、政治、社会、文化、环境等的综合治理和系统治理。

同时，基层社会治理作为其中的重要子系统对其他治理子系统起着基础性、保障性、关键性作用。[③]不仅如此，"市域治理"作为一个新概念，不能固守在"市区"这个特定的行政层级。市区既包括市区/城区，还包含本市区划内的县域、

① 参见央广网.论新时代我国社会主要矛盾的变化［R/OL］.［2021-05-25］. https：// baijiahao. baidu. com/s？ id＝1632751523652289465&wfr＝spider&for＝pc.

② 参见龚廷泰."整体性法治"视域下市域社会治理的功能定位和实践机制［J］. 法学，2020（11）：125-138.

③ 张文显.新时代中国社会治理的理论、制度和实践创新［J］. 法商研究，2020，37（2）：3-17.

镇(乡)域和乡村。① 从这个意义上讲，基层社会中乡镇乃至城市和农村社区应然地属于市域治理所关注的范畴。因此，市域治理既需要统筹全市的工作，做好市域与县域工作的衔接协调工作，又需要利用其资源优势，对各区县、街道乃至社区的资源进行合理调配，只有基层社会得到均衡发展，市域治理的成效才能更加显著，市域治理的最终目的才能实现。因此，基层是城市的组成细胞，不能将基层与城市天然割裂，城市的发展更需要统筹基层的发展，确保基层相对均衡的发展活力，因而基层社会治理是城市社会治理的重要组成部分。

市域治理是国家治理和社会治理的重要内容，而基层社会治理是市域社会治理的重要实现方式，因为治理的重点在基层，基层社会治理又是市域的重要组成部分，也就是说城市治理的下位是基层治理。由此看来，解决好基层治理，城市治理也就得到了保障。所以应明确基层治理在市域治理中的关键作用。市域治理之所以成为国家治理和社会治理的重要内容，就在于其可以更好地调配资源，实现对宏观社会环境的研判和对社会风险的预防，而基层社会治理作为国家治理的"显微镜"和"放大镜"，对于基层安全风险如果能够加以有效地预防才能够实现市域治理的价值和目标。同时，良法善治是实现市域社会治理现代化的价值依归，城市掌握着地方立法权，而地方立法权的践行也需要从基层着手，地方立法权的重要目的就是通过对基层的能动反映，进而实现社会所追求的公平正义、和谐有序。这与基层社会治理所追求的价值和目标是一致的，所以市域治理的实现路径仍然需要从基层着手，基层社会治理是市域社会治理的重要实现方式。

二、明晰治理主体关系是基层社会治理的内在逻辑

习近平总书记曾多次强调："基层是一切工作的落脚点，社会治理的重心必须落实到城乡、社区。"②可见，实现对基层社会的科学、有效治理是优化整个社会治理水平、提升整个国家治理体系和治理能力的重要基石。社会治理方略的具

---

① 龚廷泰."整体性法治"视域下市域社会治理的功能定位和实践机制[J].法学，2020 (11)：125-138.

② 习近平.社会治理的重心必须落实到城乡、社区[R/OL].[2021-05-25].http：//politics.people.com.cn/n1/2016/0305/c1024-28174494.html.

体落实与基层社会治理的实践都离不开其基本构成要素作用的发挥，而构成基层社会治理这一庞大治理网络关系的要素主要包括各级政党、政府、社会化组织以及人民群众等，在论及基层社会治理问题时必须优先明晰治理主体间的相互关系和运作机制——统筹于国家治理政策之下的党委领导、政府负责、社会协同、公众参与的相互协作、有机衔接的总体路径。

（一）党委领导

在基层社会治理系统中，明确不同治理主体所扮演的角色与职能定位是顺利开展基层治理的基础。"政党治理"的过程是追求政治合法性（political legitimacy）[①]和治理现代化[②]的过程，是政党不断调整自身、提升治理手段、扩大治理内容，以达到治理体系中不同主体之间运作机制的完善、组织制度的健全以及配合协作能力的提升，实现主观与客观、理论与实践、治理能力与治理制度之间的相互契合。[③] 政权的合法性集中反映在民众对政府和政党的支持度、公共决策的参与度以及法律制度的遵循度。它也反映了一个党对国家治理的核心领导力和指引力，并作为解释基层社会治理绩效水平的重要依据。党的各项会议、通过的文件，都在不同程度和方面体现了"政党治理"的关键。

党的领导通过各级党组织渗透到基层，再通过各基层党组织将党的领导全方位覆盖，辐射至各地，形成党建引领基层社会治理的样态。基层社会治理论域中，基层的行政区域包括县级及以下，参与基层社会治理的党委与政府部门也相应包括县级及以下的组织和部门，在乡镇一级所成立的基层党组织或党在村、社、街道、社区等成立的基层组织，以及在行政机关、企事业单位、社会组织等不同主体成立的基层组织。不论是中央还是地方抑或是基层，党的领导权力都明

①　"政治合法性"是一个学术化（政治哲学）的概念，也是一个现实性很强的术语。有人把它解释为正当性、正统性、合理性，说明政府实施统治在多大程度上被公民视为合理的和符合道义的。也有人把它定义为"认受性"，即认可、认同并接受的意思，反映统治者（政府当局）与被统治者（公民）在观念和价值追求上的一致性（共识）。

②　"现代化"这一概念，最初来自经济领域，指经济上落后的国家通过提高技术水平，使传统制度适应于各种功能性变化。政党治理现代化从经济领域延伸而来，其本质就是现代性，要求把现代性视为衡量政党治理的标准。

③　王长江. 政党现代论[M]. 南京：江苏人民出版社，2004：29.

显体现出"条块结合"的特点。就党对基层领导而言，如一般乡镇一级或街道以及各村、社区的党组织所具有的领导权以及党在不同机关单位、组织团体等设立的党组织所具有的领导权与中央及地方各级党的领导权力相比，基层党组织主要负责对党的重大决策部署及方针政策的执行和落实，以及对所在基层地区各单位工作人员的监督和当地民主自治的维护。要将责任充分落在各级治理主体上，党委和政府的工作议程中要吸纳社会治理创新的重要内容，政绩考核指标体系在地方党政系统中充分发挥应有的效用。不同基层机关要突出政治功能和组织力，完善基层组织体系，打破行政壁垒，强化系统建设和整体建设，将各街道及其所辖范围内的社区网格员、党员及各党组织的作用得以联合，使各单位部门、行业领域及其党组织与广大群众之间形成合力，建成各主体间相互协同、整体联动的共建共治共享的共同治理新格局。

(二)政府负责

人类社会较早对与政府相关的现象展开了研究，早在古希腊时期就有学者提出"政治正义"学说，虽然长久以来学界展开的相关研究直接促进了国家发展与社会进步，但学者们对"政府"的定义并未达成共识。当前学者们对政府定义所作的研究主要可以分为广义与狭义两种。广义的政府包括了国家立法机关、行政机关、司法机关，是一个国家行使国家权力的全部主体，该理论主要源于"国家与社会""权力与权利"二元对立的思想，将一切行使公权力的机关均视为政府机关，因此，便应然地包括立法、司法、执法以及行政管理的权力。狭义的政府是指行使国家行政权力的组织体系，主要指国家行政机关。以上两种政府的定义都体现出了国家与政府之间密不可分的关系。换言之，政府是国家的代理机构，是国家意志的具体执行者。但鉴于司法权属性的被动性、独立性和立法权属性的专门性、独立性与行政权力的非独立性存在明显的区别。因此，本书所提我国基层社会治理中政府部门主要指政府行政机关这一单一主体。

我国对行政区域所进行的不同级别划分是国家实行分级管理的具体体现。本书基层社会治理论域中的基层主要是指狭义上的基层，开展基层社会治理的行政区域也主要指市级以下的行政区域，与之对应的基层社会治理中的政府也主要指县(区)级、乡(镇)级政府。需要强调的是基层村委会与居委会不属于基层政府，是我国民众进行自我管理、自我教育、自我服务的基层群众性组织。在我国政府体制中，县政府是衔接上级政府与基层乡（镇）政府的重要一级，其组织结构、职权范围与上一级政府基本相对应。在国家与社会的发展过程中，县政府承担着落实中央政策与农村政策的具体任务，同时也在很大程度上决定着该县域的经济发展。乡（镇）一级的政府包括乡、民族乡、镇的人民政府，是国家最基层的政权组织。乡（镇）政府作为相对直接与民众产生正面交流的基层政府，往往承担解决各种民众与政府之间的矛盾和问题。民众对各项工作的不满、对政策落实的质疑、对公共服务的新需求等都需要乡（镇）政府出面调解和解决。

政府治理系统之所以被称为"治理系统"，并非意味着在该治理系统中只有政府一个主体的单独存在与运转。在政府治理系统中，我们想要更加强调和突出的只是政府的职能与作用。政府所扮演的不仅仅是一个单纯的参与者，在整个系统当中，要承担着责任者的角色，对国家与社会发展中的具体事宜承担起自己应尽的职责，政府治理系统的良性运转同样离不开与其他要素的良性互动。近年来，国家环境安全、生产安全、生物安全等方面的威胁与问题更加复杂，新的挑战和问题不断出现。因此，各级政府也在解决各类问题中积极承担责任、扮演不同的角色，从而承担基层社会治理中的政府责任。

（三）社会协同

基层社会治理是一种"以人民为中心"的治理方式。① 在一定程度上，其治理方式已经突破了传统的管理模式，强调多元主体参与、注重人民价值利益的实现。党的十八届三中全会关于社会治理体制的重要表述，除了保留党的十八大关于党委领导的提法以外，其他都有了新变化。通过融入多元主体、加强科技支撑，确立不同主体的地位和运作体制机制，注重社会治理的全面性等内容，极大地丰富和提升了我国基层社会治理的制度体系和治理效能。当前我国社会治理的目标就是努力提升社会治理效能，将制度优势转化为治理效能，实现国家治理体系和治理能力现代化。在多元主体共同构建的基层社会治理网络中，各种社会化

---

① 程竹汝，任军锋．当代中国政党政治的功能性价值［J］．政治学研究，2000（4）：30-35.

组织机构也是其中的重要组成部分。而且，随着其独特作用的凸显，实践中对社会化组织功能发挥的需求不断增加，随之也要求完善社会化组织的管理支持体系。

社区是基层社会的重要组成单位。基层社会治理基本可以分解为对不同社区的治理，它是一个区域化和群体化的概念，因而具有较为普遍的适用性和广泛性，契合了国家以地区为划分的国家治理模式，也契合当前科技支撑背景下基层社会治理网络化、精准化的发展趋势。在德国著名社会学家费迪南德·滕尼斯的论述中，"社区"是一种社会共同体类型，是一种高度"人口同质性"的群体，拥有相近价值取向，表现为"亲密无间""守望相助"的人际关系，它不是社会文化建构的结果，更多的是由地域、血缘、风俗、习惯等自然原因造就的。① 在社区与社会之间的区别呈现中，可以发现社区更为强调形成血缘、地域、习俗等因素，并且认为同一社区中的个体在价值偏好方面具有一定的相似性，而社会则更为强调民族性、文化性，这一论述中的社区与乡村之间具有许多的共性。农村由于受到地域、血缘等方面的影响，同村村民之间大多有不同程度的亲缘关系，彼此之间相互照应，比较熟悉与亲密。而大部分城市社区并非如此，聚集在不同城市社区中的个体受收入水平、价值观念等诸多因素的影响，与农村相比，亲缘关系的影响极弱，彼此之间的交流较少，是诸多不同的独立小群体。因此，当前我们对社区内涵和外延的界定也应当从多个方面入手，与不同的参照主体相比，其自身的含义就有所不同。与社会整体相比，社区是社会的构成要素，也可以称之为小的社会；与社会团体相比，构成社区的个体在职业技能方面并无统一要求；与政府相比，社区是在一定地域中生活的居民组成的自治组织，接受党和政府的领导。

社会组织是基层社会治理的重要主体。社会组织的内涵和管理机制等内容经历了诸多变化，直到党的十六届六中全会才正式使用"社会组织"这一名词，并在党的十七大后得到了进一步明确和认可。社会组织主要有广义与狭义两种理解。在广义层面，有学者主要强调社会组织服务于社会领域的特点，将社会组织界定

---

① 童星，赵夕荣."社区"及其相关概念辨析[J]. 南京大学学报（哲学·人文科学·社会科学版），2006(2)：67-74.

为：在政府与企业之外，向社会某个领域提供社会服务，并具有非营利性、非政府性、志愿公益性或互益性特点的组织机构。① 这一界定首先对社会组织的存在形式进行了肯定，认为社会组织也是一种组织机构，并且也明确认识到了社会组织的基本特点，也将社会组织与政府机关及一般的企业进行了明确区分，具有一定的合理性。也有学者认为，社会组织是指活跃于社会领域，相对独立于国家系统和执政党系统、市场系统，以分享社会权力、协调社会关系、提供社会服务为主要职能的组织机构。这一观点也将社会组织与党、政府等国家正式力量区分开来，同时也肯定了其在社会治理中的作用。

（四）公众参与

公民是基层社会治理的重要主体。公民参与理论的先驱谢尔·阿斯汀认为："公民参与是一种公民权力的运用，是一种权力的再分配，使目前在政治、经济等活动中无法掌握权力的民众的意见在未来能有计划地被考虑。"②公民参与的兴起源于对公民认识的深化和公民自身意识的崛起。因此，公民作为社会治理的重要力量，其参与程度很大程度上取决于对公民权利的明晰和公民社会文化氛围的营造。就公民权利的概念本身而言，同大部分基础性概念一样，都经历了产生、发展、完善、丰富的过程。早在古希腊时期，城邦尚未产生公民权利的概念，但产生了较为强烈和突出的权利意识，公民在国家各项事务中都扮演着重要角色，是国家事务开展的主体。③ 在公民概念的界定中十分强调公民的政治权利，而且公民的这一政治权利在国家的运行中发挥着重要作用。随着公民概念的发展，近现代的公民有权利选出代表各自意志和利益需求的代表，并由自己所选出的代表统一行使国家权力。这也体现了公民权利与国家权力之间的相互作用与联系，即国家权力的行使是对公民权利实现的保障，对公民权利的保障也能够进一步推动国家权力的运行。

在社会中，社会公众除去公民这一国家身份之外，每个人都在自己的工作

---

① 王名. 社会组织概论[M]. 北京：中国社会出版社，2010：6.

② Arnstein, Sherry. "Aladderof Citizen Participation", Journal of American Institute of Planers, 1969, Vol. 35.

③ 馨元. 公民概念之演变[J]. 当代法学，2004(4)：72-83.

岗位上扮演着各自另外的角色，可能是国家机关工作人员、企事业单位工作人员、自由职业者，也会是保安人员以及上文提到的社区工作者、志愿者等。但在公众治理系统中，我们在不否定以其他第二甚至第三身份参与治理并发挥作用的同时，更加突出以社会公众这一第一角色或者总体角色参与基层社会治理，即社会自治的作用发挥。社会自治主要有村民自治、社区自治和社会组织自治三种形式。社区自治的形式丰富了社会自治的内容，使社会自治得以具体落实。具体形式的社会自治若要得到贯彻落实，需要一些具体的、可操作的制度来辅助其运作。民主选举、民主决策、民主管理、民主监督就是具体的社会自治活动，社会自治主体就是通过一系列自治活动来行使社会自治权，践行社会自治制度。

三、作为治理标杆的"枫桥经验"是我国基层社会治理的东方智慧

从当代"枫桥经验"的成功实践中能够观察到对基层社会治理全方位、多维度的启发性做法，分析"枫桥经验"蕴含的劳动人民的智慧，探索其中的有益经验可以助推国家治理体系和治理能力现代化，彰显中国特色社会主义治理道路自信、理论自信、制度自信、文化自信。总结实践的优越性，和其他地区分享"枫桥经验"，为世界上其他发展中国家提供基层社会治理"中国模式"，彰显"中国智慧"。"枫桥经验"作为一个善治的优秀样本，具体做法具有重要的理论和实践意义。

(一)注重联动融合，增强治理活力

共建共治共享的社会格局之形成，并非意味着各主体的各种治理措施的加权计算，过去各行其是、分割单干的思维模式和行为方法难以促成系统、合理、有效的体制机制的建成。统筹协调、遥相呼应、群策群力、同心协力、协调配合的范式是目前所追求的社会治理效果，打破"头痛医头、脚痛医脚"的被动局面，摆脱过去"部门壁垒、条块分割、内部掣肘、各自为政、线上线下脱节、部门主义、协同困难"等问题在枫桥地区的各职能部门协调运作中尤可得见。例如，枫

桥地区在党委领导下，建立信息整合与共建机制，打通政府相互间、政府部门内部间、政府与市场、政府同公民之间的联通渠道，强化考核评价机制，尤其是对协同、配合、责任分担程度进行考察，以期避免因治理主体多元化带来的"制度梗塞、机制不畅、程序阻隔"等风险，争取通过多种治理方式综合运用实现治理方式的有效融合、主体之间的整体联动以及治理资源的流通共用，充分激发治理活力，全面提升基层社会治理水平。

(二)注重开放共治，打造社会治理共同体

在传承和创新"枫桥经验"的各基层地区，基本实现了专业正式力量与社会非正式力量相结合的多元主体治理格局，并在实践中充分体现和强调了人民群众作为核心主体所发挥的重要作用。传承和创新"枫桥经验"的各基层地区在构建社会治理共同体、实现共建共治共享新格局方面的做法，为其他地区提供如下示范作用：在全面深化社会管理体制改革方面，将其拟实现的目标任务转化为具体可行的方案，并在实施过程中进行逐个立项，设有专门的项目负责人负责跟进和完成，并配以相应的考核标准。不仅实现了治理模式科学化、系统化、一体化的发展，也成功促使政府一改以往"单打独斗"的方式，杜绝行政资源垄断的传统模式，转而秉持"平等合作"观念，开启"政社合作"新模式，政府开始向社会购买服务，优化整合社会资源。此"三个转变"落实了党的十八大以来社会管理体制改革的各项政策。在开发多元治理主体方面，尤其表现在从各行业领域入手，发展专门的行业性社会组织，并制定专门的登记管理制度和办法，为社会组织的健康持续发展打造良好的社会环境和生存发展空间。在推进社会治理方式创新方面，更加强调市场化思维，注重建立市场机制，充分发挥利益引导与商业运作之于社会治理方式创新的启发性作用，并尝试通过多种市场化方式实现矛盾化解与风险防控。

(三)注重以人为本，增进成果普适性

以人为本，坚持人民主体地位是"枫桥经验"诞生、成长以及向纵深推进的一条生命线，是"枫桥经验"能够始终适应变化的社会情况、保持生长态势的主要原因。党的十九大之后我国社会主要矛盾发生变化，新的社会矛盾随之成为新

时代社会治理创新的主要依据。因此，坚持"人民至上"理念，将广大人民群众的利益实现和需求满足作为基层社会治理的出发点和落脚点，促成现代化的社会治理新格局便成为当前基层社会治理的主要目标。各基层地区不断传承和创新"枫桥经验"，为扎根人民、增进民生福祉不断作出努力：大力发展教育事业，重视乡村义务教育，缩小城乡差距，形成教育一体化；鼓励、支持、引导就业，制定积极的就业政策，促进高质量就业，实现各项就业创业政策落实落地；开展精准扶贫工作，注重扶贫政策的完善、落地，健全脱贫攻坚组织模式、考评体系、制度机制等；建设、完善社会保障体系，以"覆盖全民、城乡统筹、权责清晰、保障适度、可持续、多层次"为标准。各基层地区以人民群众为中心，保障人民的人身财产权、人格权，使人民拥有获得感、幸福感、安全感为价值导向的做法，能够使社会治理成果更加充实、更有保障、更可持续。

（四）注重运用法治方式，提高社会治理法治化水平

社会治理水平的全面提升离不开法治的保障作用。在全面依法治国背景下，社会治理只有走法治化道路才能使各治理主体的权利和利益得到保障，使治理方式和手段得到规范，真正打通"政府—市场—社会—公民"之间的联通渠道，实现多元主体之间的良性互动。法治化道路也是"枫桥经验"不断适应变化的社会情况，展现旺盛生命力的重要原因。多年来，"枫桥经验"走过的法治道路被推广应用于国家治理、社会治理体系建设中，能在多方面提供有益经验。例如，如何在明晰政府权责，社会组织、个人的权利义务方面运用法治经验；如何完善制度化体系，推进依法执政、依法行政、依法自治；如何开展法治教育活动，促进尊法、学法、守法、用法等法治理念植根于群众心中；如何多项举措并存，"软法""硬法"兼施，法规、纪律、章程、民约共同构筑社会治理的规范体系；如何深入人民群众，引导群众依法行使权利、履行义务，运用法律手段维护自身利益、解决矛盾纠纷，依法打击违法犯罪活动，保障《民法典》中规定的人身权、财产权、人格权等合法权益。与此同时，坚持以自治为核心、发挥德治的教化影响作用，并以法治为坚实保障，推进"自治、法治、德治"的相互融合，有助于缓解和调节法治需求与法治资源之间不匹配的问题。

四、机制优化是提升基层社会治理水平的关键

基层社会治理的机制运行是否科学高效，对整体治理能力与水平有直接影响。因此，不断优化基层社会治理机制，也是实现我国治理体系和治理能力现代化的重要手段之一，也是我国治理制度优势转化为治理效能的关键一步。

（一）构建基层社会治理的制度保障机制

基层社会治理制度保障体系随着中国特色的法律体系基本形成而逐步完备。国家制定的法律法规相继出台，结合地方立法权，形成基层社会治理领域的法律依据。宏观层面有法可依是保障基层社会治理有序推进的现实依据，基层社会治理法治化是实现经济社会各领域健康有序发展的前提。因此，当前我国已形成一套全方位、多层次的法律法规，使得基层社会治理组织机制、权责架构、运作程序、监督反馈等全方位、多层次得到保障。《关于在全国推进城市社区建设的意见》《关于深入推进农村社区建设试点工作的指导意见》《中华人民共和国民法典》等法律法规均对基层社会治理相关工作进行规定，基层社会治理的主要实现路径包括城市居民自治、农村村民自治、民众的基本权利义务、服务型政府的权力义务、民众监督权、结社权、言论自由权等得到保障。同时，《民法典》也赋予群众性自治组织特别法人资格，解决了自治组织的民事法律地位问题，进而提升了其社会活动的参与性和能动性，对自治水平和效能的提升起到重要作用。此外，基层社会治理相关法律制度的重要功能就是规范政府部门的行为，限定其权力边界，保障基层自治主体的合法权益。因此，在治理路径和治理方式的选择等方面，要以限制公权力、保障私权利为出发点与归宿。

在基层社会治理的实践过程中，需要不断完善相关制度性依据，实现基层社会治理的系统化、体系化、机制化，也要不断契合本地的实践，实现基层社会治理的地方化、特色化发展，上接中央大政方针，下对基层贯彻落实，对基层社会治理展开更进一步的探索和实践。设区的市政府拥有立法权，区一级的市及以下地方不具备立法权，但能够在国家、省、市法律政策框架下，结合地方实际，制定规范性文件，从制度和政策上支撑和支持基层社会治理。地方性法规、政府规

章、文件相继出台，用于指导本地区基层治理工作。在此过程中，以实体化、实战化服务基层法律建设为指导，坚持用制度规范约束行为主体，为基层矛盾纠纷化解和基层事务具体落实搭建公平公正的协商平台和制度框架。

(二)完善基层社会治理的组织协调机制

基层社会治理的有序推进，不仅依赖党委、政府机构主体起主导作用，还需要充分发挥社会组织成员的作用，构建起基层治理协同发展机制。基层社会中的矛盾和问题复杂多样，这便要求对基层矛盾和问题的处理需要遵循整体性思维，进行全面统筹规划。第一，确保各级党组织的领导核心地位。第二，在此基础上，保证各级政府对其本职工作负责，在法治框架下行使职权、履行职责，同时完善政府部门内部的监督和追责机制，实现对权力的有效监督和制约。第三，培育和发展行业组织、社会组织，将各类社会性组织协同起来，动员其他社会性主体的广泛参与和行动。第四，重视并积极鼓励和支持群众自治，充分发挥最广泛的群众主体的社会治理能力，为公众参与提供便捷、可选择的平台和渠道，在保障公众参与权的基础上，探索群众自治的新路径，以此实现多元基层社会治理主体的良性共治局面。建立完善基层社会治理工作联动协调机制，整合现有专业治理队伍力量，包括乡镇综合治理机构、村民委员会、居民委员会基层组织、社会组织等多元力量，构建多元化综合治理力量。探索建立起高效运行机制，包括信息共享、信息联动和报警等，确保这支治理力量发挥作用。利用科技手段增添新的治理力量，如利用网络、微信公众号、抖音等新兴媒体平台，把与群众利益相关的法律条款、具有典型代表意义的案例展现在公众面前。

(三)健全基层社会治理的监督反馈机制

我国已经建立起较为完备的监督体系，基本实现了对权力的全方位监控，包括人大监督、司法监督、内部监督、监察监督以及社会团体、基层群众和舆论监督等方式。多主体、多阶段、多层次的监督体系可以有效化解以往政府内部监督的弊端，形成更加完备有效的监督体系和机制。社会治理监督机制的健全，首先要从加强对党的内部监督入手，这便要求纪委监委对各级党组织有关党的政策方针落实情况、国家法律法规遵守情况以及其他纪律性问题制定相应方案，分别进行监督，针对不同身份、职位、级别的党员干部可采用更具有针对性的监督方式，并突出侧重的监督内容。其次，强化人大、政协等部门的监督作用，创新监督方式，完善监督流程，提升监督实效，适时调整监督、评议、检查方法，将监督运用于民主协商，全面提升决策水平，推进全过程人民民主的实现。再次，注重社会媒体的监督作用，互联网时代背景下社会媒体的监督效果日益提升，可将传统基础媒体平台与新兴媒体平台宣传相结合，做好对负面违纪违法行为的批判和对先进优秀事迹的发扬，规范媒体的引导作用。此外，在程序上严格把控，将监督的关口前移，加强事前与事中监督，提前展开针对各级领导干部的谈心谈话，一方面提前摸排问题，另一方面进行事前干预，从源头上帮助党员干部"拧紧螺丝"，促使各党员干部的工作理念与习惯由"管理为主"转向"服务引导"，真正增强党员干部的担当和服务能力。

打造共建共治共享的基层社会治理格局，构建行为共同体、利益共同体和命运共同体是其核心要义。基层社会治理作为一项系统性工程，需要对其内部各要素、不同要素之间的关系、权利责任（权利义务）职能、运行体制机制等内容进行明晰和判断，这既是一项构建性工程，又是一项因应性工程。通过以上分析，基层社会治理明显是一个多方协作、相互配合、分工明确、运转有序的系统性工程。其中需要较为明确的领导和价值引导，当前，对于基层社会治理仍然是构建性的，仍然需要不断完善相关制度体系，党对基层社会治理的价值进行引领，政府对基层社会治理的各项制度和服务工作予以落实，引导不同主体进行有序参与。当前，国家通过多种途径加大对基层的资源投入力度，如政策导向聚焦"三农"问题、实施乡村振兴战略，在城市聚焦智慧城市、平安城市建设，为基层社会治理指明方向，并不断加强资源倾斜。在一定程度上，基层社会治理也逐步向因应性转变，即解决当前基层社会中存在的重大现实问题，着力提升治理效能。但这些仍然是自发性的，即通过外在制度创设，使得不同主体不得不遵循。而真正的基层社会治理实现需要从自发性向自觉性转化，将治理理念内化，使民众能够自觉参与基层社会治理，实现治理主体与治理客体的统一，进而真正提升治理的效能。

结 语 二

本书围绕"枫桥经验"视域下的基层社会治理绩效评价研究而展开,"枫桥经验"作为基层社会治理的典范,已然形成了相对丰硕的理论成果和实践成果。然而在如此丰硕的成果当中,在一定程度上存在着不同地区的特色版"枫桥经验"缺乏凝练和总结,"枫桥经验"的相关理论研究缺乏体系化和系统化,对于"枫桥经验"在基层社会治理中的应用成效缺乏验证等问题。本书正是立足于以上问题,希望对"枫桥经验"的相关理论和实践模式进行梳理,为"枫桥经验"的应用提供较为相对一般性的理论支撑和实践模式。诚然,当前已然解决"枫桥经验"的实践问题,但从实践到实践效用再到实践修正的问题一直未引起学者的重视,因此,为不同地区提供较为实用性和便捷性的基层社会治理绩效评价体系成为本研究的核心问题。

本书的成果主要分为两大部分。第一大部分主要凝练"枫桥经验"的基本内涵、基础理论、基本模式和体制机制,对各地的不同做法进行总结与升华,并通过实践调研提出"宜都模式是基层社会治理实践典型代表",通过"四部曲"即"坚持党建引领,找准法治社会建设着力点;坚持法治为纲,筑牢法治社会建设压舱石;坚持德治为序,凝聚法治社会建设软实力;坚持自治为基,激发法治社会建设源动力",取得了瞩目的基层社会治理成效。同时,本书也进一步对"枫桥经验"中所蕴含的诸多价值进行权衡,进而凝练出具有中国特色的"人民至上""实事求是""公平价值""和合价值""效率补充""数字正义"六大价值对基层社会治理实践予以指导,防止出现基层社会治理实践的价值异化和价值偏差,进一步使其契合"习近平新时代中国特色社会主义思想"和"国家治理理论与治理能力现代化"的要求。

第二大部分主要针对基层社会治理绩效评价体系进行理论证成、方案设计与问题解决。本书结合当前法治中国评价体系和各地治理指标体系的相关成果，本着科学化、合理化、便捷性的价值导向，设计相关指标体系，力求真正能够全方位、多领域测度各地基层社会治理实效，找寻相关短板和不足，进而在实践中予以修正和完善。基层社会治理绩效评价指标体系主要包括主体指标和客体指标两大方面。其中，基层社会治理主体指标体系包括"政党治理指标评价体系""政府治理指标评价体系""社会治理指标评价体系""司法治理指标评价体系"四个方面。基层社会治理客体指标体系包括"基层管理组织体系""基层管理服务体系""社会矛盾化解体系""社会安全防控体系""社会管理信息体系""社会信用诚信体系"六个方面。同时，本书还对基层社会治理评价指标运作过程中可能出现的基本模式问题、兼容性问题、本土化问题、实践化问题、监督问题等予以回应和解决。总之，本书从实践出发，最终回归实践，希望对基层社会治理绩效评价的落实和发展作出有益助力，也为基层社会真正实现"良法善治""长治久安"和"中国之治"贡献力量。

参 考 文 献

一、著作类

1. 中国法学会 . "枫桥经验"的理论构建[M]. 北京：法律出版社，2018.

2. 徐汉明 . 社会治理法治研究[M]. 北京：法律出版社，2018.

3. 徐汉明，林必恒，郭川阳 . 法治中国建设指标体系和考核标准研究[M]. 北京：法律出版社，2019.

4. 汪世荣，褚宸舸 . "枫桥经验"：基层社会治理体系和能力现代化实证研究[M]. 北京：法律出版社，2018.

5. 贾宇 . 新时代"枫桥经验"检察实践案例精选[M]. 杭州：浙江人民出版社，2018.

6. 范忠信，武乾，余钊飞，等 . 枫桥经验与法治型新农村建设[M]. 北京：中国法制出版社，2013.

7. 赵义 . 枫桥经验——中国农村治理样板[M]. 杭州：浙江人民出版社，2008.

8. 俞可平 . 治理与善治[M]. 北京：社会科学文献出版社，2000.

9. 俞可平 . 权利政治与公益政治[M]. 北京：社会科学文献出版社，2000.

10. 俞可平 . 国家治理评估——中国与世界[M]. 北京：中央编译出版社，2009.

11. 何增科 . 中国社会管理体制改革路线图[M]. 北京：国家行政学院出版社，2009.

12. 闫健 . 让民主造福中国——俞可平访谈录[M]. 北京：中央编译出版社，2009.

13. 燕继荣 . 投资社会资本[M]. 北京：北京大学出版社，2006.

14. 燕继荣 . 中国治理——东方大国的复兴之道[M]. 北京：中国人民大学出版

社，2017．

15. 燕继荣．走向协同治理——基层社会治理创新的宁波探索［M］．北京：人民
出版社，2017．

16. 冯仕政．社会治理新蓝图（社会卷）［M］．北京：中国人民大学出版社，2017．

17. 江必新，王红霞．国家治理现代化与社会治理［M］．北京：中国法制出版社，
2016．

18. 江必新，程琥．国家治理现代化与公正司法［M］．北京：中国法制出版社，
2016．

19. 江必新．国家治理现代化与行政法治［M］．北京：中国法制出版社，2016．

20. 江必新，程琥．国家治理现代化与依法执政［M］．北京：中国法制出版社，
2016．

21. 江必新．国家治理现代化与法治中国建设［M］．北京：中国法制出版社，
2016．

22. 江必新．国家治理现代化与制度构建［M］．北京：中国法制出版社，2016．

23. 何增科，陈雪莲．政府治理［M］．北京：中央编译出版社，2015．

24. 杨雪冬，张萌萌．大国治理［M］．北京：中央编译出版社，2015．

25. 杨雪冬，王浩．全球治理［M］．北京：中央编译出版社，2015．

26. 周红云．社会治理［M］．北京：中央编译出版社，2015．

27. 曹荣湘．生态治理［M］．北京：中央编译出版社，2015．

28. 陈家刚．基层治理［M］．北京：中央编译出版社，2015．

29. 梁治平．转型期的社会公正——问题与前景［M］．北京：三联书店，2010．

30. 张康之．社会治理的历史叙事［M］．北京：北京大学出版社，2006．

31. 王绍光．中国·政道［M］．北京：中国人民大学出版社，2014．

32. 童星．中国社会治理［M］．北京：中国人民大学出版社，2018．

33. 复旦发展中心．城市治理与中国发展［M］．上海：上海人民出版社，2009．

34. 张乾友．社会治理的话语重构［M］．北京：中国社会科学出版社，2017．

35. 田新红．治理基层中国——桥镇信访博弈的叙事，1995—2009［M］．北京：
社会科学文献出版社，2013．

36. 陈幽泓．社区治理的多元视角：理论与实践［M］．北京：北京大学出版社，

2009.

37. 马长山. 法治进程中的"民间治理"——民间社会组织与法治秩序关系的研究[M]. 北京：法律出版社，2006.

38. 马国贤，任晓辉. 公共政策分析与评估[M]. 上海：复旦大学出版社，2012.

39. 陈天祥. 社会建设与政府绩效评估研究[M]. 北京：东方出版社，2010.

40. 上海社会科学院政府绩效评估中心. 公共政策绩效评估：理论与实践[M]. 上海：上海社会科学院出版社，2017.

41. 周志忍. 政府绩效评估中的公民参与——中国地方政府的实践与经验[M]. 北京：人民出版社，2015.

42. 倪星. 中国地方政府绩效评估创新研究[M]. 北京：人民出版社，2013.

43. 包国宪，鲍静. 政府绩效评价与行政管理体制[M]. 北京：中国社会科学出版社，2008.

44. 郑方辉，冯建鹏. 法治政府绩效评价：民意调查与公共政策[M]. 北京：新华出版社，2014.

45. 郑方辉. 法治政府绩效评价实证研究[M]. 北京：新华出版社，2016.

46. 郑方辉. 法治政府绩效评价[M]. 北京：新华出版社，2014.

47. 马骏，牛美丽. 公民参与(当代西方公共行政学思想经典译丛)[M]. 北京：中国人民大学出版社，2009.

48. 刘玉东. 体系、结构与功能——新中国城市社区治理转型研究[M]. 北京：人民出版社，2016.

49. 杨冠琼. 公共治理创新研究[M]. 北京：经济管理出版社，2011.

50. 王灵芝. 网络舆情引导与政府治理创新[M]. 北京：人民出版社，2017.

51. 汪伟全. 地方政府竞争秩序的治理：基于消极竞争行为的研究[M]. 上海：上海人民出版社，2009.

52. 王涵. 美国进步时代的政府治理(1890—1920)[M]. 上海：上海社会科学院出版社，2013.

53. 周雪光. 中国国家治理的制度逻辑———一个组织学研究[M]. 北京：生活·读书·新知三联书店，2015.

54. 李惠斌，杨雪冬. 社会资本与社会发展[M]. 北京：社会科学文献出版社，

2000.

55. 周红云. 社会资本与中国农村治理改革[M]. 北京：中央编译出版社，2007.

56. 曹荣湘. 走出囚徒困境——社会资本与制度分析[M]. 上海：上海三联书店，2003.

57. 詹姆斯·N. 罗西瑙(James N. Rosenau). 没有政府的治理[M]. 张胜军，刘小林，译. 南昌：江西人民出版社，2001.

58. 罗伯特·D. 帕特南. 使民主运转起来[M]. 王列，赖海榕，译. 南昌：江西人民出版社，2001.

59. 罗伯特·D. 帕特南. 独自打保龄[M]. 刘波，译. 北京：北京大学出版社，2011.

60. 林南. 社会资本：关于社会结构与行动的理论[M]. 张磊，译. 上海：上海人民出版社，2005.

61. 埃莉诺·奥斯特罗姆. 公共事物的治理之道[M]. 余逊达，陈旭东，译. 上海：上海译文出版社，2012.

62. 埃莉诺·奥斯特罗姆. 公共服务的制度建构[M]. 宋全喜，任睿，译. 上海：上海三联书店，2006.

63. 埃莉诺·奥斯特罗姆. 制度激励与可持续发展[M]. 李梅，毛寿龙，译. 北京：中国人民大学出版社，2023.

64. 迈克尔·麦金尼斯. 多中心体制与地方公共经济[M]. 毛寿龙，译. 上海：上海三联书店，2000.

65. 埃莉诺·奥斯特罗姆. 规则、博弈与公共池塘资源[M]. 王巧玲，任睿，译. 西安：陕西人民出版社，2011.

66. 詹姆斯·博曼，威廉·雷吉. 协商民主：论理性与政治[M]. 陈家刚，译. 北京：中央编译出版社，2006.

67. 毛里西奥·帕瑟林·登特里维斯. 作为公共协商的民主：新的视角[M]. 王英津，译. 北京：中央编译出版社，2006.

68. 约翰·S. 德雷泽克. 协商民主及其超越：自由与批判的视角[M]. 丁开杰，译. 北京：中央编译出版社，2006.

69. 伊森·里布. 美国民主的未来：一个设立公众部门的方案[M]. 朱昔群，等，译．北京：中央编译出版社，2009.

70. 詹姆斯·菲什金．协商民主论争[M]．张晓敏，译．北京：中央编译出版社，2009.

71. 塞拉·本哈比．民主与差异：挑战政治的边界[M]．黄相怀，译．北京：中央编译出版社，2009.

72. 约·埃尔斯特．协商民主：挑战与反思[M]．周艳辉，译．北京：中央编译出版社，2009.

73. 詹姆斯·克里斯．社会控制[M]．纳雪沙，译．北京：电子工业出版社，2012.

74. 马丁·因尼斯．解读社会控制——越轨行为、犯罪与社会秩序[M]．陈天本，译．北京：中国人民公安大学出版社，2009.

75. 托马斯·海贝勒，君特·舒耕德．从群众到公民——中国的政治参与[M]．张文红，译．北京：中央编译出版社，2009.

76. 卡尔·古斯塔夫·荣格．寻求灵魂的现代人[M]．黄奇铭，译．上海：上海译文出版社，2016.

77. 卡伦·霍尼．我们内心的冲突[M]．温华，译．上海：上海译文出版社，2018.

78. 阿尔弗雷德·阿德勒．自卑与超越[M]．徐姗，译．北京：民主与建设出版社，2016.

79. 古斯塔夫·勒庞．乌合之众[M]．冯克利，译．北京：中央编译出版社，2011.

80. 刘易斯·芒福德．城市发展史——起源、演变和前景[M]．宋俊岭，倪文彦，译．北京：中国建筑工业出版社，2005.

81. 黎珍．正义与和谐——政治哲学视野中的社会资本[M]．北京：人民出版社，2008.

82. 周红云．社会资本与民主[M]．北京：社会科学文献出版社，2011.

83. 卜长莉．社会资本与社会和谐[M]．北京：社会科学文献出版社，2005.

84. 祝灵君．社会资本与政党领导——一个政党社会学研究框架的尝试[M]．北京：中央编译出版社，2010.

85. 黄立敏. 社会资本视域下的"村改居"社区治理研究[M]. 武汉：武汉大学出版社，2013.

86. 陆学艺. 当代中国社会结构[M]. 北京：社会科学文献出版社，2010.

87. 李强. 转型时期的中国社会分层结构[M]. 哈尔滨：黑龙江人民出版社，2002.

88. 李春玲，吕鹏. 社会分层理论[M]. 北京：中国社会科学出版社，2008.

89. 边燕杰. 社会分层与流动[M]. 北京：中国人民大学出版社，2008.

90. 李春玲. 比较视野下的中产阶级形成[M]. 北京：社会科学文献出版社，2009.

91. 李毅. 中国社会分层的结构与演变[M]. 合肥：安徽大学出版社，2008.

92. 涂肇庆，林益民. 改革开放与中国社会：西方社会学文献述评[M]. 香港：牛津大学出版社，1999.

93. 段若鹏，钟声，王心富，等. 中国现代化进程中的阶层结构变动研究[M]. 北京：人民出版社，2002.

94. 朱光磊，韩秀发，郭道久，等. 当代中国社会各阶层分析[M]. 天津：天津人民出版社，1998.

95. 许欣欣. 当代中国社会结构变迁与流动[M]. 北京：社会科学文献出版社，2000.

96. 李强. 当代中国社会分层[M]. 北京：三联书店，2019.

97. 陈家刚. 协商民主与国家治理[M]. 北京：中央编译局，2014.

98. 陈家刚. 协商民主与当代中国政治[M]. 北京：中国人民大学出版社，2009.

99. 王洪树. 协商合作视野下的民主政治研究[M]. 北京：中国社会科学出版社，2011.

100. 王绍光. 民主四讲[M]. 北京：三联书店，2008.

101. 刘瑜. 民主的细节[M]. 上海：上海三联书店，2009.

102. 王建勋. 驯化利维坦——有限政府的一般理论[M]. 北京：东方出版社，2017.

103. 何包钢. 协商民主：理论、方法和实践[M]. 北京：中国社会科学出版社，2008.

104. 金观涛，刘青峰．兴盛与危机——论中国社会超稳定结构［M］．北京：法律出版社，2011．

105. 金观涛，刘青峰．开放中的变迁——再论中国社会超稳定结构［M］．北京：法律出版社，2011．

106. 肯尼思·J. 皮克，罗纳德·W. 格伦思．社区治安与犯罪问题解决［M］．闫月梅，等，译．北京：中国社会出版社，2004．

107. 万川．首都社会治安整体防控理论述评［M］．北京：群众出版社，2010．

108. 宋宝安．社会稳定与社会管理机制研究［M］．北京：中国社会科学出版社，2011．

109. 桂勇．邻里空间：城市基层的行动、组织与互动［M］．上海：上海书店出版社，2008．

110. 赵晓峰．公私定律——村庄视域中的国家政权建设［M］．北京：社会科学文献出版社，2013．

111. 中共中央办公厅、国务院办公厅．关于加强社会治安防控体系建设的意见［M］．北京：人民出版社，2015．

112. 十八大报告文件起草组．十八大报告辅导读本［M］．北京：人民出版社，2012．

113. 十九大报告文件起草组．十九大报告辅导读本［M］．北京：人民出版社，2017．

二、论文类

1. 张文显．习近平法治思想的实践逻辑、理论逻辑和历史逻辑［J］．中国社会科学，2021（3）：4-25．

2. 张文显．习近平法治思想的理论体系［J］．法制与社会发展，2021，27（1）：5-54．

3. 张文显．推进全球治理变革，构建世界新秩序——习近平治国理政的全球思维［J］．环球法律评论，2017，39（4）：5-20．

4. 张文显．新时代"枫桥经验"的理论命题［J］．法制与社会发展，2018，24（6）：2．

5. 张文显. 治国理政的法治理念和法治思维[J]. 中国社会科学, 2017(4)：40-66.

6. 张文显, 朱孝清, 贾宇, 等. 新时代"枫桥经验"大家谈[J]. 国家检察官学院学报, 2019, 27(3)：3-37.

7. 张文显. 法治与国家治理现代化[J]. 中国法学, 2014(4)：5-27.

8. 张文显. 建设中国特色社会主义法治体系[J]. 法学研究, 2014, 36(6)：13-19.

9. 张文显. 构建智能社会的法律秩序[J]. 东方法学, 2020(5)：4-19.

10. 张文显. 新时代中国社会治理的理论、制度和实践创新[J]. 法商研究, 2020, 37(2)：3-17.

11. 张文显. "三治融合"之理[J]. 治理研究, 2020, 36(6)：5-8.

12. 张文显. 坚持以人民为中心的根本立场[J]. 法制与社会发展, 2021, 27(3)：2.

13. 张文显. 中国法治40年：历程、轨迹和经验[J]. 社会科学文摘, 2018(11)：64-66.

14. 陈一新. 新时代市域社会治理理念体系能力现代化[J]. 社会治理, 2018(8)：5-14.

15. 杜飞进. 创新基层党建推进社会治理现代化[J]. 人民论坛, 2015(25)：71.

16. 郁建兴. "三治融合"的持续创新[J]. 治理研究, 2020, 36(6)：8-11.

17. 郁建兴, 任杰. 社会治理共同体及其实现机制[J]. 政治学研究, 2020(1)：45-56.

18. 郁建兴, 黄飚, 高翔, 等. 浙江建设"重要窗口"的制度基础[J]. 浙江工商大学学报, 2021(1)：5-17.

19. 郁建兴, 任杰. 中国基层社会治理中的自治、法治与德治[J]. 学术月刊, 2018, 50(12)：64-74.

20. 郁建兴, 滕红燕. 政府培育社会组织的模式选择：一个分析框架[J]. 政治学研究, 2018(6)：42-52.

21. 郁建兴, 高翔. 浙江省"最多跑一次"改革的基本经验与未来[J]. 浙江社会科学, 2018(4)：76-85.

22. 郁建兴，黄飚．当代中国地方政府创新的新进展——兼论纵向政府间关系的重构[J]．政治学研究，2017(5)：88.

23. 郁建兴．走向社会治理的新常态[J]．探索与争鸣，2015(12)：4-8.

24. 郁建兴，向淼．从分离到整合：公共行政与法律间关系的理论演进与实践变迁[J]．中国行政管理，2016(8)：6-12.

25. 郁建兴，黄亮．当代中国地方政府创新的动力：基于制度变迁理论的分析框架[J]．学术月刊，2017，49(2)：96-105.

26. 关爽，郁建兴．国家治理体系下的社会治理：发展、挑战与改革[J]．江苏行政学院学报，2016(3)：67-73.

27. 周俊，郁建兴．社会治理的体制框架与创新路径[J]．浙江社会科学，2015(9)：70-77.

28. 关爽，郁建兴．国家主导的社会治理：当代中国社会治理的发展模式[J]．上海行政学院学报，2016，17(2)：4-12.

29. 赵瑛，郁建兴．公共行政合法性：概念、结构及危机[J]．浙江社会科学，2015(5)：60-69.

30. 秦上人，郁建兴．从网格化管理到网络化治理——走向基层社会治理的新形态[J]．社会科学文摘，2017(5)：20-22.

31. 何子英，郁建兴．走向"全民健康覆盖"——有效的规制与积极的战略性购买[J]．浙江社会科学，2017(2)：59-65.

32. 陈丽君，郁建兴，董瑛．中国县域社会治理指数模型的构建[J]．浙江社会科学，2020(8)：45-52.

33. 燕继荣．制度、政策与效能：国家治理探源——兼论中国制度优势及效能转化[J]．政治学研究，2020(2)：2-13.

34. 燕继荣．社会变迁与社会治理——社会治理的理论解释[J]．北京大学学报（哲学社会科学版），2017，54(5)：69-77.

35. 燕继荣．国家治理体系现代化的变革逻辑与中国经验[J]．国家治理，2019(31)：3-8.

36. 燕继荣．现代国家及其治理[J]．中国行政管理，2015(5)：12-16.

37. 燕继荣．中国国家制度改革的方向[J]．探索与争鸣，2015(3)：10-15.

38. 燕继荣. 政务公开及其信息网络化建设的几点建议[J]. 中国行政管理, 2015 (7)：26.

39. 燕继荣. 中国改革的普遍意义——40 年中国政治发展的再认识[J]. 社会科 学文摘, 2018(11)：10-12.

40. 张权, 燕继荣. 中国网络舆情治理的系统分析与善治路径[J]. 中国行政管 理, 2018(9)：21-29.

41. 冯仕政. 发展、秩序、现代化：转型悖论与当代中国社会治理的主题[J]. 中 国人民大学学报, 2021, 35(1)：110-122.

42. 汪世荣. "枫桥经验"视野下的基层社会治理制度供给研究[J]. 中国法学, 2018(6)：5-22.

43. 汪世荣. 全面深化改革、全面依法治国背景下六个值得思考的问题[J]. 法制 与社会发展, 2015, 21(5)：39-40.

44. 汪世荣. 陕西紫阳诉讼档案中的清代土地交易规范及其私法理念[J]. 法学研 究, 2021, 43(1)：122-138.

45. 汪世荣. 提升基层社会治理能力的"枫桥经验"实证研究[J]. 法律适用, 2018(17)：11-20.

46. 徐汉明. "习近平公共卫生与健康治理理论"的核心要义及时代价值[J]. 法 学, 2020(9)：100-116.

47. 徐汉明. 市域社会治理现代化：内在逻辑与推进路径[J]. 理论探索, 2020 (1)：13-22.

48. 徐汉明, 叶强. 加快建设社会治理共同体[J]. 政策, 2019(12)：8-10.

49. 徐汉明. 习近平司法改革理论的核心要义及时代价值[J]. 法商研究, 2019, 36(6)：3-15.

50. 徐汉明, 邵登辉. 新时代枫桥经验的历史地位与时代价值[J]. 法治研究, 2019(3)：94-108.

51. 徐汉明. 习近平社会治理法治思想研究[J]. 法学杂志, 2017, 38(10)：1- 27.

52. 徐汉明. 我国网络法治的经验与启示[J]. 中国法学, 2018(3)：51-70.

53. 余钊飞. 夯实市域社会治理现代化的基层基础[J]. 浙江工业大学学报(社会

科学版），2019，18（4）：384-385.

54. 余钊飞．新时代"枫桥经验"：乡村治理中的"三治融合"［J］．人民法治，
   2018（14）：50-51.

55. 王由海，余钊飞．"枫桥经验"视野下的乡镇执法检察监督［J］．行政与法，
   2018（11）：57-63.

56. 何显明．推动基层社会治理制度体系成熟化定型化［J］．治理研究，2020，36
   （6）：12-14.

57. 李强，卢尧选．疫情防控与我国基层社会治理创新［J］．江苏社会科学，2020
   （4）：24-31.

58. 徐汉明，邵登辉．打造共建共治共享社会治理格局的"东方模式"［J］．公安
   学刊（浙江警察学院学报），2018（4）：14-27.

59. 徐汉明，张新平．社会治理法治建设指标体系的设计、内容及其评估［J］．法
   学杂志，2016，37（6）：31-43.

60. 钱弘道．中国法治评估的兴起和未来走向［J］．中国法律评论，2017（4）：53-
   58.

61. 钱弘道，王朝霞．论中国法治评估的转型［J］．中国社会科学，2015（5）：84-
   105.

62. 钱弘道，杜维超．论实验主义法治——中国法治实践学派的一种方法论进路
   ［J］．浙江大学学报（人文社会科学版），2015，45（6）：6-19.

63. 钱弘道，杜维超．法治评估模式辨异［J］．法学研究，2015，37（6）：38-52.

64. 康兰平，钱弘道．司法透明评估的大数据方法研究［J］．浙江大学学报（人文
   社会科学版），2018，48（3）：20-34.

65. 陶希东．市域社会治理：特征、内涵及体制创新路径［J］．理论与现代化，
   2021（2）：109-116.

66. 卢芳霞，丁丁．"三治融合"对重大社会风险防范化解的作用［J］．浙江工业大
   学学报（社会科学版），2020，19（2）：182-189.

67. 张贤明，张力伟．社会治理共同体：理论逻辑、价值目标与实践路径［J］．理
   论月刊，2021（1）：61-68.

68. 唐鸣，杨婷．基层社会治理现代化、城乡一体化与"两委"组织法的修订［J］．

江汉论坛，2021（6）：123-129.

69. 韩瑞波，唐鸣．基层社会治理智能化的潜在风险与化解防范——基于 Y 市 Z 区的案例研究[J]．宁夏社会科学，2021（1）：172-180.

70. 蔡潇彬．新时代社会治理现代化：治理类型、框架建构与政策理路[J]．宏观经济研究，2021（6）：124-132.

71. 侯保龙．农村基层党组织在社会治理现代化中的角色探究[J]．重庆交通大学学报（社会科学版），2021，21（3）：25-30.

72. 蒋健，杜琼．切实推进云南社会治理现代化[J]．社会主义论坛，2021（6）：38-39.

73. 冉华，孙卓君．媒体服务基层社会治理及其方式优化[J]．理论探索，2021（3）：5-10.

74. 原珂．推进社区治理能力现代化的系统思路[J]．理论探索，2021（3）：16-22.

75. 吕芳，檀阳．制造联结：基层的双重组织化与公共资源配置——以 S 市"民生微实事"项目为例[J]．中国行政管理，2021（5）：23-30.

76. 孙璐．"四社联动"治理机制的解题意蕴与实践逻辑[J]．广西社会科学，2021（4）：128-132.

77. 李海龙，夏琳璁．疫情防控视域下基层治理法治化研究[J]．理论研究，2021（2）：65-68.

78. 夏美武．承启与周延：市域社会治理的五个辩证关系[J]．理论建设，2021，37（2）：48-53.

79. 杨积堂．"接诉即办"：基层社会治理的机制革新与效能驱动[J]．北京联合大学学报（人文社会科学版），2021，19（2）：101-108.

80. 孙杰．共建共治共享：构筑"中国之治"的社会基础[J]．科学社会主义，2021（2）：139-144.

81. 谭牧．新时代提升城市社区治理能力研究[J]．科学社会主义，2021（2）：97-101.

82. 林涛．向基层放权赋能推动社会治理现代化的探索——南京市秦淮区基层治理集成改革基本做法及启示[J]．江南论坛，2021（4）：30-32.

83. 谢小芹. 乡村社区"三治协同"的理论逻辑与社区实践[J]. 学术探索, 2021(4): 73-82.

84. 李强, 安超. 后疫情时期中国社会发展的挑战、动力与治理创新[J]. 探索与争鸣, 2021(3): 35-46.

85. 田毅鹏. 网格化管理的形态转换与基层治理升级[J]. 学术月刊, 2021, 53(3): 125-132.

86. 任克强. 政府主导城市基层治理模式的现代转向[J]. 南京社会科学, 2021(3): 64-70.

87. 周学馨. 面向国家治理现代化的中国老龄社会治理[J]. 探索, 2021(2): 139-152.

88. 许文文. 超越行动者网络: 基层社会治理共同体建构的本土路径——基于社区养老场域的田野观察[J]. 学习与实践, 2021(3): 100-110.

89. 廉耀辉, 何得桂. 市域社会治理法治化水平提升路径研究[J]. 西部学刊, 2021(5): 80-83.

90. 廖和平, 朱有志. 试论新时期与新时代农村妇女的"超半效应"[J]. 湘潭大学学报(哲学社会科学版), 2021, 45(2): 43-50.

91. 李三辉. 乡村治理现代化: 基本内涵、发展困境与推进路径[J]. 中州学刊, 2021(3): 75-81.

92. 李美茹, 曾盛聪. 党领导基层社会治理的逻辑理路与实现路径[J]. 理论探讨, 2021(2): 141-146.

93. 曹海军, 梁赛. 基层社会治理现代化的"三基"取径——基于平安中国建设的思考[J]. 治理研究, 2021, 37(2): 52-62.

94. 王向阳. 新时代传统农区基层治理现代化的组织形态选择——基于黔北、鲁西农村的考察[J]. 理论与改革, 2021(2): 100-112.

95. 周凡森, 莫纪宏. 国家治理和社会治理的现代化与法治化[J]. 治理现代化研究, 2021, 37(2): 5-11.

96. 马友乐. 社会治理共同体: 时代解读、现实依据与价值意蕴[J]. 湖北社会科学, 2021(3): 49-55.

97. 罗冠男. 中国传统社会基层治理的法律机制与经验[J]. 政法论坛, 2021, 39

（2）：129-137.

98. 王大广.党建引领基层社会治理的首都实践及其现实意义[J].上海交通大学学报（哲学社会科学版），2021，29（1）：126-133.

99. 张强.治理现代化视角下社会工作介入突发公共卫生事件的实践及反思——以新冠肺炎疫情防控为例[J].重庆师范大学学报（社会科学版），2021（1）：63-70.

100. 任克强.创制经验：城市基层政府社会治理创新的动因与优化[J].学习与实践，2021（2）：50-56.

101. 韩琳.新时代"枫桥经验"推进农村基层治理研究——基于对大连的调查[J].学理论，2021（2）：25-27.

102. 刘密霞，王益民.后疫情时代政府治理中的个人数据使用与保护问题探析[J].云南行政学院学报，2021，23（1）：30-37.

103. 宫蒲光.社会治理现代化大格局下推进慈善事业高质量发展[J].中国行政管理，2021（2）：6-13.

104. 陈成文."农村综合体"：新时代基层社会治理的一条新路径——基于"湘东经验"的社会学分析[J].湖南社会科学，2021（1）：111-118.

105. 王晓毅.现代化视角下中国农村的减贫逻辑和过程[J].甘肃社会科学，2021（1）：16-23.

106. 于海利，樊红敏.社区社会组织融入基层社会治理体系研究——以 C 社区业主委员会为例[J].郑州大学学报（哲学社会科学版），2021，54（1）：14-18.

107. 臧雷振，刘彦.后疫情时代国家治理与社会治理的内在张力及有效衔接[J].天津社会科学，2021（1）：81-88.

108. 朱光磊，锁利铭，宋林霖，等.构建中国特色社会主义政府职责体系推进政府治理现代化（笔谈）[J].探索，2021（1）：49-76.

109. 人民智库课题组，周素丽.2021 年国家治理领域值得关注的十个课题[J].国家治理，2021（Z1）：2-8.

110. 向春玲.提升领导力推进基层社会治理现代化[J].中国领导科学，2021（1）：33-36.

111. 夏文星. 紧紧抓住矛盾纠纷调处化解中心这一"牛鼻子"奋力争当推进基层治理现代化先行地排头兵[J]. 公安学刊, 2020(6): 16-21.

112. 褚国建. 从平安浙江到平安中国——习近平关于平安建设重要论述的发展脉络与理论体系[J]. 公安学刊, 2020(6): 22-30.

113. 朱婉菁. 国家治理现代化视域下的社会治理: 内涵重释与实践逻辑创新[J]. 四川行政学院学报, 2020(6): 44-56.

114. 耿磊磊. 市域社会治理现代化初探——以安徽省黄山市为例[J]. 学习月刊, 2020(12): 49-53.

115. 刘静妮. 探索能源型城市市域社会治理现代化新路径[J]. 社会治理, 2020(12): 72-74.

116. 黄鹏. 从权力现代化视角对社会治理发展走势的分析[J]. 天津法学, 2020, 36(4): 94-99.

117. 龚维斌. 加强基层社会治理队伍建设[J]. 马克思主义与现实, 2020(6): 42-44.

118. 胡书芝, 何培. 论传统家风与新时代基层社会治理[J]. 江西社会科学, 2020, 40(11): 209-216.

119. 郝宇青. 条块关系应适应柔性的基层社会治理[J]. 探索与争鸣, 2020(11): 49-51.

120. 严飞. 构建乡村基层自治与乡村振兴战略相结合的社会治理新格局[J]. 南京社会科学, 2020(11): 55-61.

121. 陈艾, 李雪萍. 调适性治理及其特点: 理论分析与个案检视[J]. 江汉论坛, 2020(11): 127-132.

122. 范和生, 郭阳. 标准化治理: 后疫情时代基层社会治理的实践转向[J]. 学术界, 2020(11): 67-75.

123. 宋锴业. 基层社会治理的"社会化困境": 一项治理张力分析[J]. 公共管理与政策评论, 2020, 9(6): 56-72.

124. 毛佩瑾, 李春艳. 城乡基层社会治理的实践探索与完善路径——基于"四治一体"治理模式探析[J]. 云南社会科学, 2020(5): 85-91.

125. 周巍. 我国基层社会治理模式创新探索[J]. 广西社会科学, 2020(10): 66-

70.

126. 刘中起，章淑萍，金丽慧，等．社会治理现代化视野下的基层政府职能改革——以上海市街道自治办改革为例[J]．社会治理，2020(10)：71-78.

127. 卓惠萍，朱和立．基层社会治理参与中的女性主体意识研究——以青岛市C区市民议事活动为切入点[J]．山东行政学院学报，2020(5)：70-77.

128. 谢秋燕．基层社会"微治理"的生成逻辑与实施路径研究——以社会治理精细化为视角[J]．理论导刊，2020(10)：79-84.

129. 杜敏，李理．以党建引领"飞地"基层社会治理属地化[J]．求知，2020(10)：49-51.

130. 周亚越，黄陈萍．迭代创新：基层社会治理创新的扩散逻辑——以"村情通"的扩散为例[J]．中国行政管理，2020(10)：91-96.

131. 刘晖．现代法治背景下基层群众工作的路径选择——基于362份基层群众工作状况调查问卷的分析[J]．河南社会科学，2020，28(10)：112-117.

132. 杜伟泉．基层社会治理数字化转型研究——基于我国东部M市实践经验的分析[J]．情报理论与实践，2021，44(2)：109-114.

133. 陈柏峰．基层社会治理模式的变迁与挑战[J]．学习与探索，2020(9)：46-53.

134. 刘锋．以"全周期管理"思维破解基层治理困局[J]．领导科学，2020(16)：30-33.

135. 陈柏峰．行政嵌入自治：乡村治理的"苏南模式"[J]．上海师范大学学报(哲学社会科学版)，2020，49(4)：5-20.

136. 陈松，阴蕾．新时代中国社会治理共同体构建：理论内涵、现实需求及实践路径[J]．重庆社会科学，2020(7)：51-62.

137. 徐聪．社会设计理论视角下社区治理思路创新及原则遵循[J]．重庆社会科学，2020(7)：110-120.

138. 徐宪．以百姓心为心：我国历代基层社会治理思想探微[J]．重庆工商大学学报(社会科学版)，2020，37(5)：92-98.

139. 陈跃，余练．社会主要矛盾转化与基层社会治理创新探析[J]．理论探索，2020(4)：81-90.

140. 贾鼎，赵家正．调适与演进：城市基层社会安全治理的结构、问题与进路[J]．公安学研究，2020，3(3)：70-86．

141. 李远龙，荣达海．新时代乡村"五治"体系创新[J]．浙江工业大学学报(社会科学版)，2020，19(2)：174-181．

142. 吕维霞．基层社会治理中"吹哨报到"的动力机制——基于北京市的多案例实证研究[J]．南京社会科学，2020(6)：73-79．

143. 陈柏峰．面向水利供给的农地制度模式选择[J]．学术月刊，2020，52(5)：113-125．

144. 浙江省衢州市域社会治理现代化研究课题组．党建统领+基层治理：市域社会治理现代化的衢州样本[J]．社会治理，2020(5)：58-61．

145. 李涛．论新时代"三治融合"乡村治理体系的构建[J]．社科纵横，2020，35(5)：69-72．

146. 中共天津市委党校课题组，徐中，王健，章敏敏．以"全周期管理"理念引领超大城市社会治理现代化[J]．求知，2020(5)：36-39．

147. 邹东升．创新推进基层治理现代化的四个关键要素[J]．国家治理，2020(15)：19-23．

148. 李建伟，李兰，王伟进．推进社会治理现代化的重点、问题与建议——基于全国政策咨询系统问卷调查[J]．学习论坛，2020(3)：63-70．

149. 陈柏峰．乡村基层执法的空间制约与机制再造[J]．法学研究，2020，42(2)：3-19．

150. 陈成文，陈静，陈建平．市域社会治理现代化：理论建构与实践路径[J]．江苏社会科学，2020(1)：41-50．

151. 陈柏峰．"祖业"观念与民间地权秩序的构造——基于鄂南农村调研的分析[J]．社会学研究，2020，35(1)：194．

152. 陈柏峰．乡镇执法权的配置：现状与改革[J]．求索，2020(1)：95-105．

153. 陈成文，张江龙，陈宇舟．市域社会治理：一个概念的社会学意义[J]．江西社会科学，2020，40(1)：228-236．

154. 贺建军．基层社会治理：理论进展与创新实践——"新中国70年基层社会治理的理论与实践"研讨会综述[J]．浙江大学学报(人文社会科学版)，

2020, 50 (1)：239.

155. 汪伟全. 提升社会治理的"四化"水平[J]. 中国党政干部论坛, 2020 (1)：31-34.

156. 容志, 刘伟. 街道体制改革与基层治理创新：历史逻辑和改革方略的思考[J]. 南京社会科学, 2019 (12)：74-81.

157. 唐皇凤, 王豪. 可控的韧性治理：新时代基层治理现代化的模式选择[J]. 探索与争鸣, 2019 (12)：53-62.

158. 徐家良. 社区基金会与城市社区治理创新[J]. 社会政策研究, 2019 (4)：103-112.

159. 杨安. 加快推进市域社会治理现代化[J]. 社会治理, 2019 (11)：21-24.

160. 向春玲, 吴闯, 王拓涵. "街乡吹哨、部门报到"：突破中国城市治理瓶颈——以北京市海淀区为例[J]. 治理现代化研究, 2019 (6)：66-72.

161. 林梅, 索南曲珍. 新时代城市基层社会治理改革的制度创新[J]. 科学社会主义, 2019 (2)：114-119.

162. 陈柏峰. 中国法治社会的结构及其运行机制[J]. 中国社会科学, 2019 (1)：65-88.

163. 林志聪, 王枫云. 特大城市基层社会治理困境及其消解路径研究[J]. 学术探索, 2019 (1)：34-40.

164. 袁方成, 王泽. 中国城市社区治理现代化之路——一项历时性的多维度考察[J]. 探索, 2019 (1)：117-126.

165. 陈晓运. 技术治理：中国城市基层社会治理的新路向[J]. 国家行政学院学报, 2018 (6)：123-127.

166. 陈柏峰. 村务民主治理的类型与机制[J]. 学术月刊, 2018, 50 (8)：93-103.

167. 陈柏峰. 乡村江湖、基层政权与"扫黑除恶"[J]. 中国法律评论, 2018 (4)：66-73.

168. 陈柏峰. 基层政权和组织研究[J]. 中国法律评论, 2018 (4)：51.

169. 曹扬, 李效东. 共建共治共享社会治理格局下城市基层党组织的职能定位与路径选择[J]. 北京交通大学学报(社会科学版), 2018, 17 (2)：147-152.

170. 陈柏峰，王裕根．新型城镇化建设的法治保障：一个研究框架[J]．求是学刊，2018，45(2)：39-48.

171. 文丰安．当前基层社会治理体系与治理能力现代化之理性审视[J]．重庆工商大学学报(社会科学版)，2017，34(6)：62-69.

172. 熊璇．中国社会治理现代化[J]．理论观察，2017(9)：86-88.

173. 董江爱，翟雪君．新型城镇化背景下社会治理创新研究[J]．河南社会科学，2017，25(9)：1-7.

174. 陈柏峰．党政体制如何塑造基层执法[J]．法学研究，2017，39(4)：191-208.

175. 朱冬梅．治理现代化视域下社区突破治理困境的路径探析[J]．山东社会科学，2017(6)：108-114.

176. 曾本伟，王彩波．中国基层治理现代化的实践路径探索——基于珠三角地区的典型案例[J]．甘肃社会科学，2017(3)：183-188.

177. 崔晶．回望传统与现代化转型：社会治理创新中的基层政府与民众协作治理研究[J]．中国行政管理，2017(2)：68-72.

178. 秦上人，郁建兴．从网格化管理到网络化治理——走向基层社会治理的新形态[J]．南京社会科学，2017(1)：87-93.

179. 李建．国家治理现代化内涵阐释与现实考量[J]．重庆社会科学，2017(1)：21-28.

180. 陈柏峰，刘磊．基层执法的"双轨制"模式——以计划生育执法为例[J]．华中科技大学学报(社会科学版)，2017，31(1)：99-110.

181. 陈柏峰．事理、法理与社科法学[J]．武汉大学学报(哲学社会科学版)，2017，70(1)：18-22.

182. 陈柏峰．富人治村的类型与机制研究[J]．北京社会科学，2016(9)：4-12.

183. 陈柏峰，刘杨．基层基本公共卫生服务和卫生监督执法的实践及解释——以滇中 S 镇为例[J]．湖北社会科学，2016(8)：22-30.

184. 郭俊霞，陈柏峰．乡村混混进城后的分化和流动——以湖北 W 村的进城混混为例[J]．中国青年研究，2016(7)：5-12.

185. 李增元，李洪强．农村社区化治理：现状、问题及对策[J]．中州学刊，

2016(4)：66-72.

186. 陈柏峰. 问责基层需实事求是——以毕节自杀事件的责任追究为例[J]. 中国法律评论，2016(1)：49-53.

187. 陈柏峰. 征地拆迁上访的类型与机理[J]. 华中科技大学学报(社会科学版)，2016，30(1)：25-33.

188. 陈柏峰. 偏执型上访及其治理的机制[J]. 思想战线，2015，41(6)：98-105.

189. 陈柏峰. 基层社会的弹性执法及其后果[J]. 法制与社会发展，2015，21(5)：154-167.

190. 2015基层党建创新与社会治理现代化论坛在京举行[J]. 人民论坛，2015(25)：70.

191. 陈柏峰. 领导干部干预司法的制度预防及其挑战[J]. 法学，2015(7)：37-45.

192. 谭东华，刘光明. 发展基层协商民主推进社会治理现代化[J]. 理论视野，2015(7)：75-77.

193. 黎杰松. 协商民主助力基层社会治理现代化研究[J]. 吉林省社会主义学院学报，2015(2)：14-17.

194. 黄燕翔，施美萍. 治理现代化视域下预防化解基层社会矛盾机制研究[J]. 南京航空航天大学学报(社会科学版)，2015，17(2)：39-43.

195. 赵晶，杨华锋. 国家治理现代化进程中基层治理创新的审视[J]. 新视野，2015(3)：36-41.

196. 汪超. "一型四化"视角下妇联基层组织建设的治理现代化——以湖北省为表述对象[J]. 湖北社会科学，2015(5)：69-74.

197. 郑长忠. 国家治理现代化的政党微观逻辑[J]. 江汉论坛，2015(3)：67-72.

198. 陈柏峰. 乡村江湖中的"混混"群体[J]. 文化纵横，2015(1)：43-48.

199. 丁萍. 基层社会治理的理论思考与实践[J]. 管理观察，2015(4)：39-41.

200. 陈柏峰. 城镇规划区违建执法困境及其解释——国家能力的视角[J]. 法学研究，2015，37(1)：20-38.

201. 赵宬斐. 基层社会治理创新需要强化"在地政治"观[J]. 浙江社会科学，

2014(12)：11-13.

202. 殷星辰．社会治理创新：关于"第五个现代化"的深义与断想[J]．甘肃理论学刊，2014(3)：1-8.

203. 陈柏峰．群体性事件的发生机理：权利视角[J]．法学研究，2014，36(1)：24-28.

204. 陈柏峰．城管执法冲突的社会情境——以《城管来了》为文本展开[J]．法学家，2013(6)：15-32.

205. 桂华．乡村社会变革中的"混混"——陈柏峰《乡村江湖》札记[J]．文化纵横，2012(3)：112-116.

206. 王纪波．"百年中国社会变迁与中国现代化"学术研讨会综述[J]．郑州轻工业学院学报(社会科学版)，2011(5)：51-65.

后　记

　　"枫桥经验"是新时代治国理政的重要法宝,是基层社会治理的中国方案。早在 2003 年,习近平总书记在担任浙江省委书记期间,明确提出要"坚持好、发展好'枫桥经验'",并领导全省干部群众不断创新发展与推广"枫桥经验"。党的十八大以来,习近平总书记就坚持和发展新时代"枫桥经验"作出一系列重要指示,强调"各级党委和政府要充分认识'枫桥经验'的重大意义,发扬优良作风,适应时代要求,创新群众工作方法,善于运用法治思维和法治方式解决涉及群众切身利益的矛盾和问题",为"枫桥经验"赋予了新的时代内涵。围绕"枫桥经验",各地开展了广泛而深刻的实践探索,包括浙江省诸暨市对于"枫桥经验"的传承、浙江省桐乡市对于"三治融合"的深化、武汉市民意街的"民意无盗"、湖北省宜都市的"五治融合"等,都是"枫桥经验"的鲜活实践。为此,课题组进行了大量的基层实地调研工作,前往浙江省诸暨市,湖北省武汉市、宜都市、鄂州市等地区考察当地基层治理实践,形成了诸多示范性材料,为本研究开展提供了丰富的实践样本。

　　在充分汲取各地实践经验的基础上,课题组围绕"基层社会治理绩效评价体系构建"这一核心命题进行探讨,力求构建切合基层社会治理实践,兼具科学性、有效性、可操作性的基层社会治理绩效评价体系。为此,课题组主要通过主体视角、客体视角和时空视角,设计"主客二元划分"的评价指标体系。其中,主体指标体系包括政党治理指标评价体系、政府治理指标评价体系、社会治理指标评价体系、司法治理指标评价体系,共 4 个一级指标,24 个二级指标,179 个三级指标。客观指标体系包括基层社会治理组织互动体系、基层管理服务体系、社会矛盾化解体系、社会安全防控体系、社会管理信息体系、社会信用诚信体系、基层生态文明体系,共 7 个一级指标,26 个二级指标,188 个三级指标。宏大且细致的指标体系为基层社会治理的效能评估与优化提供了具体的方向和举措，也成为本课题的重要贡献。在推进中国式现代化的伟大进程中，基层社会治理是重要且基础的一环，围绕治理方式方法创新和治理效能的提升两个核心命题的研究仍然值得一代又一代专家学者的艰辛探索，而本课题则从绩效评价这一视角入手，深入探讨了在推进国家治理体系和治理能力现代化的伟大征程中，如何将中国治理制度转化为治理效能的具体举措。为这一探索作了一些有益的尝试。

本书得以顺利完成离不开学校领导、科研部、刑事司法学院、国家治理学院等部门的领导老师支持及课题组成员的辛苦付出和协作配合，以下是本书撰写的分工情况，特对为本书撰写作出贡献的老师和同学表示由衷的感谢！此外，还要感谢徐汉明教授、徐立教授、胡弘弘教授、童德华教授、刘建明研究员、焦俊峰教授、周溯源教授、熊一新教授、仇加勉教授、万川教授、李小波教授、包涵教授、叶强副教授等老师对本书成稿提出的宝贵建议！同时，我的研究生(博士、硕士)邢玉隆、岳明泽、廖泽安、李钊瑾、余京帆、丁宇航、彭锐、金锐、王玉婷、宋鑫、徐童童、夏雨桐、堵逸萌、黄梦月、刘佳辉等同学对本书的成稿也做了有益的工作，在此一并致谢！最后，感谢武汉大学出版社的各位领导和编辑老师。

导　论　董少平、黄侃、张则超

第一章　如何认识基层社会治理在国家治理体系中的地位　董少平、李锡青

第二章　"枫桥经验"视角下基层社会治理的价值选择　李晓东

第三章　基层社会治理的地方探索　董少平、苏雅文

第四章　基层社会治理绩效评价体系的构建困境　董少平、宋佳

第五章　基层社会治理绩效评价体系的科学化指引　董少平、陈昱成

第六章　基层社会治理绩效评价主体指标体系　董少平、马丽欣

第七章　基层社会治理绩效评价客体指标体系　董少平、张艺

结　语　董少平、李晓东

2024 年 10 月 27 日

于中南财经政法大学晓南湖畔